LA CONDICIÓN MÁS BENEFICIOSA EN LA RELACIÓN DE TRABAJO

FERNANDO ELORZA GUERRERO
Profesor Titular de Derecho del Trabajo y de la Seguridad Social

LA CONDICIÓN MÁS BENEFICIOSA EN LA RELACIÓN DE TRABAJO

ARANZADI

Editorial Aranzadi, S.A.U.
C/ Collado Mediano, 9
28231 Las Rozas (Madrid)
Tel: 91 602 01 82
e-mail: clienteslaley@aranzadilaley.es
https://www.aranzadilaley.es

Primera edición: 2024

Depósito Legal: M-10620-2024
ISBN versión impresa: 978-84-1163-393-2
ISBN versión electrónica: 978-84-1162-581-4
Incluye soporte electrónico

Diseño, Preimpresión e Impresión: Editorial Aranzadi, S.A.U.
Printed in Spain

Esta publicación ha sido financiada con fondos del Plan Andaluz de Investigación, Desarrollo e Innovación 2020 (PAIDI), y forma parte de la actividad investigadora desarrollada en el seno del *Grupo SEJ-172: Derecho del Trabajo*, de la Universidad Pablo de Olavide.

A mi maestro, y amigo,
Fermín Rodríguez-Sañudo Gutiérrez

Índice General

Página

Abreviaturas

Cc	Código Civil
CE	Constitución Española de 1978
ET	Estatuto de los Trabajadores
LCCS	Ley de 24 de Abril de 1958, sobre convenios colectivos sindicales
LCT	Ley de Contrato de Trabajo, de 26 de Enero de 1944
LJM	Ley de Jurados Mixtos, de 27 de Noviembre de 1931
LRJS	Ley 36/2011, de 10 de Octubre, reguladora de la Jurisdicción Social
LRL	Ley de Relaciones Laborales, de 8 Abril 1976
LRT	Ley de 16 de Octubre de 1942, por la que se establecen normas para regular la elaboración de las Reglamentaciones de Trabajo
RD	Real Decreto
SMI	Salario Mínimo Interprofesional
STS	Sentencia del Tribunal Supremo
TC	Tribunal Constitucional
TCT	Tribunal Central de Trabajo
TRLGSS	Real Decreto Legislativo 8/2015, de 30 de Octubre, por el que se aprueba el texto refundido de la Ley General de la Seguridad Social
TS	Tribunal Supremo

Introducción

Pese a que en un principio pueda pensarse que el Derecho del Trabajo es el reino de la ley y el convenio colectivo, la práctica de las relaciones laborales nos enseña que en el mundo de lo laboral tales fuentes del Derecho conviven con todo un conjunto de prácticas, usos, y a veces interpretaciones un tanto *sui generis* de la ley o el convenio vigentes, que perviven a caballo entre la pretensión de los trabajadores de que en un futuro se les reconozca, por ejemplo, un derecho adquirido, y el miedo de los empresarios a que determinadas decisiones empresariales se consideren como expresivas de derechos de los trabajadores, que ni existían hasta ese momento, ni, como se suele decir, se les esperaba —con el consiguiente disgusto del empresario cuando esta circunstancia se produce, aparte del impacto patrimonial que suele suponer la aparición inesperada de hipotéticos derechos laborales—. No en vano, cuando se aborda el fenómeno de la condición más beneficiosa, a lo que nos enfrentamos es, como se verá posteriormente, a un principio jurídico de construcción jurisprudencial que, finalmente, remite a la idea de que «lo pactado por las partes en la relación individual de trabajo en ejercicio de su autonomía contractual o la voluntad concesiva del empresario, en cuanto sea más favorable para al trabajador, se impone a toda regulación general sobre cualesquiera condiciones de trabajo y sin distingo en cuanto a su fecha, conforme al ET, art. 3.º1.c), salvo que pueda, en cuanto favorable, ser tachado de discriminatorio si incurre en las causas de discriminación prohibidas por la Constitución o la ley o, a través de su reiteración fraudulenta "en masa" o de su solo establecimiento unilateral por el empresario, de vulnerador o elusivo de los derechos de negociación colectiva y de libertad sindical»[1].

La cuestión es que, como se señaló ya hace décadas, la condición más beneficiosa «ni es un principio único y simple, sino complejo y múltiple, ni su formulación en el Derecho positivo español del trabajo ha conseguido

1. ALONSO OLEA, M., y CASAS BAAMONDE, M.E., *Derecho del Trabajo*, Civitas, Madrid, 2002, p. 980.

cristalizar en un axioma definido y uniforme»[2]. De tal manera que, ya en los años sesenta, comienzan a elevarse las primeras voces, que en gran medida instaban a su desestimación, ante la apuesta del Estado en aquel momento por la regulación colectiva de las condiciones de trabajo[3], movimiento que se intensifica con el paso de los años, y del que es una buena muestra la siguiente reflexión realizada en los años ochenta: «el fenómeno conocido como la "condición más beneficiosa" es uno de esos factores de anacronismo en que las adherencias del pasado emergen en el sistema de fuentes de regulación de la relación laboral», de tal manera que «ha sido y todavía es un cajón de sastre en el que terminan por encontrar acomodo cualesquiera condiciones cuyo origen no encuentra acomodo fácil en fuente alguna típica, por ello esa dificultad para encajarla en los moldes conocidos»[4].

Y así nos plantamos en el siglo XXI...donde desde el año 2000 nos encontramos con que sólo el TS se ha pronunciado en más de ciento setenta ocasiones en relación con este discutido, y discutible, principio jurídico. Un principio respecto del que, por cierto, se ha subrayado en algún caso su carácter «antidemocrático e inconstitucional», pues «las normas laborales no tienen ninguna cualidad que permita construir sobre las mismas un principio de irreversibilidad *in peius*»[5], y que genera desconfianza en el tiempo presente[6], desde el momento en que, desde una perspectiva general, se ha llegado a señalar que «no es exagerado decir que los principios, con su borrosidad e indefinida textura, convierten a los jueces en los "señores del Derecho"»[7]. Perspectiva que, admitido que «los jueces pueden ir más allá del Derecho, en cuanto contribuyen a desarrollarlo», nos situaría ante el reto de indagar sobre los límites de ese accionar judicial, eso sí, partiendo de la base de que, como en algún caso se ha afirmado, parece razonable

2. PÉREZ LEÑERO, J., *Teoría General del Derecho español del trabajo*, Espasa Calpe, Madrid, 1948, p. 159.
3. CREMADES SANZ-PASTOR, B.M., *El derecho transitorio de la pactación colectiva*, Instituto García Oviedo, Sevilla, 1968.
4. FERNÁNDEZ LÓPEZ, M.F., «Condición más beneficiosa, absorción y compensación», *Relaciones Laborales*, núm. 4, 1992, p. 187.
5. DESDENTADO BONETE, A., en el «Prólogo» a la obra de MERCADER UGUINA, J.R., *Los principios de aplicación del Derecho del Trabajo*, Tirant lo Blanch, Valencia, 2014, p. 18.
6. Véase en este sentido las interesantes reflexiones al respecto de MERCADER UGUINA, J.R., *Los principios de aplicación...*, op. cit., quien, desde una posición crítica con la vigencia de los principios aplicativos del Derecho del Trabajo, ha planteado también el riesgo que, en un modelo de afirmación de los principios jurídicos, puede suponer una actuación judicial que vaya más allá del sometimiento al imperio de la ley (pp. 225-227).
7. PRIETO SANCHÍS, L., *Ley, principios, derechos*, Editorial Dykinson, Madrid, 1998, pág. 64.

considerar que los jueces «no pueden ir contra el Derecho, no pueden sustituir el gobierno de las normas por el gobierno de los hombres»[8].

De cualquiera de las maneras, la experiencia práctica nos enseña que, al menos por el momento, este principio llegó para quedarse, aunque lógicamente a lo largo de su dilatada pervivencia en el seno de nuestro ordenamiento jurídico el mismo ha evolucionado en su configuración jurídica, también en su comprensión legislativa, como evidencia, por ejemplo, la reforma laboral de 1994 que posibilitó la modificación unilateral por el empresario de cualquier condición más beneficiosa, en el marco del proceso de modificación sustancial de condiciones de trabajo, concurriendo causas económicas, técnicas, organizativas o de producción (art. 41 ET)— y que por cierto, parecía que podía ser el fin de este peculiar principio, algo que la significativa litigiosidad en torno al mismo nos enseña que no ha sido así—.

En todo caso, también hay que señalar esa evolución se ha visto acompañada a lo largo de los años por una actualización del debate en torno a esta institución jurídica, que va más allá de la cuestión relativa a la razonabilidad de su pervivencia en nuestro ordenamiento jurídico, y a la que, por supuesto, conviene también prestar atención, por lo que de aporte a la construcción jurídica de este principio tiene. En este sentido, me permito recordar en este momento algunas polémicas surgidas como: la doctrina establecida por el TS en 2014, que ha tenido continuidad hasta nuestros días, respecto a la incorporación al contrato de trabajo de las condiciones pactadas en un convenio colectivo que dejó de estar vigente[9], y que por momentos generó gran confusión sobre la pervivencia de la doctrina, digamos clásica, sobre el principio de condición más beneficiosa; polémica antecedida, por cierto, por el criterio sostenido en su momento por la STS (Sala 4ª) de 20 de marzo de 2009 (RJ 2009, 2593) en relación con la consideración del sistema de clasificación profesional establecido por convenio colectivo extraestatutario como una condición más beneficiosa —y que fue corregida sólo dos meses más tarde (SSTS (Sala 4ª) de 11 de mayo [RJ 2009, 4548], de

8. ATIENZA, M., «La autoridad y los límites del derecho», *El Notariado del Siglo XXI*, núm. 37, 2011, en: https://www.elnotario.es/index.php/hemeroteca/revista-37/3505-la-autoridad-y-los-limites-del-derecho

9. STS (Sala 4ª) de 22 de diciembre de 2014 (RJ 2018, 6638), en la que, entre otras afirmaciones se establecía que «los respectivos derechos y obligaciones de las partes) que venían rigiendo con anterioridad a la pérdida de vigencia del convenio colectivo en cuestión deberán mantenerse puesto que forman parte del sinalagma contractual establecido entre las partes», y que tuvo su continuidad en la doctrina establecida en la STS (Sala 4ª) de 20 de diciembre de 2016 (RJ 2016, 6598).

16 de junio [RJ 2009, 3262], y de 14 de octubre de 2009 [RJ 2010, 1137])[10]—; las oscilaciones de dicho Tribunal en relación a la dificultad que pueda tener, en el ámbito de las relaciones de trabajo en el seno de la Administración Pública, el reconocimiento de condiciones más beneficiosas respecto de su personal laboral[11]; la reducción o supresión de estas condiciones en el sector público como consecuencia de la promulgación de leyes restrictivas en el marco de las medidas adoptadas como consecuencia de la pandemia de Covid-19 y la posterior crisis económica; o la sentencia del TS que, en 2018, en un litigio donde la discusión jurídica giraba sobre las cestas de Navidad que se venían entregando en una empresa desde hacía años, apreció la existencia de una condición más beneficiosa, con gran repercusión mediática todo sea dicho, en un momento en que podíamos pensar que estas cosas ya no tenían cabida (STS (Sala 4ª) de 12 de julio de 2018 [RJ 2018, 410]).

Igualmente, la presente es una institución jurídica que, por momentos, ha generado pleitos de importancia significativa, como el protagonizado no hace tanto años por la compañía Endesa con sus trabajadores, y particularmente con sus jubilados, en relación con la posible consideración de la bonificación del suministro de energía eléctrica prevista en el convenio colectivo de la compañía como una condición más beneficiosa. Litigio en el que en última instancia estaban en juego unos 760 millones de euros, que beneficiaba a unos 26.000 jubilados, y que finalmente fue fallado por el TS, en favor de la compañía —STS (Sala 4ª) de 7 de julio de 2021 (RJ 2021, 3752)—, al estimar que dicha bonificación no podía tener la consideración

10. Cambio jurisprudencial que, por cierto, la doctrina ha considerado, no sin razón, como expresivo del «temor de tal órgano a aplicar hasta sus últimas consecuencias la lógica de atribuir naturaleza contractual al convenio colectivo extraestatutario» (RUIZ CASTILLO, M.M., y ESCRIBANO GUTIÉRREZ, J., *La negociación y el convenio colectivo en el panorama actual de las fuentes del Derecho del Trabajo*, Bomarzo, Albacete, 2013, p. 125. En este sentido, ESCRIBANO GUTIÉRREZ, J., «Eficacia de los convenios colectivos extraestatutarios en el seno de las nuevas funciones de la autonomía colectiva», *Revista Española de Derecho del Trabajo*, núm. 97, 1999, pp. 681-704, consideró en su momento que la asunción de los convenios colectivos extraestatutarios como origen de condiciones más beneficiosas, podría situar a dicha condiciones en una posición de resistencia al cambio de mayor calado que en el caso de las condiciones normativas a la vista de la experiencia fáctica.

11. La polémica ha tenido su origen en la doctrina de la STS (Sala 4ª), en sendas sentencias de 25 de junio de 2014 (RJ 2014, 4341 y 2014, 4582), que tuvo su continuidad en la STS (Sala 4ª) de 3 de febrero de 2016 (RJ 2016, 933), reconociéndose en este último caso la existencia de una condición más beneficiosa *praeter legem*. En contraposición, las sentencias del TS (Sala 4ª) de 18 de diciembre de 2015 (RJ 2015, 6414), de 5 de julio de 2016 (RJ 2016, 4073), y más recientemente de 13 de julio de 2017 (RJ 2017, 4100), consideran que, desde un punto de vista jurídico, y dada la naturaleza de la Administración Pública, la apreciación de condiciones más beneficiosas no es una cuestión que pueda producirse ordinariamente.

de condición más beneficiosa, desde el momento en que la misma tenía su origen en el referido convenio colectivo de la compañía[12]. Situación que, pese a ser resuelta, sin embargo continúa generando litigios de distinta naturaleza, que no hacen descartables nuevos pronunciamientos del Alto Tribunal español, ante el dictado de distintas sentencias que, en determinados casos —constan pronunciamientos tanto del TSJ de Madrid, como del de Andalucía[13]—, han apreciado la existencia de beneficios sociales, en relación con el pago de la factura de consumo eléctrico, para los trabajadores jubilados de esta compañía, que tienen, por tanto, la naturaleza de condiciones más beneficiosas.

Al conocimiento en profundidad de la doctrina jurídica que hoy en día soporta esta institución jurídica se dedica la presente monografía, con el ánimo de arrojar luz sobre un principio que, discutido, parece gozar de buena salud, pese a sus contradicciones intrínsecas, sobre las que también reflexionaré. Para ello, realizaré, como no podía ser menos, un uso intensivo de las sentencias del TS dictadas en estos años, y particularmente las dictadas tras la aprobación de nuestra Constitución hasta el tiempo presente. Espero que sea de interés del lector.

12. Emerge en este caso, una vez más, y como en más de un caso se ha señalado (ARIAS DOMÍNGUEZ, A., «Supresión de la tarifa eléctrica bonificada para el personal jubilado de la empresa por la pérdida de vigencia del convenio colectivo que lo regulaba y su no consideración de condición más beneficiosa», *Revista de Jurisprudencia Laboral*, núm. 8, 2021, en https://www.boe.es/biblioteca_juridica/anuarios_derecho/articulo.php?id=ANU-L-2021-00000001403) la idea de que la contractualización de beneficios sociales, tal y como la concibe hoy día el TS, requiere de un contrato de trabajo vigente.

13. Sobre la conflictividad en esta compañía en relación con este asunto remito al interesante análisis de ROJO TORRECILLA, E., «Revive el caso ENDESA (trabajadores jubilados con derecho a beneficios sociales). Notas al importante auto del TS de 7 de junio de 2023 (inadmite RCUD de la parte empresarial) y breve recordatorio de la conflictividad anterior», de 27 de junio de 2023, en http://www.eduardorojotorrecilla.es/2023/06/revive-el-caso-endesa-trabajadores.html

1

La construcción jurídica del principio de condición más beneficiosa: una primera aproximación en perspectiva diacrónica

1.1. EL PROBLEMA TERMINOLÓGICO COMO EXPRESIÓN DE LAS DIFICULTADES PARA CONSTRUIR LA TEORÍA SOBRE EL PRINCIPIO DE CONDICIÓN MÁS BENEFICIOSA

Una de las primeras dificultades con que se enfrenta quien pretende estudiar el conocido hoy día como principio de condición más beneficiosa, reside precisamente en la diversidad de términos que desde los orígenes de esta técnica jurídica se han empleado para denominar a la institución que garantizaba la protección de las condiciones más ventajosas para el trabajador, y que se reflejó tanto en la literatura jurídica como en la jurisprudencia. En este sentido, a lo largo del tiempo puede apreciarse la utilización por la doctrina de distintas denominaciones como «principio de tutela o favor», «principio pro asalariado», «principio de norma más favorable», «principio de respeto a los derechos adquiridos», «principio de irrenunciabilidad», «principio de condiciones mínimas», «principio de condición más beneficiosa» o «principio de respeto a la condición más beneficiosa»[14]. Términos que, en definitiva, sugieren la existencia de planteamientos doctrinales dispares en torno a la construcción jurídica del hoy conocido como principio

14. En este sentido, CREMADES B.M.: *El derecho transitorio...*, op. cit., pp. 66-67. No en vano, CABRERA BAZÁN, J.: *La novación ilícita del contrato de trabajo*, Instituto García Oviedo, Sevilla, 1963, pág. 95, recordando palabras del profesor ALONSO OLEA, refirió en su momento que sobre la base de «dos principios de Derecho común, el de respeto a los derechos adquiridos y el de irretroactividad de las normas, combinado con otro principio informador de todo el Derecho del Trabajo, el pro operario, se ha venido a montar en este Ordenamiento específico la teoría de otro principio más, el de condición más beneficiosa».

de condición más beneficiosa[15]. De hecho, ya en los primeros momentos se significó por la doctrina científica que el mismo «ni es en sí un principio único y simple, sino complejo y múltiple, ni su formulación en el Derecho positivo español del trabajo ha conseguido cristalizar en un axioma definido y uniforme»[16].

No en vano, en su momento se denunció que la diversidad de términos empleados tanto por los Tribunales de justicia[17], como por la propia doctrina científica, encerraba una confusión de conceptos relevante[18]. De manera que se habría operado una transformación de la esencia del mismo que, de constituir una garantía de «mantenimiento frente a una regulación posterior de condiciones anteriormente existentes» —y en ese sentido se hablaba de «principio de respeto a la condición más beneficiosa»—, se habría transformado en un concepto más amplio —se hablaría entonces del «principio de condición más beneficiosa»— donde tendrían cabida todo tipo de manifestaciones de la alteración de la seguridad jurídica en el ámbito laboral, llegando a confundirse el principio de favor o tutela de los trabajadores y el de condición más beneficiosa, integrando éste a su vez el de irrenunciabilidad, condiciones mínimas, cláusula más favorable, o respeto a la condición más beneficiosa.

En todo caso, conviene no perder de vista que en el origen del principio de condición más beneficiosa se encuentra la emergencia con fuerza del principio de norma más favorable, en cuanto principio que, con carácter general, aspiraba a mejorar la condición de los trabajadores, de tal manera que, de forma paralela, los tribunales consideraron oportuno también, en

15. Una síntesis de los diferentes planteamientos doctrinales habidos durante el período franquista puede consultarse en DÍAZ AZNARTE, M.T., *El principio de condición...*, op. cit., p. 43 y ss.

16. PÉREZ LEÑERO, *Teoría General del Derecho...*, op. cit., p. 159.

17. CREMADES, B.M., *El derecho transitorio...*, op. cit., pp. 67-68; CABRERA BAZÁN, J., *La novación ilícita...*, op. cit., p. 103, quien pone de manifiesto la confusión de los principios de norma más favorable y de condición más beneficiosa por parte de la doctrina jurisprudencial española.

18. Como certeramente ha señalado MERCADER UGINA, J.R., Los principios de aplicación..., op. cit., p. 25, «bajo la idea de principio jurídico no está siempre la idea de principio general del Derecho, sino más bien ciertas normas constitucionales, legales o jurisprudenciales que, «no se sabe muy bien por qué, reciben el nombre de principios» [con cita de PRIETO SANCHÍS, *Ley, principios...*, op. cit., p. 51]». No en vano, este jurista señala, que «los citados «principios» [entre los que se encuentra el de condición más beneficiosa] no son tales», sino instrumentos de aplicación normativa que «han representado un reflejo de los distintos sistemas normativos en los que se han desarrollado» (p. 27).

un momento determinado, introducir un principio que permitiera, en determinadas circunstancias, reconocer individualmente a los trabajadores una mejor condición con carácter individual. De hecho, y como evidencian los estudios al respecto, el respeto de los estándares laborales alcanzados en un momento determinado es un aspecto que comienza a tener reconocimiento en relación con ciertos colectivos de trabajadores en las Bases de Trabajo de la etapa republicana, en una práctica jurídica que continuará con las Reglamentaciones de Trabajo, a partir de 1942, y que finalmente será objeto de acogida por el TS, a partir de 1951, fecha en la que comienza a ver la luz la jurisprudencia que soporta el principio que nos ocupa en este momento[19].

En última instancia, y como con acierto se ha señalado más recientemente, la formulación digamos «clásica» del respeto a las condiciones más beneficiosas nos remite a la idea de una técnica de sucesión normativa que, finalmente, muta, al menos en mi opinión, en una suerte de técnica jurídica que permite articular las relaciones entre la normativa vigente y la autonomía de la voluntad —sobre esta última idea remito a las consideraciones que realizaré supra en el apartado 2.1 de esta obra—, en un momento histórico en que las transiciones entre ordenamientos jurídicos construidos sobre fundamentos radicalmente distintos se sucedieron de manera vertiginosa, al darse en un breve período histórico[20] —régimen corporativo / régimen republicano /dictadura franquista—, y que situaban al operador jurídico ante una cuestión en aquél momento de gran importancia, como es la siguiente: «¿deben mantenerse las mejores condiciones adquiridas por los trabajadores al amparo de una determinada normativa cuando esta resulta sustituida por otra posterior?»[21].

Un interrogante que, a día de hoy, sin embargo debe actualizarse visto que este tipo de condiciones no pueden tener un origen legal, como si se admitió en épocas pretéritas —más concretamente en los inicios de la construcción jurídica sobre la que se asienta este principio jurídico—, y que llevó a los Tribunales, y algunos sectores doctrinales a afirmar categóricamente que las condiciones más beneficiosas sólo podían emerger de disposiciones

---

19. OJEDA AVILÉS, A., «El principio de condición más beneficiosa», en DE LA VILLA GIL, L.E., y LÓPEZ CUMBRE, L. (Dirs.), *Los principios del Derecho del Trabajo*, Centro de Estudios Financieros, Madrid, 2003, p. 172.
20. MERCADER UGUINA, J.R., *Los principios de aplicación...*, op. cit., p. 46.
21. Como certeramente ha señalado MERCADER UGUINA, J.R., *Los principios de aplicación...*, op. cit., p. 46.

normativas, convenios colectivos, o usos y costumbres[22], descartando sin embargo, algo que como veremos más adelante hoy día resulta impensable, al contrato de trabajo y a la autonomía individual de la voluntad del empresario. De tal manera que, a día de hoy el interrogante bien podría formularse en los siguientes términos: «¿deben mantenerse las mejores condiciones adquiridas por los trabajadores al amparo de la autonomía individual de la voluntad cuando aquellas son sustituidas por una norma, acuerdo o decisión unilateral de la empresa posterior?».

1.2. SUPUESTOS DE APLICACIÓN DEL PRINCIPIO DE CONDICIÓN MÁS BENEFICIOSA

La delimitación de los supuestos en que cabía la aplicación del hoy día conocido como principio de condición más beneficiosa ha de ir acompañada de algunas apreciaciones preliminares. En primer término, hemos de referir que, si bien el origen de este principio lo hemos situado en la II República, puesto que los primeros pronunciamientos judiciales de los que tenemos noticia se sitúan en el período franquista, en el que por otro lado tiene lugar la mayor parte del aporte científico sobre el mismo, parece razonable que circunscribamos a este último período histórico las consideraciones sobre el particular en esta aproximación diacrónica a esta institución.

En segundo lugar, y de manera muy resumida, conviene ser conscientes de que, en el período que vamos a considerar en este momento, las relaciones laborales se regulaban, desde una perspectiva jerárquica, por la Ley, el Reglamento y la Reglamentación de Trabajo, norma esta última que se definió por el legislador como «regulación sistemática de las condiciones mínimas a que han de ajustarse las relaciones laborales concertadas entre los empresarios y su personal en las distintas ramas y actividades» (art. 1 de la Ley de 16 de octubre de 1942, por la que se establecen normas para regular la elaboración de las reglamentaciones de trabajo (LRT)), constituyendo su elaboración una función privativa del Estado, y que, en la década de los sesenta, pasaron a denominarse Ordenanzas Laborales. Además, ha de tenerse en cuenta que, desde 1958, se permitió por el legislador estatal la elaboración de «convenios colectivos sindicales», subordinados a las fuen-

22. Así, por ejemplo, el TS en su sentencia de 24 de septiembre de 1951, afirmó la oportunidad de reconocer «el principio laboral que establece el respeto a los derechos más beneficiosos adoptados al amparo de una legislación anterior». Claro que, como oportunamente señaló DÍAZ AZNARTE, M.T., *El principio de condición...*, op. cit., p. 651, «en la mayoría de los supuestos en los que se contemplan las condiciones más beneficiosas de origen normativo, este hecho se debe a que las nuevas disposiciones reglamentarias o convencionales recogen una cláusula expresa de salvaguarda de las mismas».

tes anteriores y con una función meliorativa de las condiciones de trabajo. Finalmente, recuérdese la existencia en las empresas de Reglamentos de Régimen Interior, subordinados a todas las fuentes anteriores, y respecto de los que el art. 5 del Decreto 20/1961, de 12 de enero, regulador de los Reglamentos de Régimen Interior, manifestaba que no podrían establecer condiciones inferiores a las creadas por las fuentes referidas anteriormente.

Pues bien, atendiendo a lo anteriormente señalado, podemos apreciar, fundamentalmente, la existencia de cinco supuestos[23] en los que nuestros Tribunales (TS y Tribunal Central de Trabajo (TCT)) consideraron oportuna la aplicación del principio de condición más beneficiosa:

a) Las mejoras que registraba el trabajador frente a condiciones exigibles según la normativa en vigor en cada momento, originadas en un negocio jurídico, sea el contrato de trabajo, sea un convenio colectivo informal o pacto sindical incorporado al nexo contractual, sea la decisión unilateral del empresario.

b) Las condiciones que tenían origen en el acuerdo entre empresario y trabajador, o en la decisión unilateral de este último, ante las establecidas por nuevas normas, ya fueran Reglamentaciones de Trabajo, convenios colectivos o reglamentos de régimen interior, que sustituían a las anteriormente vigentes.

c) Las condiciones de origen normativo, bien por estar contenidas en una Reglamentación de Trabajo, bien por hallarse dentro de un convenio colectivo o reglamento de régimen interior, o emanar de un uso o costumbre laboral, ante las nuevas normas de rango equivalente que las sustituyan, como consecuencia bien de un proceso de sucesión normativo, bien de un cambio en la norma a la que se sujetan los trabajadores, como consecuencia de un error en la determinación de la norma aplicable a la empresa o un cambio en la actividad principal.

La relación expuesta pone de manifiesto, en primer término, cómo el principio de condición más beneficiosa, ya desde sus orígenes, no es un principio aplicable a cualquier condición de trabajo con independencia de

23. Siguiendo a SALA FRANCO, T., «El principio de la condición más beneficiosa», *Revista de Política Social*, núm. 114, 1977, p. 38, quien incluye un supuesto adicional extraído de la experiencia que aportaban la aplicación de las propias Reglamentaciones de Trabajo, en el caso de condiciones de origen normativo —ya emanen de fuentes legales en sentido lato o sean consuetudinarias—, frente a las establecidas en nuevas normas jerárquicamente superiores. Véase también OJEDA AVILÉS, A., «El principio de condición más beneficiosa», *Revista de Política Social*, núm. 134, 1982 pp. 11-13.

la fuente en que se originó. Sin embargo, y al mismo tiempo, evidencia cómo para la jurisprudencia de la época, el principio era susceptible de ser aplicado tanto en el caso de condiciones emanadas de negocios jurídicos varios —pacto individual, decisión unilateral del empresario—, y que podríamos referir como contractuales, como cuando las referidas condiciones tenían naturaleza normativa, por tener su origen precisamente en un instrumento de este carácter. Lo que fue criticado por la doctrina científica que, en su momento, cuestionó fuertemente el que el referido principio se aplicara en situaciones tan dispares[24].

Igualmente, se criticó en algún caso el que se recurriera a este principio para garantizar no sólo la salvaguarda de condiciones ventajosas para el trabajador frente a normas posteriores de origen normativo —sucesión de normas—, sino también para solventar problemas de concurrencia normativa[25]. Cuestión que no sorprende excesivamente si tenemos en cuenta la ya referida confusión terminológica existente a la hora de calificar al principio que permitía salvaguardar al trabajador ciertas ventajas obtenidas en tiempos pretéritos, y el hecho de que el principio de condición más beneficiosa y el de norma más favorable compartan una misma finalidad: promover una suerte de irretroactividad *pro operario*, ante la retroactividad *in mitius* que en muchos casos proponían las normas legales y la propia jurisprudencia[26].

24. No en vano, SALA FRANCO, T., «El principio de la condición...», op. cit., pág. 66, refirió en su momento que, ante esta situación sólo cabrían dos opciones: a) Denominar a cada supuesto por su propia realidad; b) En línea con otro sector de la doctrina (BAYÓN CHACÓN, ALONSO OLEA), predicar exclusivamente la denominación de «principio de condición más beneficiosa» de aquellos casos donde lo que está en juego es el respeto de condiciones contractuales preexistentes ante nuevas normas.
25. Esta cuestión se subrayó específicamente por OJEDA AVILÉS, A.: «El principio de condición...», op. cit., p. 12. No en vano, por ejemplo, en el ámbito de la doctrina científica, MENÉNDEZ PIDAL: *Derecho Social Español*, 1952, pp. 106-107, justificó la aplicación preferente de las Reglamentaciones de Trabajo, en detrimento de las normas con rango de ley, sobre la base del principio de condición más beneficiosa.
26. En este sentido, OJEDA AVILÉS, A., «El principio de condición...», op. cit., p. 22. No en vano, desde las primeras Bases de Trabajo, se observaba una preocupación por conservar las mejores condiciones obtenidas por los trabajadores, «sin atender a si se reconocieron por normas concurrentes o por normas derogadas —el origen fue el mismo para el régimen de la condición más beneficiosa que para el de la norma más favorable»— (SERRANO ARGÜESO, M., *La teoría de las fuentes en el Derecho individual del Trabajo*, Dykinson, Madrid, 2000, p. 275).

1.3. SU DIFERENCIACIÓN RESPECTO DE OTROS PRINCIPIOS DEL DERECHO DEL TRABAJO Y EN PARTICULAR DEL PRINCIPIO DE NORMA MÁS FAVORABLE

Los problemas para diferenciar conceptualmente el principio de condición más beneficiosa respecto del principio de norma más favorable y otros principios del Derecho del Trabajo, constituye uno de los aspectos que han marcado la evolución histórica del principio que nos ocupa sobre todo durante el régimen franquista que es el período histórico en que el mismo se configura como tal principio jurídico. En este sentido, la doctrina de la época ilustra muy claramente el fenómeno, cuando advierte que lo que en principio se calificaba como «respeto a la condición más beneficiosa», en cuanto «mantenimiento frente a una regulación posterior de condiciones anteriormente existentes», con posterioridad, y como consecuencia de los planteamientos que abogan por una intervención estatal en favor de los trabajadores, se transformó en «principio de condición más beneficiosa», en cuanto concepto más amplio y «auténtico cajón de sastre» en el que cabrían «todas aquéllas manifestaciones de alteración de la seguridad jurídica», confundiéndose progresivamente «los principios de favor o tutela de los trabajadores y condición más beneficiosa, incluyéndose en éste último a forma de elementos integrantes el de irrenunciabilidad, de condiciones mínimas, el de cláusula más favorable...e, incluso, el de respeto a la condición más beneficiosa».

No en vano, todavía en la década de los sesenta se puede apreciar cómo la distinción del principio de condición más beneficiosa respecto del de norma más favorable es bastante difusa. Así, por ejemplo, en algún caso se planteó que «el principio de condición más beneficiosa supone la existencia de una situación concreta anteriormente reconocida y la cual queda respetada precisamente en función del juego que presta la aplicación de la norma más favorable, sentido preferencial que opera, en general, en las relaciones contrapuestas»[27]. Lo que no quita para que a continuación se señale que el principio de condición más beneficiosa tiene su última referencia en el principio *pro operario*, supone también el de norma más favorable, si bien el de condición más beneficiosa se diferenciaba del primero «por ser menos general, aparecer en realidad como una manifestación del mismo y tener formulación jurídico-positiva expresa», y del segundo «por implicar una aplicación de norma de favor, pero no referida a caracterización general, sino a situación precisamente concreta y determinada»[28].

27. ALONSO GARCÍA, M., *Curso de Derecho del Trabajo*, Bosch, Barcelona, 1964, p. 244.
28. De nuevo ALONSO GARCÍA, M., *Curso de Derecho...*, op. cit., p. 245.

Sin embargo, será en la década de los setenta cuando la diferenciación conceptual de los principios de norma más favorable y condición más beneficiosa se perfecciona[29], manifestando entonces los estudios de la época como ámbito del principio de norma más favorable la concurrencia normativa[30] y la sucesión de normas que no implique derogación de las ya vigentes, mientras en el caso del principio de condición más beneficiosa el supuesto típico de aplicación lo constituiría la sucesión de normas que conlleva la desaparición de aspectos jurídicos del régimen vigente hasta entonces.

Así, y por lo que hace al principio de norma más favorable, se consideraba que el mismo tenía su origen en el carácter mínimo de las normas laborales, de manera que «la determinación de la norma aplicable entre las varias posibles y simultáneamente vigentes debe hacerse no sólo en función de la jerarquía de fuentes, sino también de los principios de norma mínima y de norma más favorable, que son recíprocamente consecuencia obligada o presupuestos el uno del otro»[31], por lo que «la norma reguladora de la relación es la que resulte más favorable para el trabajador, cualquiera que sea su rango, con lo que la ordenación jerárquica resulta así desecha por el principio de norma más favorable que erige a ésta, y no a la de mayor rango, en fuente principal»[32].

Por el contrario, el principio de condición más beneficiosa supondría una atemperación del principio general de que la ley posterior en el tiempo deroga a la anterior[33], que deriva del carácter mínimo para el trabajador de toda condición de trabajo individualmente pactada o individualmente otorgada por el empresario, de manera que «ésta se impone y prima sobre toda norma y, por consiguiente, sobre la sucesión en el tiempo de las mismas»[34]. Claro que la configuración jurídica de este principio parece admitir también una formulación más amplia, definida en los siguientes términos: «el trabajador puede exigir al empleador el respeto de las condiciones laborales personales que, constituyendo derechos adquiridos, le resulten en cada caso más beneficiosos que las mínimas exigibles, cual-

29. A estos efectos, véase CAMPS RUIZ, LM., *Los principios de norma más favorable...*, op. cit., en especial p. 392 y ss.
30. En este sentido DE LA VILLA GIL, L.E. y PALOMEQUE LÓPEZ, M.C., *Lecciones de Derecho...*, op, cit., p. 781, refirieron elocuentemente que el fundamento de este principio era resolver los problemas de concurrencia normativa y no rectificar las consecuencias del principio de jerarquía normativa.
31. CAMPS RUIZ, L.M., *Los principios de norma más favorable...*, op. cit., pp. 49-50.
32. ALONSO OLEA, M., *Derecho del Trabajo*, SPFDUM, Madrid, 1971, p. 381.
33. CREMADES, B.M., *El derecho transitorio...*, op. cit., p. 80, refiere su carácter de excepción a la regla general contenida en el art. 5 Cc.
34. ALONSO OLEA, M., *Derecho del Trabajo*, op. cit., p. 383.

quiera que sea el título originario de aquéllas»[35]. Con ello, el principio de condición más beneficiosa se configuraría como un principio a considerar en los supuestos de sucesión de normas, cualquiera que fuera su naturaleza —por tanto, más allá del supuesto que implicaba el respeto de condiciones existentes en normas anteriores por parte de los pactos colectivos—, al tiempo que limitaba el poder empresarial[36].

No obstante, conviene resaltar que el esfuerzo de la doctrina científica a lo largo de estos años por diferenciar nítidamente el principio de condición más beneficiosa respecto de lo que es el principio de norma más favorable, u otros principios del Derecho del Trabajo, no ha tenido un reflejo en la jurisprudencia del TS, que a lo largo de todo el período franquista evidenció una utilización indiscriminada de conceptos[37], de tal manera que la defensa de ventajas obtenidas por el trabajador llevó en muchos casos al Alto Tribunal a recurrir a un conglomerado de principios como el de condición más beneficiosa, el de norma mínima o el de irrenunciabilidad de derechos —que tienen su reflejo a su vez en preceptos distintos de la LCT 1944 (arts. 9, 10 y 36)—. Este comportamiento del Tribunal todavía puede observarse bastante años después en algunas de sus sentencias, en las que llega a emplearse, al mismo tiempo, los términos de «condición más favorable» y «condición más beneficiosa»[38].

1.4. REQUISITOS QUE INTEGRAN LA GÉNESIS DE UNA CONDICIÓN MÁS BENEFICIOSA

La consideración de los supuestos en que los Tribunales han venido apreciando la idónea aplicación del principio de condición más beneficiosa, en concreto durante el período de la dictadura franquista, permite reconocer, como he señalado, la existencia tanto de condiciones más beneficiosas de origen contractual o generadas por un determinado negocio jurídico, como de origen normativo[39]. Lo cual determinó que los elementos que se habían de dar en uno y otro caso para su generación tuvieran un carácter distinto.

35. DE LA VILLA GIL, L.E. y PALOMEQUE LÓPEZ, M.C., *Lecciones de Derecho del Trabajo*, IELS, Madrid, 1977, p. 786.
36. CAMPS RUIZ, L.M., *Los principios de norma más favorable...*, op. cit., pp. 52-53.
37. Véase STS de 4 de Diciembre de 1959 (RJ 1959, 4766); STS de 24 de Junio de 1975 (RJ 1975, 2775). Asimismo, véase DÍAZ AZNARTE, M.T., *El principio de condición...*, op. cit., pp. 58-64.
38. STS (Sala 4ª) de 24 de Junio de 1992 (RJ 1992, 4667).
39. No en vano, CABRERA BAZÁN, J., *La novación ilícita...*, op. cit., p. 99, destacó en su momento la equiparación practicada por la doctrina jurisprudencial y científica de las condiciones más beneficiosas recogidas en disposiciones de carácter legal y las surgidas del contrato individual.

Así, y comenzando por las condiciones más beneficiosas de origen contractual, podemos apreciar la existencia de una serie de requisitos[40], cuya concurrencia se exigía por los Tribunales, y que en algún caso tenían fundamento legal explícito[41], para considerar la existencia de una condición más beneficiosa, y que pueden resumirse de la siguiente forma:

a) Que la condición tenga su origen bien en el contrato de trabajo, entendiendo por tal tanto el pacto expreso celebrado al inicio del contrato o con posterioridad, bien en un pacto colectivo impropio o en una mejora fijada por el empresario de forma unilateral, y que se incorpora al contrato de trabajo.

b) Que no se trate de condiciones contrarias a las leyes, por lo que no podrán atentar contra normas de derecho necesario absoluto.

c) Que se trate de condiciones más ventajosas para los trabajadores que las legalmente previstas.

En cuanto a las condiciones más beneficiosas de origen normativo, resulta indudable que el factor fundamental a considerar lo constituía en este caso la existencia de una norma que reconociera la condición más beneficiosa. Ciertamente, en el período histórico considerado, se puede observar toda una serie de reconocimientos legales del principio de condición más beneficiosa, algunos de los cuales hemos reflejado ya en estas páginas, pero como oportunamente señaló en su momento la doctrina científica[42], tales reconocimientos no tienen un carácter general, sino que suelen referirse a determinadas fuentes y respecto a fuentes distintas de sí mismas. Ello significa que no necesariamente toda fuente normativa tenía por qué generar condiciones más beneficiosas. En definitiva, se puede concluir en este caso, que si bien el referido principio fue objeto de acogida expresa por el legislador franquista, en ningún momento se asumió su vigencia de forma general en relación con lo que era la sucesión temporal de las normas, de forma que su operatividad siempre estuvo sujeta en este caso a una previsión expresa por la norma posterior en el tiempo.

---

40. Véase SALA FRANCO, T., «El principio de la condición...», op. cit., pp. 39-45.
41. Este es el caso del art. 9.2 LCT 1944 cuando admitía que el contrato se regulara por la voluntad de las partes «sin que en ningún caso puedan establecerse, en perjuicio del trabajador, condiciones menos favorables o pactos contrarios a las normas legales».
42. CAMPS RUIZ, L.M., *Los principios de norma más favorable...*, op. cit., p. 196.

1.5. LA POLÉMICA EN TORNO AL PLANTEAMIENTO QUE EXPLICA LA EFECTIVIDAD DE LA CONDICIÓN MÁS BENEFICIOSA

El que el principio de condición más beneficiosa atendiera a la solución de supuestos de sucesión de normas provocó el que desde un principio su configuración jurídica se articulara en el ámbito del Derecho transitorio, al tratarse de un principio solutorio de los problemas que generaba la sucesión en el tiempo de las normas. No obstante, ha de recordarse que, en el período histórico considerado, el criterio general en materia de sucesión de normas consistía precisamente en la afirmación de la irretroactividad de las leyes, salvo que las mismas dispusieran lo contrario (art. 2.3 Cc). Circunstancia que no obstó para que la doctrina científica pronto refiriera la existencia de un principio de irretroactividad debilitada en el ámbito del Derecho del Trabajo[43], dado el extraordinario uso que en esta disciplina se hacía de la excepción permitida por nuestro ordenamiento jurídico. No en vano, y como en algún caso se ha referido de forma muy gráfica[44], el principio de condición más beneficiosa es el fruto de una elaboración de los tribunales, «como condensación global de una multitud de normas que establecen lo mismo para segmentos concretos», de tal forma que se puede apreciar cómo «la polarización de normas en torno al respeto de los niveles alcanzados nace con las Bases de Trabajo republicanas de 1931 y continúa con las Reglamentaciones de Trabajo desde 1942, llevando a la formulación del principio por el TS en su doctrina desde 1951».

En ocasiones, y como ya hemos referido, las normas contenían disposiciones transitorias que permitían la conservación de las ventajas obtenidas por los trabajadores en tiempos pretéritos. Sin embargo, el problema se planteaba en relación con la multitud de casos donde no existía una disposición transitoria que diera cobertura al fenómeno, lo que dio lugar al planteamiento de múltiples teorías que intentaban explicar la conservación de las condiciones más beneficiosas por parte de los trabajadores, y que definitiva constituyeron un esfuerzo por configurar jurídicamente el denominado principio de la condición más beneficiosa.

No voy en estos momentos a realizar una exposición detallada de todas y cada una de las teorías elaboradas a lo largo de todos estos años, al tratarse de una cuestión ya sistematizada por la doctrina científica[45]. Pero sí quisiera reflejar cuál es la formulación que finalmente parece imponerse, allá por

43. BAYÓN CHACÓN, G. y PÉREZ BOTIJA, E., *Manual de Derecho del Trabajo*, vol. I., Madrid, 1958, p. 221.
44. OJEDA AVILÉS, A., «El principio de condición más beneficiosa», op. cit., p. 172.
45. Véase CAMPS RUIZ, L.M., *Los principios de norma más favorable...*, op. cit., p. 197 y ss.

finales de la década de los setenta, para explicar la conservación de las condiciones más beneficiosas, por su proximidad al período histórico que va a ser objeto de consideración en el próximo capítulo —aquél que arranca con la aprobación de la vigente Constitución—. Y que es aquella que concibe dicho principio como aquél en virtud del cual «el trabajador puede exigir al empleador el respeto de las condiciones laborales personales que, constituyendo derechos adquiridos, le resulten en cada caso más beneficiosos que las mínimas exigibles, cualquiera que sea el título de aquéllas»[46]. Con ello, el concepto «derechos adquiridos» se constituye en el factor clave a desentrañar para aprehender el referido principio. Lo que no es fácil, dadas las dificultades que tradicionalmente se han evidenciado a la hora de determinar en qué consiste el referido concepto, dada la distinta perspectiva que sobre el particular aportan tanto las doctrinas civilistas como administrativistas.

De todas formas, bueno será partir del hecho de que los Tribunales tradicionalmente han considerado que un derecho laboral se adquiere cuando el mismo se incorpora al nexo contractual que une a trabajador y empresario, lo que fue interpretado como que un derecho se adquiere «cuando, establecido por cualquier fuente (disposición normativa, convenio colectivo, reglamento de régimen interior, contrato individual de trabajo, pacto colectivo informal, mejora voluntaria del empleador, costumbre o mero uso de empresa) es objeto de disfrute pacífico por parte del trabajador»[47]. De esta manera, la incorporación al nexo contractual de la condición más beneficiosa disfrutada por el trabajador parece adivinarse como la hipótesis más plausible a la hora de explicar la efectividad de la condición de la que era titular el trabajador, y que el cambio de escenario regulador amenazaba con hacer desaparecer.

Sin embargo, no conviene desconocer el que la teoría que aboga por considerar que la condición más beneficiosa se incorpora al nexo contractual también tenía sus detractores, y fue objeto de polémica casi desde el principio. En este sentido, merece ser destacado el que, en su momento, un sector de la doctrina[48] resaltara las dificultades que planteaba la teoría de

---

46. DE LA VILLA, L.E., y PALOMEQUE LÓPEZ, M.C., *Lecciones de Derecho...*, op. cit., p. 786.
47. DE LA VILLA, L.E. y PALOMEQUE LÓPEZ, M.C., *Lecciones de Derecho...*, op. cit., p. 786.
48. Este es el caso de CAMPS RUIZ, L.M., *Los principios de norma más favorable...*, op. cit., p. 396, que no acepta el fundamento contractual del principio, de manera que, en defecto de disposición transitoria que limite la retroactividad de la nueva norma, entiende que se ha de aplicar ésta en toda su extensión, dado que el principio de condición más beneficiosa carece de valor constitutivo o creador de derecho subjetivo alguno.

los derechos adquiridos[49], entre otras cosas por los problemas que se registraban para diferenciarlos de las meras expectativas[50]. Asimismo, la existencia de diversos tipos de prestaciones laborales —de tracto único, de tracto sucesivo o continuo, de tracto periódico regular, y de tracto periódico irregular— complica toda consideración sobre la adquisición de condiciones laborales[51]. Cuestión ésta sumamente polémica dadas las diferencias existentes entre civilistas y administrativistas a la hora de considerar cuándo un derecho se adquiere, y las críticas que ha recibido la teoría clásica de los derechos adquiridos[52].

1.6. LA COMPENSACIÓN Y ABSORCIÓN COMO TÉCNICA LIMITADORA DE LA EFECTIVIDAD DE LA CONDICIÓN MÁS BENEFICIOSA

El respeto de las condiciones más beneficiosas disfrutadas por el trabajador qué duda cabe que puede ser una situación que, prolongada indefinidamente, puede tener unos efectos negativos sobre las empresas, y también sobre las propias relaciones de trabajo. Por ello, desde un principio existió la conciencia de que era necesario introducir elementos de racionalidad en la protección de las ventajas obtenidas por los trabajadores. Desde esa perspectiva, tal vez sea la técnica de compensación y absorción el principal factor limitador de la efectividad de la condición más beneficiosa en este período histórico, dado su carácter neutralizador de las ventajas obtenidas. Técnica que, por otro lado, tiene su origen remoto en el sistema de fuentes existente tras la Ley de Jurados Mixtos de 1931[53], que configuraba el contenido de las Bases de Trabajo como mínimos susceptibles de ser mejorados vía contrato individual y pacto colectivo.

En todo caso, de interés creo que puede ser en este momento resaltar el tratamiento dado a las mejoras por el Decreto de política de salarios de 31 de marzo de 1944, y que se dicta, no ha de olvidarse, en el contexto de un nuevo régimen como el franquista, caracterizado en sus primeros años por un cierto ánimo de homogeneizar las condiciones de trabajo en los

---

49. Por ejemplo, para CREMADES, B.M., *El derecho transitorio...*, op. cit., p. 82, el principio de respeto a la condición más beneficiosa sobrepasa el supuesto de los derechos adquiridos, dado que aquél pretende la conservación de un *status* jurídico conferido y que se pretende derogar, mientras que éste se refiere a una situación dejada en el pasado, a unas pretensiones ya nacidas.
50. Véase, CAMPS RUIZ, L.M., *Los principios de norma más favorable...*, op. cit., p. 210 y ss.
51. OJEDA AVILÉS, A., «El principio de condición...», op. cit., p. 35.
52. Véase al respecto LOPEZ MENUDO, F., *El principio de irretroactividad de las normas jurídico-administrativas*, IGO, Sevilla, 1982, en particular la p. 91 y ss.
53. Véase GONZÁLEZ-POSADA, E., *La compensación y absorción de salarios*, IELLS, Madrid, 1984, p. 35 y ss.

distintos sectores de actividad y por monopolizar su regulación. Desde esta perspectiva, no resultará extraño el conocer que el referido Decreto determinó, entre otras cosas, la nulidad de todo incremento de los salarios que afectase a la totalidad o gran parte de las empresas de un sector o rama de actividad, si no mediara autorización administrativa. Tratamiento restrictivo que se incrementó cuando el Decreto de 9 de enero de 1948 estableció la nulidad de todo acuerdo de mejora en empresas de más de cincuenta trabajadores[54].

De todas formas, y a pesar del estricto control administrativo que registran las mejoras salariales en el período 1946-1951, conviene destacar la continuidad de prácticas de mejora salarial en las empresas al margen del régimen salarial fijado por las Reglamentaciones de Trabajo, y que se articularon a través de lo que se denominó como pluses de carestía de vida. Estos pluses se fijaban por Orden Ministerial para cada sector, registrando un tratamiento diferenciado en función del momento histórico en el que nos fijemos[55], si bien sí se ha de significar el hecho de que, a la altura de 1951 (OM de 15 de febrero de 1951), la absorción de estos pluses recibe el tratamiento de mecanismo excepcional.

No será, sin embargo, hasta el Decreto de 8 de junio de 1956 cuando se permita a las empresas otorgar mejoras salariales superiores a los mínimos fijados en las Reglamentaciones, sin necesidad de autorización administrativa, posibilitando su absorción con las nuevas condiciones económicas que el Ministerio de Trabajo estableciera en el futuro. De tal manera que el Decreto de 21 de marzo de 1958 permitió compensar las mejoras voluntarias posteriores al 15 de Julio de 1956[56] con los aumentos de salarios mínimos fijados por una norma o pactados en los convenios colectivos sindicales. En todo caso, será con los Decretos de salario de 21 de septiembre de 1960 y de

54. Sobre el particular, ha señalado SAAVEDRA ACEVEDO, J., «Absorción y compensación. Normas legales», en VV.AA., *Dieciséis lecciones sobre salarios y sus clases*, FDUM, Madrid, 1971, pp. 316-317, que, en estas circunstancias, si bien los problemas de absorción, lógicamente no adquirían una importancia especial, los mismos podían darse, atendiendo a lo dispuesto en el art. 9.2 LCT 1944, en virtud de lo fijado en contrato individual. De manera que, en esta época, es relativamente frecuente encontrar en las Reglamentaciones de Trabajo preceptos donde se obligaba a los empresarios a respetar las condiciones más beneficiosas implantadas a la entrada en vigor de la respectiva Reglamentación.

55. No en vano, señalaba GONZÁLEZ-POSADA, E., *La compensación y...*, op. cit., p. 44, cómo si bien en un principio (OM de 16 de Junio de 1943) se estableció la integridad de estos pluses, sin que pudieran considerarse enjugables, con posterioridad (OM de 20 de Octubre de 1944) se estableció que el plus «habrá de ser enjugado en el salario superior al mínimo establecido en las disposiciones vigentes».

56. La absorción de las mejoras fijadas con anterioridad a esta fecha tenía cobertura legal por Decreto de 8 de Junio de 1956.

15 de febrero de 1962, cuando se ordenará de una manera más efectiva el fenómeno de la compensación de mejoras salariales, tarea a la que contribuirán también en adelante los sucesivos Decretos de salario mínimo interprofesional que se dictarán a partir de 1963, así como el Decreto de ordenación de salario de 1973.

Como puede deducirse de lo referido hasta el momento, la ordenación legal de la compensación y absorción de salarios registró hasta principios de los sesenta una provisionalidad que complicó significativamente el tratamiento de las condiciones más beneficiosas y su efectividad[57]. No en vano, en esta etapa histórica encontramos ya elementos que explican la dificultad a la hora de delimitar conceptualmente los términos absorción y compensación, y que tienen su origen en el distinto tratamiento que las mejoras salariales observaban a lo largo de estos años, así como el régimen de su neutralización[58].

No obstante, sí quisiera en estos momentos resaltar dos aspectos que, a mi juicio, resultan relevantes. Así, y en primer término, no estará de más que tengamos en cuenta la existencia de diversos tipos de compensación, que se explican en virtud de la similitud de las condiciones comparadas y de la dimensión de la comparación. De manera que la doctrina en la década de los setenta[59] distingue entre compensación vertical o cuantitativa, por la que una condición más beneficiosa quedaba neutralizada por la misma condición mejorada en norma posterior, y la compensación horizontal o cualitativa, y que supone el que la neutralización de la condición más bene-

57. En esta línea, téngase en cuenta el hecho de que tanto las Reglamentaciones de Trabajo —a partir del Decreto de 8 de Junio de 1956—, como los convenios colectivos sindicales —tras la LCCS— también acostumbraron a fijar criterios en la materia, detectándose una significativa diversidad (GONZÁLEZ-POSADA, E., *La compensación y...*, op. cit., pp. 56-58). Sobre la realidad en el ámbito de los convenios colectivos sindicales, puede consultarse MONTALVO CORREA, J., «Absorción y compensación de salarios en las normas convencionales», en VV.AA., *Dieciséis lecciones sobre salarios y sus clases*, FDUM, Madrid, 1971, p. 327 y ss.

58. En este sentido, GONZÁLEZ-POSADA, E., *La compensación y...*, op. cit., pág. 60, aprecia la existencia de tres etapas bien diferenciadas: a) Hasta el Decreto de 8 de Junio de 1956, se emplea exclusivamente la absorción; b) Desde este último y hasta el Decreto de 21 de Marzo de 1958, se utiliza exclusivamente la expresión absorción; c) Finalmente, desde Marzo de 1958, se emplea constantemente el término compensación, no siendo hasta el Decreto de ordenación del salario de 1973 cuando se utilice la expresión «absorción y compensación en cómputo anual».

59. MONTALVO CORREA, J., «Absorción y compensación de salarios...», op. cit., pp. 331-335.

ficiosa se produzca por el establecimiento de condiciones distintas[60], que más bien vienen a sustituirla.

En segundo lugar, hay que destacar igualmente el que la consideración general de la compensación y absorción como técnica neutralizadora de ventajas obtenidas por el trabajador en el período histórico que va de la II República hasta el final del franquismo, visto el tratamiento legal de la misma, constituye una técnica limitadora de la efectividad de la condición más beneficiosa, y por tanto de la aplicación efectiva del propio principio de condición más beneficiosa, que sólo incide sobre las condiciones salariales[61]. Formulación que, por cierto, y desde la perspectiva legislativa, se mantiene hasta nuestros días, si bien, como se señalará más adelante, la jurisprudencia no descarta actualmente la aplicación de esta peculiar técnica jurídica a otras condiciones más beneficiosas de carácter no salarial[62].

1.7. ALGUNAS IDEAS A RETENER EN RELACIÓN CON LA EVOLUCIÓN HISTÓRICA DEL PRINCIPIO DE LA CONDICIÓN MÁS BENEFICIOSA

Hemos visto hasta el momento, de manera somera, cuál ha sido la génesis y evolución del principio de condición más beneficiosa hasta el momento anterior a la promulgación de la Constitución de 1978[63]. Sin embargo, considero interesante, antes de abordar la evolución y el estado actual de este principio, señalar de manera sintética los aspectos que a mi juicio resultan más significativos del período histórico considerado hasta el momento.

Así, y en primer lugar, conviene resaltar que el principio de condición más beneficiosa, como ocurre con el principio de norma más favorable, surge en un momento histórico en el que se comienza a observar cómo la regulación de las condiciones de trabajo no siempre suponía una mejora con relación a la regulación anterior, configurándose ambos como expresión

60. Si bien CAMPS RUIZ, L.M., *Los principios de norma más favorable...*, op. cit., pp. 171-172, aprecia la existencia, en el caso de la compensación horizontal, tres tipos diferentes: a) Compensación horizontal de grado mínimo: condición de distinta especie, pero perteneciente al mismo género; b) Compensación horizontal de grado medio: condición de distinto género, próximas de alguna manera; c) Compensación horizontal de grado máximo: condiciones de distinto género, sin afinidad alguna.

61. En este sentido, entre otros, OJEDA AVILÉS, A., «El principio de condición...», op. cit., p. 45, refirió en su momento que «la compensación no es un límite natural o tácito del principio de condición más beneficiosa, excepto en materia salarial».

62. STS (Sala 4ª) de 20 de Mayo de 2002 (RJ 2002, 6794).

63. Un análisis alternativo de los antecedentes y evolución del principio de condición más beneficiosa puede consultarse en DÍAZ AZNARTE, M.T., *El principio de condición...*, op. cit., pp. 25 y ss.

del principio *pro operario*. Ese origen común explica la confusión de ambos principios, y el hecho de que nuestros Tribunales aplicaran en ocasiones sendos principios de forma confusa o indiferenciada.

En segundo lugar, es durante el régimen franquista cuando el principio de condición más beneficiosa se configura plenamente como tal, y cuando toman carta de naturaleza dos elementos esenciales de la construcción jurídica del mismo: a) por un lado, la concepción de que la condición más beneficiosa puede tener su origen en la voluntad unilateral del empresario; b) por otro lado, el triunfo de la teoría de la incorporación de la condición más beneficiosa al nexo contractual como la explicación última al hecho de que el trabajador conservara ciertas ventajas.

En tercer lugar, se trata de un principio, que, al margen de ser objeto de reconocimiento general por parte del legislador, resulta aplicable no sólo en relación con las condiciones que tienen su origen en fuentes de carácter contractual, sino también en relación con aquéllas que lo tienen en fuentes normativas. No obstante, en los supuestos de sucesión de leyes y reglamentos la aplicación del principio depende de su recepción expresa por la norma posterior en el tiempo.

En cuarto lugar, durante el régimen franquista la jurisprudencia termina de definir los requisitos que integran la génesis de una condición más beneficiosa tanto contractual como normativa, exigiéndose en el primer caso que tuviera su origen en el contrato de trabajo o en un pacto colectivo impropio, cuando no en una decisión unilateral del empresario, que no se tratara de una condición contraria a las leyes, y que se tratara ciertamente de una condición más ventajosa; mientras que en el segundo caso el elemento fundamental lo constituía la existencia de una norma que reconociera la existencia de una condición más beneficiosa.

En quinto lugar, al tiempo que toma forma la doctrina que soporta la vigencia del principio de condición más beneficiosa, se asiste al nacimiento de la absorción y compensación como la primera técnica neutralizadora de las ventajas obtenidas por el trabajador, si bien circunscrita al ámbito de los salarios.

2

La caracterización del principio de condición más beneficiosa

2.1. UNA CUESTIÓN PREVIA SOBRE LA PERSPECTIVA DE ANÁLISIS: ¿PRINCIPIO PARA LA SOLUCIÓN DE LA SUCESIÓN DE NORMAS O PRINCIPIO DE ARTICULACIÓN ENTRE NORMATIVA GENERAL Y AUTONOMÍA DE LA VOLUNTAD?

A la hora de abordar el análisis actual del principio de condición más beneficiosa, entiendo necesario tomar postura sobre una cuestión previa como es la referente a la perspectiva del estudio que se pretende. Cuestión que está relacionada con el hecho de que, tal y como ha señalado la doctrina científica, el análisis del principio de condición más beneficiosa podría plantearse desde dos enfoques distintos[64].

El primer enfoque sería aquél que sitúa al principio de condición más beneficiosa en el contexto de la sucesión de normas. Esta perspectiva es la asumida tradicionalmente por la doctrina, proyectando en definitiva la consideración de este principio como factor que matiza el principio general en virtud del cual la ley posterior deroga en el tiempo a la anterior. Así, las ventajas obtenidas por el trabajador, tanto emanadas de una fuente normativa como de la propia autonomía de la voluntad, y que integran su patrimonio, resultarían plenamente eficaces frente a nuevas condiciones laborales no tan ventajosas, admitiéndose únicamente su neutralización vía mecanismo de absorción y compensación.

Un segundo enfoque, sería el que aboga por un estudio de este principio no como un mecanismo que solventa problemas de sucesión normativa, sino como un principio que contribuye a articular las relaciones entre la

64. MARTÍN VALVERDE, A., «Condición más...», op. cit., p. 1378.

autonomía de la voluntad y las otras fuentes del Derecho. En este sentido, se ha significado que «el problema de la sucesión normativa sólo debe ser planteado respecto de normas jurídicas de la misma naturaleza y rango. Si las normas son de diferente rango, nos encontramos con un problema de vigencia simultánea a resolver conforme a los criterios de jerarquía normativa»[65]. Jerarquía normativa que, sin embargo, registraría la atemperación que se deriva del «supuesto carácter mínimo para el trabajador de toda condición de trabajo individualmente pactada con u otorgada por el empresario, incluido el otorgamiento liberal o gracioso, que el transcurso del tiempo y la regularidad sin contradicción en su disfrute convierte en derecho adquirido, beneficio consolidado o condición obligada»[66]. En este sentido, se ha referido por el TS que el campo de aplicación del principio de condición más beneficiosa «no es la sucesión de normas, regida por el criterio de Derecho común de la modernidad o el orden normativo (...) sino (...) el mantenimiento frente a regulaciones o decisiones empresariales posteriores de las ventajas o beneficios concedidos a los trabajadores, que se hayan incorporado de manera estable al nexo contractual»[67].

Pues bien, a mi juicio, la perspectiva adecuada para analizar el principio de condición más beneficiosa es precisamente la segunda[68]. La razón de esta afirmación tiene que ver mucho con el cambio de contexto en el que tiene lugar hoy día la aplicación del principio de condición más beneficiosa. Un contexto caracterizado por la evolución que ha experimentado el Derecho del Trabajo, y en última instancia, y de forma genérica, la ordenación de las relaciones laborales, y que ha superado aquel planteamiento que residenciaba la razón de ser de las normas laborales en la protección del contratante más débil, el trabajador. Adicionalmente, téngase en cuenta que, como en algún caso se ha señalado, las condiciones más beneficiosas no pueden surgir de normas legales o reglamentarias porque ello supondría un incumplimiento del principio de modernidad, previsto por el art. 2.2 Cc —las leyes

65. ALONSO OLEA, M. y CASAS BAAMONDE, M.E., *Derecho del Trabajo*, Civitas, Madrid, 2001, p. 924.

66. De nuevo ALONSO OLEA, M. y CASAS BAAMONDE, M.E., *Derecho del Trabajo*, op. cit., pp. 925-926, quienes subrayan el hecho de que, para la jurisprudencia el beneficio consolidado «se impone y prima sobre toda norma y, por consiguiente, sobre la sucesión en el tiempo de las mismas».

67. STS (Sala 4ª) de 20 de Diciembre de 1993 (RJ 1993, 9974), citando jurisprudencia anterior: STS 15 de Junio de 1992 (RJ 1992, 4582); STS 24 de Junio de 1992 (RJ 1992, 4667); STS 16 de Septiembre de 1992 (RJ 1992, 6789).

68. Esta es también la perspectiva por la que aboga MARTÍN VALVERDE, A., «Condición más...», op. cit., p. 1378. Sin embargo, el primer enfoque continúa teniendo predicamento entre nuestra doctrina científica (véase ESCRIBANO GUTIÉRREZ, J., *Autonomía individual y colectiva en el sistema de fuentes del Derecho del Trabajo*, CES, Madrid, 2000, p. 168; SERRANO ARGÜESO, M., *La teoría de las fuentes...*, op. cit., p. 276)

se derogan por otras posteriores — [69]. De hecho, y no sin razón, se ha hablado de «la derogación normativa como límite a la conservación de condiciones más beneficiosas», toda vez que «los derechos que la ley atribuye al individuo sin el concurso de su voluntad y que son, por ello, facultades generales que únicamente subsisten por imperio de la ley deben desaparecer con esta», pues lo contrario supondría contradecir el propio principio de generalidad de la ley[70].

Por ello, entiendo que el estudio del principio de condición más beneficiosa debe afrontarse considerando que el mismo constituye un principio que contribuye a articular las relaciones entre la normativa laboral y la autonomía de la voluntad. Desde esta perspectiva, se trataría de analizar «un criterio o regla de mantenimiento de ventajas que limita su alcance a la defensa de las condiciones contractuales más beneficiosas frente a normas posteriores sobrevenidas»[71]. Y en este sentido, de utilidad puede ser la consideración de este principio como una suerte de «barrera defensiva de la libertad contractual»[72]. Otra cosa es que es barrera defensiva no se puede pretender su mantenimiento a toda costa y en todo caso, máxime cuando el Derecho del Trabajo desde hace décadas lo que viene promoviendo es una consideración flexible del mismo como motor de la competitividad.

2.2. LA ADMINISTRACIÓN PÚBLICA Y EL PRINCIPIO DE CONDICIÓN MÁS BENEFICIOSA

Refiere el TC que cuando el empleador o empresario es la Administración Pública, en sus relaciones jurídicas «no se rige, precisamente, por el principio de la autonomía de la voluntad, sino que debe actuar con sometimiento pleno a la ley y al Derecho (art. 103.1 CE) con una interdicción expresa de arbitrariedad», de manera que «como poder público que es, está sujeto al principio de igualdad ante la ley que (...) constitucionalmente concede a las personas el derecho subjetivo de alcanzar de los poderes públicos

69. GALA DURAN, C., «El principio de condición más beneficiosa a la luz de la última Jurisprudencia», *Revista del Ministerio de Trabajo, Migraciones y Seguridad Social*, núm. 143, 2019, pp. 143-144; BALLESTER LAGUNA, F., *La condición más beneficiosa. Caracterización y eficacia de las mejoras contractuales*, Comares, Granada, 2001 p. 42.
70. MERCADER UGUINA, J.R., *Los principios de aplicación...*, op. cit., p. 110.
71. MARTÍN VALVERDE, A., «Condición más...», op. cit., p. 1378.
Lo que no quiere decir, lógicamente, que el principio de condición más beneficiosa pueda invocarse frente a todo tipo de cambio en las condiciones de trabajo. Véase STS (Sala 4ª) de 2 de Junio de 1987 (RJ 1987, 4107) donde no se admite la invocación de la doctrina de la condición más beneficiosa para acreditar un perjuicio en la formación profesional de unos trabajadores que lo que pretendía era mantener el horario y el turno de trabajo.
72. MARTÍN VALVERDE, A., «Condición más...», op. cit., p. 1378.

un trato idéntico para sujetos iguales»[73]. Ello quiere decir que, a diferencia del empresario privado, que no se encuentra vinculado por el principio de igualdad, y sí por la prohibición de no discriminación, la Administración Pública está obligada a otorgar un trato igual a todos sus empleados[74], ya sean estos trabajadores, ya funcionarios, lo que dificulta de manera muy importante la existencia de condiciones más beneficiosas, tanto a título individual, como con relación a un grupo de trabajadores o funcionarios.

De hecho, el propio TS[75] ha señalado en algún caso —al tiempo que refería que preceptos como el art. 3 ET resultan totalmente ajenos al personal estatutario—, que «la figura de la condición más beneficiosa es típica y característica del Derecho laboral (...) pero, por el contrario, difícilmente puede tener vigencia y realidad en la esfera de las relaciones jurídico-públicas sean funcionariales sean estatutarias». Planteamiento que, por otro lado, no hace más que seguir la doctrina del TC[76], que en su momento refirió expresamente que «el funcionario que ingresa al servicio de la Administración Pública se coloca en una situación jurídica objetiva, definida legal y reglamentariamente, y, por ello, modificable por uno u otro instrumento normativo de acuerdo con los principios de reserva de Ley y de legalidad, sin que, consecuentemente, pueda exigir que la situación estatutaria quede congelada en los términos en que se hallaba regulada al tiempo de su ingreso, o que se mantenga la situación administrativa que se está disfrutando».

No obstante, para el TC[77] resultará posible exceptuar el principio de igualdad, en aquellos casos en que exista una justificación suficiente para el trato desigual, lo que podría dejar abierta la puerta a posibles condiciones más beneficiosas[78], si bien ha de reseñarse que la referida consideración se ha rea-

73. STC 161/1991, de 18 de Julio (FJ 1º) (RTC 1991, 161); STC 2/1998, de 12 de Enero (FJ 2º) (RTC 1998, 2).
74. Sobre esta cuestión véase MUT GONZÁLEZ, F., *La aplicación del Derecho del Trabajo en las empresas públicas*, Tirant lo Blanch, Valencia, 1997, p. 36 y ss.
75. STS (Sala 4ª) de 19 de Abril de 1991 (RJ 1991, 6238).
76. STC 99/1987, de 11 de Junio (RTC 1987, 99). No en vano, y de modo más reciente, la STS (Sala 4ª) de 18 de Septiembre de 2000 (RJ 2000, 8334), ha referido que «el personal estatutario no se beneficia del principio del respeto a la condición más beneficiosa, ni adquiere derecho al desempeño de unas funciones por su ejercicio continuado. Si la normativa rectora de unas funciones complementarias ordena el libre nombramiento y libre cese, no existe un derecho a seguir desempeñando tales funciones».
77. STC 161/1991, de 18 de Julio (RTC 1991, 161); STC 2/1998, de 12 de Enero (RTC 1998, 2).
78. No obstante, el argumento planteado por CAMPS RUIZ, L.M., «La condición...», op. cit., p. 248, en el sentido de que la exigencia del origen contractual de las condiciones más beneficiosas hace que no tenga sentido plantearse su existencia en el marco de las relaciones de naturaleza estatutaria, y por tanto no contractuales, pesa de manera muy significativa a la hora de considerar que, en el caso del personal estatutario, la vigencia de un principio como el analizado es de difícil consideración.

lizado en el contexto de litigios que tenían por objeto al personal estatutario, no así al funcionarial, ni a los contratados laborales de la Administración. Sin embargo, y a mi juicio, la referida consideración constituye una apreciación que puede ser extensiva a los contratados laborales[79], no así a los funcionarios, vista la contundencia de pronunciamientos como el ya referido de la STC 99/1987 en este último caso, y la existencia de principios como el de legalidad o inderogabilidad singular de los reglamentos que sujetan estrictamente a la norma la relación del funcionario con la Administración[80].

En todo caso, que la cuestión siga siendo hoy día objeto de debate tampoco ha de extrañar porque en este caso, como en otros que veremos más adelante, el TS, en pocos años, por cierto, ha pasado de mostrar una opinión favorable a la posibilidad de reconocer condiciones más beneficiosas en el seno de la Administración Pública, a considerar que la misma es una circunstancia que sólo podría producirse si concurren ciertos requisitos. Ejemplo de lo primero son sentencias como la STS (Sala 4ª) de 25 de junio de 2014 (RJ 2014, 4341)[81], o la STS (Sala 4ª) de 3 de febrero de 2016 (RJ 2016, 933)[82].

Así, en el caso de la primera, la de 2014, se afirmó que el reconocimiento de una condición más beneficiosa, y la apreciación de sus requisitos, no podía verse afectado por el hecho de que el empleador fuera una Administración Pública, toda vez que ésta también se encuentra sometida al principio de legalidad en todas sus actuaciones, lo que implica que, cuando actúa como empleadora, debe respetar lo establecido por el art. 3.1 c) ET, norma que, como es sabido, dispone que las relaciones laborales se regulan, además de por las disposiciones legales y reglamentarias, así como los convenios colectivos, por la voluntad de las partes manifestada en el contrato de trabajo.

En este sentido, la doctrina fijada en 2014 llega a establecer que el que la condición más beneficiosa tenga un carácter tácito —basado en la doctrina de los actos propios—, no significa que la condición se efectúe por

79. Para SALA FRANCO, T., *Incidencia de la legislación laboral en el marco de la Función Pública*, INAP, Madrid, 1989, pp. 50-51, «admitir la imposibilidad de que juegue el principio de condición más beneficiosa de origen contractual en las relaciones contractuales laborales en la Administración Pública sería tanto como admitir la inexistencia de diferencias entre el régimen estatutario y el laboral, perdiendo gran parte de su sentido el acudir a éste último», si bien el propio autor asevera que, en la práctica, no resulta fácil el establecer condiciones más beneficiosas de origen contractual en las Administraciones Públicas, dada la «existencia de Reglamentos de actuación, controles o intervenciones, especialmente respecto de las condiciones con repercusión económica».

80. En este sentido, SALA FRANCO, T., *Incidencia de la legislación...*, op. cit., p. 50.

81. También la STS (Sala 4ª) de 25 de junio de 2014 (RJ 2014, 4582). Con anterioridad, si bien no es la única, también puede consultarse la STS (Sala 4ª) de 21 de noviembre de 2006 (RJ 2006, 1149).

82. En sentido parecido, la STS (Sala 4ª) de 8 de febrero de 2017 (RJ 2017, 1149).

mera liberalidad del empresario, y que por lo tanto éste —en nuestro caso la Administración— pueda suprimir por su propia voluntad dicha condición. Esta última consideración resulta especialmente importante en el caso concreto porque el Alto Tribunal terminó reconociendo, como condición más beneficiosa a los trabajadores de una residencia, el que comieran o cenaran en la misma, con ocasión de su prestación de trabajo, complemento salarial en especie que el Tribunal consideró que debían mantener, pese a haber sido transferidos de Administración Pública, y existir un acuerdo colectivo de homologación de condiciones de trabajo.

Por lo que respecta a la sentencia de 2016, el Tribunal resalta que el reconocimiento de una condición más beneficiosa por parte de una Administración Pública no puede considerarse como una práctica ilegal, y que por tanto no puede apreciarse que exista afectación el principio de legalidad, máxime cuando la entidad empleadora había realizado actos de reconocimiento de la misma a lo largo de veinte años —en concreto una dieta fija que operaba como una suerte de complemento de penosidad—, no siendo creíble que los órganos de control presupuestario fueran desconocieran dicha circunstancia. En este sentido, la Sala llega a considerar que la eventual colisión de remuneraciones superiores a las establecidas en los pactos colectivos con normas propias del empleo público no podía considerarse elemento suficiente como para impedir la operatividad del referido principio de condición más beneficiosa, básicamente porque en el presente caso se trataría de una condición más beneficiosa *praeter legem* —al margen, por tanto, de las previsiones legales[83]— y no de un derecho nacido *contra legem*.

---

83. En este contexto, puede ser de interés la consulta de la STS (Sala 4ª) de 21 de noviembre de 2006 (RJ 2007, 752), donde ante el pago al personal laboral de la Administración de los gastos de desplazamiento, no existiendo previsión al respecto ni legal, ni convencionalmente, el Alto Tribunal termina concluyendo que «a pesar de que ni en el Real Decreto núm. 236/1988, de 4 de marzo, sobre indemnizaciones por razón del servicio al personal de las Administraciones Públicas, ni en el posterior que lo ha sustituido núm. 462/2002, de 24 de mayo, se establece como concepto a abonar el de los gastos de desplazamiento habitual desde el lugar de residencia al centro de trabajo, la demandada ha venido abonando al demandante dicho concepto durante los seis años anteriores a la fecha de la demanda, lo que sin duda pone de manifiesto la existencia de un acto de voluntad empresarial constitutivo de reconocimiento del derecho a su percibo, que no puede ser suprimido unilateralmente y quedar sin efecto, mientras las partes no acuerden otra cosa, o mientras esta condición más beneficiosa no sea compensada o neutralizada en virtud de una normativa posterior —legal o pactada colectivamente—, que resulte más favorable».

De todas formas, y pese a lo señalado, ya en las dos sentencias de 2014 mencionadas se incluyó un voto particular, firmado por varios Magistrados, que de alguna forma anticipaba el que no era descartable un cambio de criterio, como el que finalmente se produjo, en este caso de la mano de sentencias como la STS (Sala 4ª) de 5 de julio de 2016 (RJ 2016, 4073), o la posterior STS (Sala 4ª) de 13 de julio de 2017 (RJ 2017, 4100)[84]. En concreto, en las dos sentencias referidas —las de 2014— los Magistrados discrepantes ya señalaron que su disconformidad tenía su origen en que la doctrina fijada no había tenido en cuenta, tanto que el beneficio que se hubiera otorgado se suprimió mediante un acuerdo de homologación de las condiciones laborales del personal laboral de la Administración a la que son transferidos, como que el mismo, en el caso de la nueva Administración no ha sido reconocido por persona con facultades o poderes para obligar a ésta —en concreto los Magistrados consideraron que no era razonable estimar que la condición más beneficiosa había sido reconocida por persona con facultades o poderes para obligar a la Administración a la que fue transferido el personal laboral, al tratarse del Director del centro en el que trabajaban—.

De tal manera que, como he indicado, apenas habían pasado dos años cuando el TS procede a rectificar la discutida doctrina, estableciendo la que hasta el momento podemos considerar como el criterio del Alto Tribunal español en la materia, y que pone el acento en que, junto a los requisitos que se exigen en el ámbito de la empresa privada para apreciar la concurrencia de una condición más beneficiosa, deben tenerse en cuenta otros elementos de orden jurídico, como que la voluntad de otorgar un beneficio emane de un órgano que tenga competencia para vincular a la correspondiente Administración[85], o que el beneficio no tenga un carácter *praeter legem* —por tanto, que no esté prohibido, ni expresa ni implícitamente, por disposición legal o convencional de derecho necesario absoluto—, además de

84. En el mismo sentido, véase también: STS (Sala 4ª) de 8 de Marzo de 2017 (RJ 2017, 1782); STS (Sala 4ª) de 13 de Julio de 2017 (RJ 2017, 4100); STS (Sala 4ª) de 11 de Enero de 2018 (RJ 2018, 301); o la STS (Sala 4ª) de 7 de Junio de 2022 (RJ 2022, 2839).
85. STS (Sala 4ª) de 16 de Febrero de 2009 (RJ 2009, 1337); STS (Sala 4ª) de 19 de Septiembre de 2007 (RJ 2007, 7880), en casos relativos al Servicio Gallego de Salud. También, STS (Sala 4ª) de 7 de Junio de 2022 (RJ 2022, 2839); STS (Sala 4ª) de 24 de Septiembre de 2020 (RJ 2020, 3556).

afirmar la vigencia, en todo caso, del principio de legalidad[86]. Doctrina que, en última instancia, si bien no hace imposible la apreciación de condiciones más beneficiosas en el ámbito de la Administración Pública, sin duda complica de forma notable su apreciación[87]. No obstante lo cual, creo que se puede afirmar que se trata de exigencias bastante razonables dada la naturaleza de la Administración.

Por cierto, la afirmación del principio de legalidad constituye un elemento particularmente interesante en la forma en que la condición más beneficiosa despliega sus efectos en este ámbito. Y ello porque, desde el momento en que el mismo es de obligada consideración, la modificación o suspensión de una condición de esta naturaleza será posible en virtud de que así lo dictamine una norma concreta[88]. Y en tal sentido se ha pronunciado el TS en estos últimos años en diversas ocasiones[89]. Se retoma, por

86. La STS (Sala 4ª) de 10 de Marzo de 2020 (RJ 2020, 2580) recuerda, con cita de la STS (Sala 4ª) de 26 de Febrero de 2019 (RJ 2019, 1193), que a la hora discutir la posible existencia de condiciones más beneficiosas de carácter salarial, en el caso de entidades públicas —como ocurre con las Mutuas colaboradoras con la Seguridad Social— «ha de estarse a las normas presupuestarias y los criterios en materia de masa salarial para el personal laboral del sector público», de tal manera que «la aplicación del principio de legalidad implica que ha estarse a la masa salarial autorizada», razón por la cual concluye no es posible apreciar la existencia de una condición más beneficiosa cuando ésta se opone al control presupuestario.
Como contrapunto puede citarse la STS (Sala 4ª) de 12 de Septiembre de 2019 (RJ 2019, 4064), que en el caso de la empresa pública TRAGSA apreció la existencia de una condición más beneficiosa —abono de manutención y medidas dietas de sus trabajadores aunque realicen su trabajo en las oficinas de la empresa y sin generar gasto adicional alguno—, y negó que su supresión fuera posible invocando la Ley de Presupuestos Generales del Estado de 2017, pues lo que pretendía la empresa era disminuir el salario de los trabajadores afectados sin apoyo legal que lo justificara.

87. Aunque, a veces, la legalidad vigente es un aliado, como se puede constatar en la STS (Sala 4ª) de 24 de Junio de 2020 (RJ 2020, 3617), cuando declara la nulidad del acuerdo entre la empresa y la representación de los trabajadores que transformó la percepción de la cesta de Navidad como salario en especie, a salario en metálico, precisamente porque no se había emitido a tales efectos informe favorable por los órganos competentes para decidir dicha modificación.

88. La legalidad vigente es un factor que, lógicamente, condiciona de manera significativa el reconocimiento de condiciones más beneficiosas en el ámbito de la Administración Pública, y en general de lo que conocemos como sector público. Un ejemplo de ello lo encontramos en la STS (Sala 4ª) de 26 de febrero de 2019 (RJ 2019, 1193), cuando el Alto Tribunal español determinó que no cabía apreciar la existencia de una condición más beneficiosa respecto a las retribuciones de los empleados de la Entidad Pública ENAIRE —y con la que se pretendía una equiparación de la retribución variable de sus empleados con los de AENA— porque lo impedía la aplicación de los límites definidos en virtud de la masa salarial autorizada.

89. STS (Sala 4ª) de 8 de Junio de 2015 (RJ 2015, 2927); STS (Sala 4ª) de 8 de Marzo de 2017 (RJ 2017, 1782).

tanto, la senda de poner el acento en la imposibilidad jurídica[90], en este caso, de otorgar, con el carácter de más beneficiosas, condiciones ajenas a la legalidad y/o al convenio colectivo de aplicación[91], en cuanto normas que no pueden ser ignoradas.

Por último, conviene recordar que, dentro de la categoría del sector público, la Ley 40/2015, de 1 de octubre, de Régimen Jurídico del Sector Público, incluye no sólo a la Administración General del Estado, a las de las Comunidades Autónomas, y a la Local, sino también al denominado «sector público institucional». De tal manera que, dentro de éste, la ley estatal (art. 2.2) incluye tanto a cualesquiera organismos públicos y entidades de derecho público vinculados o dependientes de las Administraciones Públicas —de los cuales afirma expresamente su condición de Administración Pública (art. 2.3)—, como las entidades de derecho privado vinculadas o dependientes de las Administraciones Públicas —respecto de las que dispone que quedarán sujetas a lo dispuesto en las normas de esta Ley que específicamente se refieran a las mismas, en particular a los principios previstos en el artículo 3, y en todo caso, cuando ejerzan potestades administrativas—, así como las Universidades públicas —de las cuales señala que se regirán por su normativa específica y supletoriamente por las previsiones de esta ley—.

Pues bien, en materia de personal el art. 81.1 de la ley establece que: «Las entidades que integran el sector público institucional está sometidas en su actuación a los principios de legalidad, eficiencia, estabilidad presupuestaria y sostenibilidad financiera, así como al principio de transparencia en su gestión. En particular se sujetarán en materia de personal, incluido el laboral, a las limitaciones previstas en la normativa presupuestaria y en las previsiones anuales de los presupuestos generales». Por tanto, parece que el sector público institucional también registrará condicionantes similares a los observados en el caso de las Administraciones públicas para apreciar la existencia de condiciones más beneficiosas[92].

90. Aunque no sin polémica, por cierto, pues, por ejemplo, la STS (Sala 4ª) de 13 de julio de 2017 (RJ 2017, 4100) contiene un voto particular, firmado por cinco Magistrados, donde se denuncia que el pronunciamiento suscrito por la mayoría «rectifica una doctrina para llegar a la misma conclusión que hemos alcanzado en las cinco ocasiones posteriores a las sentencias de 2014»

91. STS (Sala 4ª) de 10 de Julio de 2018 (RJ 2018, 4046).

92. Lo que no significa que resulte imposible el reconocimiento de condiciones más beneficiosas, como pone de manifiesto, la STS (Sala 4ª) de 3 de Febrero de 2016 (RJ 2016, 933), que en su momento apreció la misma respecto de las cantidades fijas abonadas por día de pernoctación fuera del domicilio a los trabajadores de la Agencia de Turismo de Galicia (TURGALICIA), y ello pese a la naturaleza pública del empleador.

2.3. LA NATURALEZA JURÍDICA DEL PRINCIPIO DE CONDICIÓN MÁS BENEFICIOSA

El debate en torno a la posible consideración de la condición más beneficiosa, bien como principio general, bien como principio aplicativo ha acompañado todo el devenir histórico de este principio. Sin embargo, entiendo necesario tomar una postura al respecto en este momento, pues indudablemente el optar por una u otra posición no resulta inocuo a la consideración general del principio, pudiendo estimarse en este caso la existencia de dos planteamientos jurídicos básicos al respecto.

Así, una primera corriente doctrinal ha defendido la consideración del principio de condición más beneficiosa como principio general del Derecho, estimándose el mismo como uno de sus tipos[93], en línea con los planteamientos sostenidos en otros ordenamientos jurídicos como el francés[94], o el italiano[95]. De hecho, se ha referido por parte de quienes apuestan por esta calificación que los principios fundamentales del Derecho del Trabajo, entre los que se encuentran el de condición más beneficiosa, «no son más que principios generales del Derecho del Trabajo, y pertenecen a la categoría de principios políticos contenidos en ellos», entendidos estos últimos como «postulados que proyectan sobre las relaciones de trabajo ciertas líneas de valor general»[96]. Consideración que, por otro lado, se encontraría apoyada por el dato de que este principio encuentra respaldo tanto en «Derecho formulado como no formulado»[97].

---

93. En este sentido QUIROS LOBO, J.M., *Los principios generales del Derecho en la doctrina laboral*, Aranzadi, Pamplona, 1984, p. 74 y ss.
94. Donde «le principe de l'application de la disposition la plus favorable» se ha calificado por el Consejo de Estado como principio general del Derecho, tratamiento que, en cierta manera, también le otorga la Corte de Casación, aunque sin emplear habitualmente el término principio general, mientras que el Consejo Constitucional lo ha calificado como principio fundamental del Derecho del Trabajo (BUGADA, A., *L'avantage acquis en Droit du Travail*, PUAM, Aix-en Provence, 1999, p. 81.)
95. Así, por ejemplo, GALANTINO, L., *Diritto del Lavoro*, Giappicheli Editore, Torino, 2000, p. 83, refiere la existencia en el ordenamiento jurídico italiano de un «principio generale di favore verso il lavoratore».
96. ALMANSA PASTOR, J.M., «Los principios generales del Derecho en las fuentes normativas del Derecho del Trabajo», *Cuadernos de la Cátedra de Derecho del Trabajo*, núm. 3, 1972, pp. 24 y 26-27. De hecho, el TS en algunas Sentencias se ha referido al mismo como «principio básico» (STS (Sala 6ª) de 20 de Abril de 1966 (RJ 1966, 2666]), y en algún caso como «principio normativo de orden general» (STS (Sala 6ª) de 21 de Junio de 1969 [RJ 1969, 4563]).
97. OJEDA AVILÉS, A., «El principio de condición...», op. cit., p. 31, para el que en el caso del principio de condición más beneficiosa concurren las dos causas que respaldan a todo principio general del Derecho positivo (LALAGUNA) como son la ley positiva y la *analogía iuris*.

Este planteamiento, no es compartido por quienes sostienen que en el caso del principio de condición más beneficiosa estamos ante un principio aplicativo propio del Derecho del Trabajo[98] —en cuanto «directrices o postulados básicos de la tarea interpretativa que inspiran el sentido con que han de aplicarse las normas laborales»[99]—, y no ante un principio general del Derecho[100]. Principio del que, por otro lado, se ha predicado su carácter de «medio para la limitación jurídica del poder empresarial», en atención a la vinculación que registra el empresario a las condiciones de trabajo otorgadas unilateralmente por el mismo, o pactadas individualmente, y frente a las que las normas estatales y convencionales no se imponen[101].

No obstante, la cuestión dista de estar definitivamente zanjada, dada la amplitud con la que incluso los Tribunales han venido calificando a este principio. De tal manera que resulta posible encontrar calificaciones del mismo como «principio jurídico»[102], «principio básico en Derecho laboral»[103], «principio de aplicación del Derecho del Trabajo»[104], «criterio interpretativo»[105] o incluso «doctrina jurisprudencial»[106]. Términos que, a pesar de todo, sí parecen apuntar en la dirección de que la jurisprudencia no considera al principio de condición más beneficiosa como principio general del Derecho.

Pues bien, las disquisiciones sobre si el principio de condición más beneficiosa es un principio general del Derecho, o por el contrario un principio aplicativo, entendemos que han de partir de la propia consideración de qué se entiende por principio en el ámbito del Derecho[107]. Cuestión nada

---

98. Como «principios peculiares de Derecho del Trabajo», que no principios generales del Derecho, lo califica SERRANO ARGÜESO, M.: *La teoría de las fuentes...*, op. cit., p. 254.
99. ALONSO GARCÍA, M., *Derecho del Trabajo*, Ariel, Madrid, 1985, p. 286.
100. En este sentido, BAYÓN CHACÓN, G. y PÉREZ BOTIJA, E.: *Manual de Derecho del Trabajo*, Madrid, 1958, p. 147, han negado la existencia de principios generales del Derecho del Trabajo de tipo especialmente laboral. De la misma opinión es MONTALVO CORREA, J., *Fundamentos de Derecho del Trabajo*, Civitas, Madrid, 1975, p. 239.
101. SAGARDOY BENGOECHEA, J.A., *Los principios de aplicación del Derecho del Trabajo*, Acarl, Madrid, 1989, p. 51.
102. STCT de 7 de Diciembre de 1983.
103. STS (Sala 6ª) de 29 de Diciembre de 1980 (RJ 1980, 5132); STS (Sala 4ª) de 15 de Junio de 1992 (RJ 1992, 4582).
104. STCT de 15 de Junio de 1982.
105. STS (Sala 4ª) de 27 de Mayo de 1998 (RJ 1998, 4933); STS (Sala 4ª) de 9 de Noviembre de 1989 (RJ 1989, 8029).
106. STCT de 25 de Noviembre de 1981. En este mismo sentido, negando expresamente su carácter de principio general del Derecho CAMPS RUIZ, L.M., «La condición más beneficiosa», en VV.AA: *III Congreso Nacional de Derecho del Trabajo y de la Seguridad Social*, Tirant lo Blanch, Valencia, 1993, p. 247.
107. Interesante desde esta perspectiva es la reflexión de JEAMMAUD, A., «Le principe de faveur. Enquête sur une règle émergente», *Droit Social*, núm. 2, 1999, p. 116 y ss., en relación precisamente con el «*principio de favor*».

fácil por otro lado dada las diferencias que registra la doctrina científica en torno al concepto de principio general del Derecho.

Brevemente, el estado de la cuestión puede resumirse refiriendo la existencia de dos posiciones encontradas. Por un lado, estarían los que consideran que términos como «principios jurídicos», «principios del Derecho», y «principios generales del Derecho», son expresiones que designan un fenómeno único: «los valores jurídico-éticos de una comunidad»[108]. No obstante, quienes asumen esta visión acostumbran también a apreciar la existencia de «principios de derecho positivo», los cuales no podrían ser considerados principios jurídicos, en sentido estricto, al no contener un valor jurídico, sino «ideas en torno a las cuales se organiza una determinada regulación positiva; ideas que aunque, lógicamente, han de encontrarse inspiradas en un valor jurídico, no constituyen una expresión directa del mismo, no siendo más que un medio para hacerlo efectivo»[109], por lo que más que principios del Derecho en general consideran que es más propio hablar en este último caso de la existencia de principios de una parte del mismo: el Derecho positivo.

Por otro lado, se encontrarían quienes aprecian la existencia por un lado de principios generales del Derecho y, por otro, de principios jurídicos. De tal forma que, en el primer caso, los mismos se definen como grandes principios «que vienen a ser como los ejes sobre los que el ordenamiento jurídico se conforma»[110]; «enunciaciones normativas de valor genérico que condicionan y orientan la comprensión del ordenamiento jurídico, tanto para su aplicación o integración, como para la elaboración de nuevas normas»[111]. Por el contrario, los principios jurídicos, serían «aquellos que dicen relación a parcelas o sectores del ordenamiento, y que frecuentemente aparecen reflejados por las leyes (...) Participan, en cuanto desarrollo de los principios generales del Derecho, y respecto del sector o institución en que se enmarcan de una virtualidad mediata fundamentadora, orientadora, informadora y crítica»[112].

108. BELADIEZ ROJO, M., *Los principios jurídicos*, Tecnos, Madrid, 1994, p. 133.

109. BELADIEZ ROJO, M., *Los principios...*, op. cit., p. 138. O como refirió LARENZ, K., *Derecho justo. Fundamentos de la ética jurídica*, Civitas, Madrid, 1993, p. 54, «pensamientos directores y causas de justificación de una regulación, (posible o efectivamente vigente)».

110. ARCE y FLÓREZ-VALDÉS, J., *Los principios generales del Derecho y su formulación constitucional*, Cuadernos Civitas, Madrid, 1990, p. 65, refiriendo como tales la libertad, la justicia, la igualdad y la dignidad de la persona humana.

111. LASTRA LASTRA, J.M., «Principios ordenadores de las relaciones de trabajo», *Revista Española de Derecho del Trabajo*, núm. 104, 2000, p. 167.

112. ARCE y FLÓREZ-VALDÉS, J., *Los principios generales...*, op. cit., p. 65, quien cita, entre otros, el principio de autonomía de la voluntad en la contratación.

A mi juicio, el planteamiento expuesto en segundo término resulta más coherente, sobre todo porque no puede pretenderse que todo principio jurídico sea principio general del Derecho, siendo prueba de ello el que los principios propios del Derecho del Trabajo no son predicables de otros ámbitos del ordenamiento jurídico, como es el caso del principio de irrenunciabilidad de derechos, o el principio *pro operario,* al que me referiré más adelante. No en vano, y como en algún caso ha expresado la doctrina, cuando el art. 1.1 Cc se refiere a los principios generales del Derecho está pensando en una serie de enunciaciones de valor genérico válidas para todo el ordenamiento jurídico. Es más, de admitirse en nuestro caso que el principio de condición más beneficiosa es un principio general del Derecho estaríamos asumiendo su carácter de fuente subsidiaria en defecto de ley o costumbre (arts. 1.1 y 1.4 Cc), algo que entiendo no casa con el carácter de este principio.

En este sentido, considero que la primera característica que se puede predicar del principio de condición más beneficiosa es que se trata de un principio aplicativo[113]. De tal manera que el mismo podría incluirse en la categoría de los «postulados, que sociológicamente primero y jurídicamente después, por disposiciones legales o por resoluciones judiciales, se han convertido en criterios de orientación del legislador, del Juez o del jurista en general, en defensa de la parte que se estimó más débil en la relación laboral, para corregir con un privilegio jurídico una desigualdad social»[114].

Un principio aplicativo, por su puesto específico del Derecho del Trabajo[115], que a su vez constituye una expresión de un principio jurídico como es a mi juicio el principio *pro operario.* Circunstancia ésta sumamente significativa, pues como tendré oportunidad de desarrollar, el principio *pro operario* se configuraría en última instancia en la razón de ser del principio de condición más beneficiosa, en definitiva, en su causa última.

No obstante, conviene significar en estos momentos que el mencionado principio *pro operario* constituye un desarrollo específico de los valores

113. No obstante, y como señala ALARCÓN CARACUEL, M.R., «La vigencia del principio pro operario», en VV.AA.: *Cuestiones actuales de Derecho del Trabajo. Estudios ofrecidos por los catedráticos españoles de Derecho del Trabajo al profesor Manuel Alonso Olea,* Ministerio de Trabajo y Seguridad Social, Madrid, 1990, p. 852, se ha de tener en cuenta que en el presente caso no estamos ante un principio aplicativo en sentido estricto, por no ordenar exactamente la aplicación de las normas jurídicas, sino las relaciones entre normas laborales y autonomía individual.

114. SAGARDOY BENGOECHEA, J.A., *Los principios de aplicación...,* op. cit., p. 16.

115. Cuestión subrayada en su día, entre otros, por SAGARDOY BENGOECHEA, J.A., *Los principios de aplicación...,* op. cit., p. 16.

superiores[116] contenidos en el art. 1.1 CE, y en concreto del valor de la igualdad. Un valor que se encuentra inserto en la misma esencia del Derecho del Trabajo, pues no en vano, y tal y como ha referido el TC[117], esta parcela del ordenamiento jurídico «se asienta sobre una desigualdad originaria entre trabajador y empresario que tiene su fundamento no sólo en la distinta condición económica de ambos sujetos, sino en la respectiva posición en la propia y especial relación jurídica que los vincula, que es de dependencia o subordinación de uno respecto del otro». Por tanto, y como conclusión, podemos afirmar que el principio de condición más beneficiosa es un principio aplicativo del Derecho del Trabajo, que tiene el carácter de manifestación del principio *pro operario*, que en cuanto principio jurídico constituye a su vez un desarrollo del valor de la igualdad consagrado por el art. 1.1 CE, al que lejos de ser considerado como una simple declaración retórica se le confiere por la doctrina una naturaleza normativa[118].

En todo caso, y pese a la posición que manifiesto en estas páginas, tampoco quiero dejar pasar la ocasión de reflejar que, lógicamente, la presente no es una opinión pacífica, pues más allá del debate sobre si la condición más beneficiosa es, o no, un principio aplicativo, o, en su caso, un principio general del Derecho, se sitúan quienes con argumentos importantes han sostenido que «los llamados "principios" laborales [entre los que se encuentra el principio de condición más beneficiosa] ni fueron ni son tales»[119], y que, pese a que «la condición más beneficiosa continúa cabalgando en el tiempo... sus espacios reales se van reduciendo progresivamente»[120]. Siendo evidente la existencia de dudas, y dificultades para su encaje en el ámbito del art. 3 ET —también relacionadas con la evolución que ha experimentado este principio, así como el propio Derecho del Trabajo que, desde sus orígenes, ha registrado evidentes cambios, como he reflejado en páginas anteriores—, lo cierto y verdad es que se trata de un principio aplicativo que, a

116. Téngase en cuenta a estos efectos que los valores superiores se diferencian de los principios generales del Derecho en su nivel de concreción, menor en el caso de los referidos valores (PÉREZ LUÑO, A.E., *Derechos Humanos, Estado de Derecho y Constitución*, Tecnos, Madrid, 1999, p. 288).

117. STC 3/1983, de 25 de Enero (RTC 1983, 3). A estos efectos puede ser de interés la consulta de DEL REY GUANTER, S., «La aplicación de los valores superiores de la Constitución española en el Derecho del Trabajo», *Relaciones Laborales*, núm. 6, 1988, p. 43 y ss.

118. Véase al respecto GARCÍA DE ENTERRÍA, E., *La Constitución como norma y el Tribunal Constitucional*, Civitas, Madrid, 1981, p. 98; PECES-BARBA, G.: *Los valores superiores*, Tecnos, Madrid, 1984.

119. MERCADER UGUINA, J.R., *Los principios de aplicación...*, op. cit., p. 213.

120. GARCÍA-PERROTE ESCARTÍN, I., y MERCADER UGUINA, J.R., «La reducción de la condición más beneficiosa: su función propia como acuerdo contractual tácito», *Revista de Información Laboral*, núm. 9, 2015, p. 5.

día de hoy, tiene un uso significativo, y así lo evidencia la frecuencia con la periódicamente se pronuncia nuestro TS. En este sentido, y como en algún caso se ha señalado ya[121], que la autonomía de la voluntad tenga hoy en día un papel reducido, respecto de lo que es la preeminencia del convenio colectivo, o más recientemente las nuevas manifestaciones del garantismo legal emanado de la reforma laboral de 2021, y posteriores modificaciones normativas conocidas, no quita para que se niegue dentro de ese espacio reducido una funcionalidad específica a las condiciones más beneficiosas, en cuanto institución que permite a los trabajadores la preservación de beneficios obtenidos atendiendo al cumplimiento de ciertos parámetros o requisitos.

2.4. LA FUNDAMENTACIÓN JURÍDICA

El devenir histórico del principio de condición más beneficiosa nos enseña cómo a lo largo de los años su respaldo jurídico-positivo ha sido muy desigual. En efecto, un análisis somero de la normativa laboral que va de la II República al fin del régimen franquista nos permite apreciar, y así lo he reflejado al principio de este análisis en cierta manera, la existencia de referencias aisladas, y frecuentemente indirectas, al principio de condición más beneficiosa. Desde esta perspectiva, el interrogante que surge de manera inmediata es si a día de hoy cabe referir la existencia de un fundamento jurídico-positivo del referido principio, o por el contrario su vigencia se encuentra respaldada fundamentalmente por la doctrina jurisprudencial que continúa considerándolo como parte del acervo de nuestro sistema jurídico-laboral, y expresión del principio *pro operario.*

En este sentido, tal vez habría que comenzar planteándose la existencia de una posible fundamentación del principio en nuestra Carta Magna. De hecho, un sector de la doctrina científica[122] ha considerado como fundamento jurídico del mismo el art. 9 CE, precepto que en su apartado 2 encomienda a los poderes públicos la promoción de las condiciones reales de igualdad entre los individuos, y que en su apartado 3 garantiza la irretroactividad de las disposiciones sancionadoras no favorables o restrictivas de derechos individuales. Sin embargo, nuestros Tribunales no parecen receptivos a este planteamiento. De hecho, el TC[123] ha considerado que el art. 9.3 CE no imposibilita el que leyes que colisionan con derechos subje-

121. GALA DURAN, C., «El principio de condición más beneficiosa...», op. cit., p. 185.
122. ALONSO OLEA, M. y CASAS BAAMONDE, M.E., *Derecho del Trabajo,* Civitas, Madrid, 2001, p. 925, lo consideran aplicación especialmente intensa del principio de irretroactividad del art. 2.3 Cc y del art. 9.3 CE; OJEDA AVILÉS, A., «El principio de condición...», op. cit., p. 39.
123. Véase por todas la STC 42/1986, de 22 de Enero (RTC 1986, 42) (F.J. 3º).

tivos puedan estar dotadas de eficacia retroactiva, de manera que el precepto tendría por objeto «las limitaciones introducidas en el ámbito de los derechos fundamentales y libertades públicas o en la esfera general de la protección de la persona». Es más, en algún momento ha referido que lo que se prohíbe en el art. 9.3 CE «es la retroactividad, entendida como incidencia de la nueva ley en los efectos jurídicos ya producidos de situaciones anteriores, de suerte que la incidencia en los derechos, en cuanto a su proyección hacia el futuro, no pertenece al campo estricto de la irretroactividad, sino al de la protección que tales derechos, en el supuesto de que experimenten alguna vulneración, hayan de recibir».

En línea con la doctrina del TC, el TS también ha advertido en alguna ocasión que «los derechos individuales a que se refiere el citado art. 9.3 de la Constitución no son los derechos adquiridos, sino los derechos fundamentales, las libertades públicas y la esfera personal de protección de las personas»[124].Y es que a mi juicio resulta razonable plantearse que el art. 9 CE no ampara una configuración de las normas como superadora de los niveles existentes en cada momento, impidiendo con ello la generación de normas regresivas para el trabajador[125]. Sin embargo, en algún caso el TC ha señalado[126], si bien en el contexto de su actividad interpretadora, y de forma muy genérica, la imposibilidad de «privar al trabajador, sin razón suficiente para ello, de las conquistas sociales ya conseguidas».

La falta de fundamentación del principio de condición más beneficiosa en el art. 9.3 CE ha llevado a la doctrina científica[127], en muchos casos, por su parte, a señalar al art. 3.1 c) ET como el fundamento jurídico que sustenta

124. STS (Sala 6ª) de 11 de Noviembre de 1988 (RJ 1988, 7854), con cita de las STC de 14 de Febrero de 1983 y 10 de Abril de 1986.
125. En este sentido, CAMPS RUIZ, L.M., «La condición...», op. cit., p. 231.
126. STC 81/1982, de 21 de Diciembre (RTC 1982, 81).
127. CAMPS RUIZ, L.M., «La condición...», op. cit., p. 247, en relación con las «condiciones laborales de origen contractual»; ALONSO GARCÍA, M., *Derecho del Trabajo*, Ariel, Barcelona, 1985, p. 291; BOTANA LÓPEZ, J.M., «El principio de condición más beneficiosa», en VV.AA., *Sistemas de ordenación de fuentes laborales*, CGPJ, Madrid, 1993, p. 184; PALOMEQUE LÓPEZ, M.C. y ÁLVAREZ DE LA ROSA, M., *Derecho del Trabajo*, Ceura, Madrid, 2001, pp. 376-377; PÉREZ DE LOS COBOS, F., «La denuncia modificativa empresarial y el principio de condición más beneficiosa», *Actualidad Laboral*, núm. 21, 1996, p. 424; MARTÍNEZ JIMÉNEZ, J.M., «La condición más beneficiosa. Especial referencia a los pactos colectivos y a los usos de empresa como fuentes de la misma», *Relaciones Laborales*, núm. 1, 1988, p. 26.
Una síntesis de los planteamientos doctrinales, a favor y en contra, puede consultarse en DÍAZ AZNARTE, M.T., *El principio de condición...*, op. cit., pp. 85-91, quien finalmente opta por lo que considera una postura intermedia: admitir como fundamento legal el art. 3.1 c) ET, pero sin negar el importantísimo papel que juega la jurisprudencia en la determinación de los perfiles básicos del principio.

hoy día la vigencia del principio de condición más beneficiosa, junto en algún caso al art. 8.1 ET. El argumento para ello es que en el primer precepto se viene a otorgar libertad a las partes para regular la relación, sin que en ningún caso pueda establecerse en perjuicio del trabajador condiciones menos favorables, mientras que en el segundo se consagra la libertad de forma, lo que permite tanto los pactos expresos como tácitos. Incluso el propio TS[128] ha venido, de manera reiterada, sosteniendo este mismo planteamiento.

Sin embargo, este planteamiento también ha encontrado sus detractores, quienes entienden que el art. 3.1 c) ET no se redactó pensando en el principio de condición más beneficiosa. Los argumentos han sido diversos en este sentido. En unos casos, se ha señalado que el art. 3.1 c) ET parte de la premisa de la existencia de un marco normativo, legal o convencional, vigente que se configura como mínimo inderogable *in peius*, permitiéndose la celebración de pactos meliorativos, situación que difiere del supuesto que tradicionalmente se ha considerado como típico en la aplicación del principio de condición más beneficiosa: la sucesión normativa[129]. En otros, se ha referido que el art. 3.1 c) ET no prohíbe que los convenios colectivos puedan «atacar» al contrato de trabajo, en clara alusión a la indemnidad de la condición más beneficiosa, que en ningún caso se señala en el precepto estatutario respecto de las posibles condiciones fijadas por las partes[130].

A mi juicio, a pesar de la doctrina reiterada del TS[131], el fundamento jurídico-positivo del principio de condición más beneficiosa no reside en el art. 3.1 c) ET. En efecto, dicho precepto, lejos de garantizar el respeto de las condiciones más beneficiosas, lo que viene es a establecer un límite a la libertad de las partes. Límite que, en última instancia, se materializaría en el respeto de las disposiciones legales vigentes y los convenios colectivos, de manera que las partes no podrán establecer, en el caso de las condiciones de derecho necesario relativo —dado que las de derecho necesario absoluto

128. STS (Sala 6ª) de 9 de Noviembre de 1989 (RJ 1989, 8929); STS (Sala 4ª) de 15 de Junio de 1992 (RJ 1992, 4582); STS (Sala 4ª) de 18 de Enero de 1995 (RJ 1995, 358); STS (Sala 4ª) de 28 de Abril de 1997 (RJ 1997, 3551); STS (Sala 4ª) de 27 de Mayo de 1998 (RJ 1998, 4933).
129. En este sentido, RODRÍGUEZ-PIÑERO ROYO, M., «La condición...», op. cit., p. 59.
130. ALARCÓN CARACUEL, M.R., «La aplicación del Derecho del Trabajo», *Revista Española de Derecho del Trabajo*, núm. 100, 2000, p. 249.
131. Entre otras: STS (Sala 4ª) de 16 de septiembre de 2015 (RJ 2015, 5755); STS (Sala 4ª) de 19 de julio de 2016 (RJ 2016, 4815); STS (Sala 4ª) de 25 de enero de 2017 (RJ 2017, 507; o la STS (Sala 4ª) de 21 de febrero de 2018 (RJ 2018, 1349).

se han de cumplir en sus justos términos—, condiciones menos favorables ni contrarias a aquéllas. No en vano, el art. 3.1 c) ET considero que está pensando más en fenómenos como las mejoras de las condiciones, que la garantía de las condiciones más beneficiosas propiamente dichas.

De igual manera, tampoco creo que el principio de condición más beneficiosa encuentre respaldo jurídico-positivo en el art. 3.5 ET, precepto que establece la indisponibilidad de determinados derechos reconocidos en las normas legales y convencionales. Y ello porque, como se ha señalado ya en algún caso[132], los derechos cuya disposición se prohíbe por la norma estatutaria son los contenidos en normas de derecho necesario de origen legal o convencional, no así los derechos que se reconocen al trabajador en su contrato de trabajo, lo que no tiene relación con el referido principio aplicativo.

Por tanto, y, en definitiva, me inclino a pensar que en nuestro actual sistema de relaciones laborales no se aprecia la existencia de un fundamento jurídico-positivo que respalde de manera directa y efectiva la existencia del principio de condición más beneficiosa, y que su vigencia tiene más que ver con la aplicación, e invocación, que los Tribunales de Justicia hacen del mismo cuando entran a resolver distintos supuestos litigiosos[133]. Claro que, el que no apreciemos en el ET un fundamento jurídico expreso que justifique la aplicación efectiva del principio de condición más beneficiosa, no quita para que se obvie la existencia de referencias indirectas a dicho principio en la normativa laboral, al tiempo que la aplicación supletoria del Código Civil, como régimen integrador de su configuración jurídica.

Así, resulta necesario referirse en primer término al art. 26.5 ET. Norma cuya existencia es un ejemplo vivo de la vigencia del principio de condición más beneficiosa[134], al referir la posibilidad de neutralizar las ventajas salariales disfrutadas por el trabajador, y que pueden tener, recuerdo, el carácter

132. ALARCÓN CARACUEL, M.R.: «La aplicación...», op. cit., p. 249.
133. En este sentido, ALARCÓN CARACUEL, M.R.: «La aplicación...», op. cit., p. 250, ha referido que estamos ante «un principio de elaboración jurisprudencial y doctrinal cuyos perfiles no terminan de concitar el necesario consenso».
134. En contra se ha manifestado ALARCÓN CARACUEL, M.R.: «La aplicación...», op. cit., p. 250, para el que el art. 26.5 ET es una regla que «estaba prevista para jugar como *ancilla domini* de la técnica del cómputo global exigido por el art. 3.3 al consagrar el principio de norma más favorable», entendiendo que no puede utilizarse como «regla general para contrarrestar el juego del principio de condición más beneficiosa».

de condición más beneficiosa[135]. De igual manera, preceptos como los ya relacionados arts. 3.1 c) y 8.1 ET han de tenerse en cuenta no como fundamento jurídico del mismo, sino como normas que contribuyen a la propia existencia de un principio de tales características, pues parece claro que si nuestro ordenamiento jurídico-laboral no tuviera asumido, por un lado que la autonomía de la voluntad constituye fuente de la relación laboral, o que en materia de contrato de trabajo existe libertad de forma, la supervivencia de este principio sería difícilmente planteable. Asimismo, tampoco hemos de olvidar la referencia normativa que, tras la Ley 11/1994, se introdujo en el art. 41.2 párrafo 3º ET, en el sentido de que por la vía prevista en este precepto resultará posible la modificación de las «condiciones disfrutadas por los trabajadores en virtud de una decisión unilateral del empresario de efectos colectivos», tenor normativo que confirma al art. 41 ET como una de las vías para afectar la efectividad de las condiciones más beneficiosas, al margen de mecanismos como el de la absorción y compensación.

Por otro lado, y como ya he referido, no hay que perder de vista la existencia de una serie de preceptos del Cc que guardan relación con el principio de condición más beneficiosa, y que frecuentemente se argumentan cuando se litiga sobre el mantenimiento de una condición que se pretende con este carácter. Este es el caso del art. 2.3 Cc que establece la irretroactividad de las leyes salvo pacto en contrario; el art. 1256 Cc en relación con el hecho de que la validez y el cumplimiento de los contratos no puede dejarse al arbitrio de uno de los contratantes, especialmente empleado cuando se trata de defender la obligación del empresario de respetar el disfrute de la condición más beneficiosa por el trabajador y no pretender unilateralmente su desaparición; el art. 1258 Cc que establece que los contratos se perfeccionan por el mero consentimiento y desde entonces obligan a todas las consecuencias que, según su naturaleza, sean conformes a la buena fe, al uso y a la ley, y que suele argumentarse en relación con las condiciones más beneficiosas que tienen su origen en un pacto tácito; el art. 1098 Cc, sobre la ejecución de

135. No se olvide en este sentido, que la compensación y absorción «siempre ha tenido por objeto evitar la superposición de mejoras salariales que tuvieran su origen en diversas fuentes», de manera que opera «siempre que se establece un nuevo cuadro de retribuciones, en virtud de un acto normativo convencional, pues para operar necesita, en cualquier caso la existencia de dos situaciones que permitan la comparación» (STS (Sala 4ª) de 28 de Febrero de 2000 [RJ 2000, 2249]; STS (Sala 4ª) de 26 de Diciembre de 1989 [RJ 1989, 9276]). En este sentido, MORENO VIDA, M.N., «La compensación y absorción de salarios», en BORRAJO DACRUZ, E. (Dir.), *Comentarios a las Leyes Laborales. La reforma del Estatuto de los Trabajadores*, Edersa, Madrid, 1995, pp. 167-168, ha referido que el principio de condición más beneficiosa constituye el ámbito de actuación preferente de la técnica del art. 26.5 ET, señalando específicamente cómo en la sucesión de normas legales o convencionales no resulta útil una técnica de estas características, dada la existencia del principio de modernidad.

las obligaciones, de especial interés en relación con lo que es el cumplimiento de las mismas; o el art. 1254 Cc sobre la existencia de contrato desde el momento en que una o varias personas consienten en obligarse respecto de otra u otras, precepto de especial interés cuando la condición más beneficiosa obedece a una decisión unilateral del empresario.

Preceptos cuya invocación en definitiva se justifica por la función supletoria que Derecho Civil, y concretamente el régimen civil de los contratos, desempeñan, a falta de normas laborales[136], en la configuración jurídica del principio de condición más beneficiosa[137], y cuyo carácter diverso subraya las consecuencias que acarrea para el principio de condición más beneficiosa su no positivación, a saber: dependencia total en su configuración de la doctrina jurisprudencial, y necesidad de recurrir con frecuencia al Código Civil, como derecho supletorio, para terminar de perfilar su configuración jurídica.

2.5. CLASIFICACIÓN DE LAS CONDICIONES MÁS BENEFICIOSAS

La diversidad de supuestos en que pueden generarse condiciones más beneficiosas, así como el distinto carácter de las mismas, aconsejan clasificar las condiciones más beneficiosas, a efectos de una mejor comprensión del principio objeto de estudio, que pondrá por otro lado de manifiesto la heterogeneidad que late en el seno de este principio. No obstante, se ha de significar que los criterios a utilizar en este caso pueden ser muy diversos[138]. Yo me voy a centrar en estos momentos en el manejo de cinco criterios que considero básicos, al permitir resaltar algunos caracteres de las condiciones más beneficiosas, y que serán objeto de desarrollo posterior, a saber: a) la fuente origen de la condición; b) el ámbito subjetivo; c) la naturaleza del contenido de la condición; d) el tiempo en el que se ejercita el disfrute de la condición; e) los sujetos destinatarios de este tipo de condiciones.

Así, y comenzando por lo que es el criterio de la fuente origen de la condición, un buen punto de partida podría ser la clasificación realizada en

136. En este sentido, SALA FRANCO, T. y GOERLICH PESET, J.M., «Los límites al principio de condición más beneficiosa de naturaleza contractual», *Poder Judicial*, Madrid, núm. 15, 1999, p. 188.

137. Sobre la presencia de la teoría civil de contratos y obligaciones en el Derecho del Trabajo, puede consultarse MOLERO MANGLANO, C., *La supletoriedad del Derecho Común en el Derecho del Trabajo*, Instituto de Estudios Políticos, Madrid, 1975, pp. 83 y ss.

138. Una clasificación alternativa puede consultarse en CABEZA PEREIRO, J., «Sobre una triple clasificación de la condición más beneficiosa», en VV.AA., *III Congreso Nacional de Derecho del Trabajo y de la Seguridad Social*, Tirant lo Blanch, Valencia, 1993, p. 314 y ss.

su momento, y que contempla la existencia de tres modalidades de condiciones más beneficiosas[139]: a) condiciones más beneficiosas de origen normativo, generadas por tanto en el seno de una norma jurídica, b) condiciones de origen contractual, surgidas por tanto en el ámbito de la autonomía individual; y c) finalmente, las condiciones que tienen su origen en un convenio colectivo extraestatutario, o acuerdo colectivo informal.

Esta clasificación, sin embargo, y con independencia de las consideraciones que se realizarán posteriormente en el epígrafe 4, en relación con las fuentes que pueden generar condiciones más beneficiosas, ya anticipo que debe ser corregida desde el primer momento dado que, en el caso de las condiciones normativas, y como ya he señalado en páginas anteriores, la evolución de nuestro Derecho del Trabajo permite descartar las mismas, sin discusión, hoy día[140]. A conclusión similar, no obstante, también se llegará en relación con otras fuentes, como es el caso de los convenios colectivos estatutarios o del Título III ET, e incluso en el caso de los convenios colectivos extraestatutarios, y de los propios acuerdos colectivos de empresa.

De tal manera que, a día de hoy, las condiciones más beneficiosas, bien puede afirmarse que tiene un claro origen contractual, surgidas por tanto en el ámbito de la autonomía individual, incluidos incluso los usos y prácticas de empresa, como se verá posteriormente. Será por tanto el acuerdo contractual tácito, el espacio propio de la condición más beneficiosa[141], una circunstancia que, por cierto, en algún caso se ha visto como la evidencia de que los espacios reales de la misma se van reduciendo progresivamente[142], pero que, a mi juicio, lo que pone de manifiesto es que dicho principio ha evolucionado en el tiempo desde su consideración en el ámbito normativo hasta contemplación hoy día estrictamente en el ámbito de la autonomía de la voluntad.

139. Véase CAMPS RUIZ, L.M.: «La condición...», op. cit., p. 231 y ss.

140. No en vano, el propio CAMPS RUIZ, L.M.: «La condición...», op. cit., p. 240, subrayó en su momento que la excepcionalidad de las decisiones judiciales que afirman el que la norma anterior pueda generar condiciones más beneficiosas (STCT de 15 de Junio de 1982 [RTC 1982, 4035]), si bien terminó refiriendo que «las condiciones más beneficiosas de origen normativo sólo se mantendrán en el caso de que la norma posterior, entre sus previsiones de derecho transitorio, incluya una cláusula expresa de salvaguardia de las mismas».

141. En este sentido, GARCÍA-PERROTE ESCARTÍN, I., y MERCADER UGUINA, J.R., «La reducción del espacio de la condición más beneficiosa...», op. cit.

142. GARCÍA-PERROTE ESCARTÍN, I., y MERCADER UGUINA, J.R., «La reducción del espacio de la condición más beneficiosa...», op. cit.

En segundo lugar, por razón del ámbito subjetivo de disfrute cabe apreciar *a priori* la existencia de tres modalidades[143]. Una primera modalidad sería la de las condiciones más beneficiosas de disfrute individual, caracterizadas por el hecho de que el trabajador disfruta de la condición por razón de una serie de circunstancias personales[144].

Igualmente, también hay que afirmar la existencia de condiciones más beneficiosas de disfrute plural[145], término que calificaría a aquellas condiciones que en atención a las circunstancias personales son disfrutadas por más de un trabajador. No obstante, un sector de la doctrina científica ha planteado que las condiciones más beneficiosas de disfrute plural «son, en realidad, de naturaleza colectiva, pues generalmente no se otorgan o pactan en razón de las peculiaridades individuales y diferenciadas de todos y cada uno de los componentes del grupo de trabajadores»[146]. Consideración que, a mi juicio, es errónea pues si a alguna modalidad se encuentra próxima el disfrute plural es precisamente a la del disfrute individual— a fin de cuentas, se podría decir que el disfrute plural implica una suma de disfrutes individuales—, de manera que de no ser otorgadas las condiciones más beneficiosas en atención a las peculiaridades individuales lo que habría que plantearse es que estamos ante la modalidad de disfrute colectivo.

De hecho, sentencias como la STS (Sala 4ª) de 12 de julio de 2016 (RJ 2016, 4512)[147], describen perfectamente algo que, de alguna manera, puede considerarse como una suerte de proceso evolutivo, al señalar en este sentido que: «esa cualidad inicial —individual— se fue ampliando al admitir la posibilidad de que el beneficio ofertado sin "contraprestación" se concediese también a una pluralidad de trabajadores, siempre que naciese de ofrecimiento unilateral del empresario, que aceptado se incorpora a los respectivos contratos de trabajo; de esta forma, se amplió al fuente origen del beneficio (...) y se llegó a la CMB de carácter colectivo».

143. Sobre esta cuestión véase BEJARANO HERNÁNDEZ, A., *Principio de condición...*, op. cit., pp. 70-72.
144. Este es el caso del trabajador de la Universidad que es titular del beneficio consistente en que la empresa corriera a su cargo exclusivo con la manutención del mismo y toda su familia (STS (Sala 4ª) de 6 de Noviembre de 1990 [RJ 1990, 8554]).
145. Un supuesto, a nuestro juicio de dudosa calificación como «*condición más beneficiosa plural*», pues consideramos que el reconocimiento del derecho del personal de una empresa estacionado en Canarias a realizar un viaje de ida y vuelta a la Península cada dos años a costa de la misma es una condición más beneficiosa de disfrute colectivo, puede consultarse en la STS (Sala 4ª) de 25 de Octubre de 1999 (RJ 1999, 8402).
146. De nuevo BEJARANO HERNÁNDEZ, A., *Principio de condición...*, op. cit., p. 72.
147. En sentido parecido, STS (Sala 4ª) de 1 de febrero de 2017 (RJ 2017, 656); STS (Sala 4ª) de 24 de enero de 2018 (RJ 2018, 1536), o la STS (Sala 4ª) de 21 de febrero de 2018 (RJ 2018, 1349).

Finalmente, téngase en cuenta, con carácter general, la posible existencia de condiciones más beneficiosas de disfrute colectivo[148]. Aspecto éste que, sin embargo, y como imaginará el lector, por las reticencias que en algún caso ha deparado el fenómeno de las condiciones más beneficiosas de carácter plural, también ha sido objeto una significativa polémica en el seno de la doctrina científica. Así, por ejemplo, se ha sostenido que la naturaleza contractual de una condición de estas características exige la presencia del elemento personal y subjetivo, por lo que no podrán considerarse como más beneficiosa la condición que se disfrute por «causa de la organización y sistema de trabajo existente en la empresa», o que resulte «atribuida a un colectivo indeterminado de personas en razón a las circunstancias objetivamente concurrentes en el mismo»[149]. Igualmente, se ha destacado lo obsoleto de las construcciones jurisprudenciales y doctrinales que aprecian la existencia de condiciones más beneficiosas de disfrute colectivo, al entender que el carácter colectivo de estas condiciones más beneficiosas las convierte en acuerdos colectivos impropios sobre los que incidiría la previsión del art. 82.4 ET, pudiendo por tanto resultar afectadas por los convenios colectivos posteriores en el tiempo[150]. Por otra parte, incluso entre los que admiten la existencia de condiciones más beneficiosas de disfrute colectivo cabe apreciar también diferencias a la hora de definir qué se ha de entender

148. Ejemplo de ello son supuestos como el de la carta remitida por la empresa, donde para indeterminados trabajadores se fija una condición que supone un incremento real de los salarios abonados en conjunto y en cómputo anual (STS (Sala 4ª) de 9 de Diciembre de 1999 (RJ 1999, 9722); la circular de la empresa por la que mejora el régimen de tipos de interés y kilometraje de sus empleados (STS (Sala 4ª) de 18 de Enero de 1995 [RJ 1995, 358]); el beneficio consistente en que los trabajadores expuestos a radiaciones ionizantes o en puestos peligrosos gocen de jornada reducida (STS (Sala 6ª) de 29 de Abril de 1985 [RJ 1985, 1933]).
No obstante, en algún caso, a mi juicio de manera impropia, el TS (STS (Sala 4ª) de 25 de Octubre de 1999 [RJ 1999, 8402]), ha calificado una mejora, prevista para el personal fijo de plantilla de la empresa, como «condición más beneficiosa plural».

149. SALA FRANCO, T., y BLASCO PELLICER, A., «Las condiciones más beneficiosas...», op. cit., p. 414, citando a favor de esta posición a DE LA VILLA, GARCÍA BECEDAS, y GARCÍA-PERROTE. A estos efectos, puede resultar de interés la consulta de la STS (Sala 6ª) de 9 de Diciembre de 1986 (RJ 1986, 7301), donde en relación con los ceses voluntarios indemnizados otorgados por la empresa por acuerdo colectivo de empresa se refiere que «no era por su propio carácter de colectiva y para todos los empleados, una situación personal (individual) más beneficiosa, sino una expectativa de derecho sólo ejercitable durante la vigencia de dicho pacto».

150. ALARCÓN CARACUEL, M.R., «La aplicación...», op. cit., p. 250, quien expresamente refiere que «resultaría absurdo que un convenio colectivo nuevo pudiera hacer «ajustes de cuentas» con lo expresamente establecido en el convenio anterior pero no con lo difuso e informalmente practicado con carácter colectivo».

por tales, problemática que también se aprecia en el ámbito del Derecho comparado[151].

Pues bien, con carácter general en el caso español dos son los criterios que fundamentalmente se manejan: a) considerar por un lado que el carácter colectivo viene dado por el número de trabajadores beneficiados por la concesión de la condición más beneficiosa, de forma que tratándose de más de un trabajador estaríamos ante una condición de este tipo[152]; b) entender que el disfrute colectivo, o los efectos colectivos —si se quiere emplear la terminología del art. 41 ET, a mi juicio poco acertada—, pasa porque la decisión empresarial afecte en abstracto e indiferenciadamente a los trabajadores[153]. A mi juicio, el criterio definitorio es el segundo, de tal manera

151. En otros ordenamientos, como el francés, la distinción individual —colectivo de las condiciones más beneficiosas constituye una piedra angular en la conservación de ciertas ventajas, aunque sólo sea porque frecuentemente ley y convenio colectivo establecen el mantenimiento de la «ventaja individual adquirida». De tal manera que así como con anterioridad a la Ley de 13 de Noviembre de 1982, de reforma del Código de Trabajo, la jurisprudencia y un sector de la doctrina científica atendía a la fuente origen de la condición más beneficiosa para determinar su carácter individual o colectivo, tras el nuevo tenor normativo del art. L 132-8 párrafo 6º CT— que refiere en materia de sucesión de convenios y acuerdos colectivos que *«los trabajadores de las empresas concernidas conservarán las ventajas individuales que tengan adquiridas, en aplicación del convenio o acuerdo, a la expiración de los mismos»*—, la distinción se establece a partir de la consideración del objeto de la condición, de tal manera que condiciones más beneficiosas de carácter individual son aquéllas que por su objeto tienen la vocación de beneficiar al trabajador individualmente considerado, siendo susceptible de utilización privativa, lo que no ocurre con las de carácter colectivo, que además no pueden ser utilizadas con dicho carácter. (Véase DOCKÉS, E.: «L'avantage individuel acquis», *Droit Social*, núm. 11, 1993, p. 826 y ss., quien participa de la definición de DESPAX, al tiempo que distingue en el caso de las condiciones más beneficiosas de carácter colectivo, por un lado las que lo son por su naturaleza —no pueden beneficiar a ciertos trabajadores sin beneficiar a los demás—, y por otro las que lo son por su finalidad —que tienen por objeto la representación del personal, los derechos sindicales o las negociación colectiva—; BUGADA, A., *L'avantage acquis...*, op. cit., p. 301 y ss.; CHALARON, Y., *Négociations et accords collectifs d'enterprise*, Litec, Paris, 1990, p. 308 y ss.; DESPAX, M., «Dénonciation d'une convention collective et sort des avantages acquis en matière de r'emunération», *Droit Social*, núm. 2, 1990, pp. 161 y ss.).

152. ALBIOL MONTESINOS, I., «La nueva regulación de la movilidad geográfica y de la modificación sustancial de condiciones de trabajo», *Tribuna Social*, núm. 43, 1994, pp. 67-68.

153. CRUZ VILLALÓN, J., «El artículo 41 del Estatuto de los Trabajadores tras la reforma de 1994», *Relaciones Laborales*, núm. 17-18, 1994, p. 141.
Como «regulación contractual unitaria» se ha calificado a esta modalidad de condiciones más beneficiosas por parte de CREMADES, B., «La regulación contractual unitaria», *Revista de Política Social*, núm. 80, 1968, p. 13 y ss. Asimismo RODRÍGUEZ-PIÑERO, M., «Principio pro operario...», op. cit., p. 6, ha considerado que el tratamiento de las mismas «se inserta formalmente en las condiciones generales de la contratación».

que habrá que entender que la condición más beneficiosa de disfrute colectivo es aquélla que se otorga a un grupo de trabajadores no en atención a sus características o intereses personales, sino de forma abstracta e indiferenciada en atención a la concurrencia de factores objetivos[154].

Por lo que respecta a la naturaleza del contenido de las mismas, podemos distinguir aquellos beneficios que tienen por objeto a las condiciones de trabajo, en sentido estricto —destacando las que se refieren a salarios y tiempo de trabajo[155]—, de los que se refieren a otro tipo de condiciones, como por ejemplo de las mejoras de carácter social[156]. No en vano, en algún caso, el TS ha referido expresamente la razonabilidad de que el contenido de las mismas «se extienda más allá de las condiciones laborales para regular mejoras sociales de los trabajadores o sus familias, que en cierto modo no responden a un contenido estrictamente económico»[157], subrayando al mismo tiempo que «opinar lo contrario sería tanto como negar, que la autorregulación —que también ex art. 3.1 c) ET, es fuente del derecho laboral— pueda normar, con sujeción a la Ley, materias sociales».

Asimismo, los Tribunales han admitido también la posibilidad de que las condiciones más beneficiosas operen también en el ámbito de la Seguridad Social[158]. No obstante, y como es lógico, en este caso el límite estará en que la condición no suponga una modificación del régimen de acceso a

154. Opinión compartida por BEJARANO HERNÁNDEZ, A., *Principio de condición...*, op. cit., p. 71.
155. Tal es el caso de la concesión de determinadas pagas extraordinarias (STS (Sala 4ª) de 28 de Febrero de 1994 [RJ 1994, 2539]); o la compensación con descanso de las horas extraordinarias estructurales no realizadas durante la IT (STS (Sala 4ª) de 9 de Febrero de 2000 [RJ 2000, 1747]).
156. De naturaleza tan diversa como el compromiso de la empresa de equiparar el fallecimiento por accidente de los tripulantes de los buques al fallecimiento por accidente de circulación que gozaba de mayor protección en la póliza de seguros (STS (Sala 4ª) de 5 de Noviembre de 1991 [RJ 1991, 8119]); la entrega de calzado a trabajadores (STS (Sala 4ª) de 26 de Julio de 1996 [RJ 1996, 6420]); las rebajas de los precios de gas y electricidad (STS (Sala 4ª) de 15 de Julio de 1997 [RJ 1997, 6265]); o la posibilidad de que los trabajadores adquieran, en virtud de un plan establecido por la empresa, acciones de la compañía a un precio inferior al de mercado (STS (Sala 4ª) de 29 de mayo de 2018 [RJ 2018, 3240]).
157. STS (Sala 4º) de 15 de Junio de 1992 (RJ 1992, 4582).
158. Tal es el caso las mejoras que se establecen sobre la prestación de la entonces incapacidad laboral transitoria —hoy incapacidad temporal— (STS (Sala 4ª) de 7 de Noviembre de 1995 [RJ 1995, 8674]); o el abono íntegro de las pagas extraordinarias a trabajadores que durante su devengo o percepción hubieran tenido suspendido el contrato de trabajo por maternidad, paternidad, riesgo durante el embarazo o riesgo durante la lactancia de un menor de nueve meses (STS (Sala 4ª) de 25 de Noviembre de 2020 [RJ 2020, 5399]).

las prestaciones[159], ni, con carácter general, de su legislación de derecho necesario[160].

No obstante lo cual, también hay que ser conscientes de que existen territorios vedados, como puede ser en nuestro caso los derechos de naturaleza sindical, o los que tienen que ver con la materia de prevención de riesgos laborales. En este último caso, la cuestión a mi juicio es clara, por tratarse de un régimen jurídico que incide directamente sobre el orden público laboral[161]. Sin embargo, en el caso de los derechos sindicales, la cuestión no dejar de ser polémica[162], no sólo porque los tribunales que se

159. POQUET CATALÁ, R., «Los últimos perfiles del principio de condición más beneficiosa», *Revista de Trabajo y Seguridad Social. CEF*, núm. 396, 2016, p. 105. De forma más extensa, puede ser de interés la consulta de ÁLVAREZ GIMENO, R., «Las condiciones más beneficiosas en el ámbito de la Seguridad Social», *Documentación Laboral*, núm. 114, 2019, p. 77 y ss.

160. De interés en este sentido es el caso resuelto por la STS (Sala 4ª) de 14 de abril de 2005 (RJ 2005, 2014), donde la asistencia sanitaria prestada por los servicios sufragados por la propia empresa no se considera, «salvo prueba específica en contra», como condición más beneficiosa, atendiendo a que resulta muy difícil apreciar una condición de tal carácter: «en una materia como la que aquí se trata en que la colaboración empresarial está completamente reglada de forma que prevé expresamente la posibilidad de renuncia empresarial por años vencidos —art. 14.4 OM 1966 — así como la cancelación de esa situación por decisión de la Entidad Gestora Pública —art. 14.3 de la misma— la existencia de auditorías e inspecciones decididas por ésta —art. 13— y un sistema de colaboración económica igualmente reglado —art. 15 ter, de la O. M. de 1966 con los apartados añadidos por la O. M. de 1998—. Se trata, en definitiva, de un sistema de colaboración tan estrictamente sujeto a reglas objetivas que no casa muy bien con la introducción de mejoras con la voluntad subjetiva de que se perpetúen, fundamentalmente a partir del hecho de que la empresa se halla autorizada a renunciar por años vencidos a la colaboración autorizada, como se ha indicado».

161. En este sentido también GALA DURAN, C., «El principio de condición más beneficiosa...», op. cit., p. 173.

162. Ejemplo de la dificultad de la cuestión es la interesante reflexión realizada por GARCÍA MURCIA, J., «Condición más beneficiosa y negociación colectiva», *Documentación* Laboral, núm. 114, 2018, p. 96, en el sentido de que posiblemente sería conveniente diferenciar las condiciones más beneficiosas de carácter individual y las condiciones más beneficiosas de carácter colectivo, de tal manera que, dentro de esta última categoría se diferenciaran, a su vez, las mejoras de derechos colectivos de las mejoras de índole o naturaleza colectiva. Pues bien, para este jurista, en tanto las últimas parecen viables sin más problemas, las primeras —las referidas a derechos colectivos— «dependen mucho de la naturaleza y el régimen jurídico del derecho en cuestión», hasta el punto de que advierte, no sin razón, que determinadas mejoras pueden tener un carácter híbrido —pues pueden concebirse inicialmente como mejoras de dimensión colectiva pero también como mejoras de proyección individualizada—, y pone como ejemplo el caso del crédito horario de los representantes de los trabajadores —que por cierto ha sido objeto de alguna sentencia del TS—: teniendo relevancia colectiva, al mismo tiempo puede estimarse como una mejora en las condiciones de trabajo de quien ejerce la función representativa.

sitúan por debajo del TS no se ponen de acuerdo, sino también porque el propio TS en estos años ha dictado sentencias que de alguna manera han dado pábulo a la existencia de ciertas dudas sobre este punto. De hecho, es clásico en este sentido la cita de la STS (Sala 4ª) de 31 de mayo de 1996 (RJ 1996, 4712), que en su momento pareció favorable a estimar que «las concesiones unilaterales de la empresa en favor de la ampliación de los derechos sindicales no engendran una condición más beneficiosa». Y en relación con estos derechos se suele argumentar que la razón es que se trata normalmente de derechos de naturaleza colectiva que difícilmente pueden defenderse que pueda ostentar un trabajador individualmente considerado[163]. La cuestión es que, posteriormente, el TS —STS (Sala 4ª) de 28 de septiembre de 2016 (RJ 2016, 4926)— sí ha apreciado la existencia de una condición más beneficiosa en el caso de la retribución del tiempo que un representante de los trabajadores emplea en supervisar y controlar los hoteles donde se hospedan sus compañeros, así como respecto del abono de los gastos que ello genera —aunque en esta ocasión posiblemente la razón de ello es que sí puede hablarse con propiedad de la existencia de una individualización del beneficio[164]—.

En cuarto lugar, cabe establecer una clasificación de las condiciones más beneficiosas en función del tiempo de ejercicio del disfrute de la misma[165], pudiendo apreciarse la existencia de cuatro modalidades: a) condiciones de

163. ASQUERINO LAMPARERO, MJ., «La condición más beneficiosa: una visión general», *Aranzadi Social,* núm. 7, 2011, versión electrónica; en sentido parecido GALA DURAN, C., «El principio de condición más beneficiosa...», op. cit., p. 173.
Sin embargo, para BEJARANO HERNÁNDEZ, A., *Principio de condición...,* op. cit., p. 68, negar esta posibilidad «sería tanto como aceptar que las materias referidas a los derechos y garantías de los representantes legales de los trabajadores no puedan ser susceptibles de mejora por la decisión unilateral del empresario, lo que estaría fuera de toda lógica jurídica».
En todo caso, y para la reflexión, puede ser interesante la consideración del supuesto enjuiciado en la STS (Sala 4ª) de 27 de Enero de 2021 (RJ 2021, 390), que no reconoció la existencia de una condición más beneficiosa, ateniendo a que no existía un comportamiento de la empresa precedente en el sentido que reclamaba el recurrente. Pues bien, en este caso, lo llamativo es la naturaleza de la condición más beneficio que se pretende, pues se lo que se pedía es que se considerara condición más beneficiosa el que la empresa autorizara cambios en la comisión negociadora del convenio colectivo, pocos días después de su designación —el Tribunal no entra a considerar si esta práctica puede ser objeto de una condición más beneficiosa, pero ciertamente se trata de un supuesto bastante dudoso por el objeto que se pretende—.
164. En este sentido STS (Sala 4ª) de 7 de Abril de 2009 (RJ 2009, 2298), en relación con la compensación de gastos por desplazamiento de los representantes de los trabajadores, por razón de su actividad representativa, reconocida como condición más beneficiosa; GALA DURAN, C., «El principio de condición más beneficiosa...», op. cit., p. 173.
165. Sobre esta cuestión véase OJEDA AVILÉS, A., «El principio de condición...», op. cit., p. 35.

tracto único, y que se concretan en un momento determinado; b) condiciones de tracto sucesivo o continuo, que se ejecutan de forma constante; c) condiciones de tracto periódico regular, que se ejercitan en lapsos de tiempo regulares; d) condiciones de tracto periódico irregular, cuya ejecución en el tiempo es irregular.

Finalmente, y por lo que respecta a los sujetos beneficiarios de estas condiciones, la propia concepción de este principio lleva a que debamos considerar como destinatarios naturales de los mismos los trabajadores con contrato en vigor. Sin embargo, y como es conocido, los tribunales, y en última instancia el propio Tribunal Supremo, también en estos años han reconocido el disfrute de este tipo de condiciones a los trabajadores prejubilados[166], a los jubilados anticipadamente[167], a los jubilados ordinariamente[168], e incluso en algún caso a quienes han sido despedidos[169], o son pensionistas de viudedad que traen su causa de antiguos empleados[170]. Una proyección en el ámbito subjetivo esta última que por cierto no deja de sorprender, pues estamos hablando de un beneficio sostenido en el tiempo que se reconoce a quien nunca fue personal de la empresa, pero que sí tenían vinculación personal directa con un trabajador que, por fallecido, ya no se encuentra en este mundo, y que tiene su origen remoto en una relación de trabajo que un día existió, pero tiempo hace que inexistente.

En todo caso, y por lo que respecta a la situación de los jubilados, creo oportuno traer a estas páginas algunos pasajes del razonamiento jurídico realizado por el TS en una de las más conocidas sentencias en relación con

166. STS (Sala 4ª) de 14 de Mayo de 2013 (RJ 2013, 4518), en relación con el seguro médico y la cesta de Navidad.
167. STS (Sala 4ª) de 25 de Marzo de 1983 (RJ 1983, 2206), donde el Alto Tribunal español reconoció como condición más beneficiosa la otorgada en virtud de una circular de la compañía ENSIDESA que reconocía a sus trabajadores jubilados anticipadamente el derecho a una indemnización por incapacidad cuando se dieran las circunstancias a tal efecto; en el mismo sentido, y respecto de la misma empresa: STS (Sala 4ª) de 1 de Junio de 1992 (RJ 1992, 4504); STS (Sala 4ª) de 25 de Mayo de 1992 (RJ 1992, 3601); o STS (Sala 4ª) de 24 de Junio de 1992 (RJ 1992, 4667).
168. STS (Sala 4ª) de 22 de Septiembre de 2011 (RJ 2011, 7275), referido en este caso la no asunción de gastos por la apertura y el mantenimiento de cuentas corrientes, y la realización de otras operaciones, beneficio del que disfrutaban tanto los empleados del Banco de España como sus trabajadores jubilados.
169. STS (Sala 4ª) de 8 de Febrero de 2017 (RJ 2017, 1149), en relación con el percibo de una indemnización complementaria por extinción de contrato que, reconocida a los trabajadores jubilados en momentos puntuales de la empresa HUNOS, y a determinados trabajadores temporales, se niega a quienes ven extinguido su contrato en virtud de un plan de empresa.
170. STS (Sala 4ª) de 8 de junio de 2015 (RJ 2015, 2927), en relación con unos lotes de Navidad, entregados al personal en activo, personal jubilado y pensionistas de viudedad.

la desaparición de ciertos beneficios sociales y económicos de los que venían disfrutando jubilados, viudos, y huérfanos de lo que se identifica en la sentencia como trabajadores activos y pasivos de la compañía ENDESA[171], y que se recogían en el IV Convenio colectivo marco del Grupo Endesa, el cual en un momento determinado dejó de estar vigente sin que existiera sustituto. Me refiero a la sentencia mencionada en la introducción de esta obra (STS (Sala 4ª) de 7 de Julio de 2021 [RJ 2021, 3752]), y de la que merece destacarse en este caso los siguientes razonamientos, que explican por qué un convenio colectivo del Título III ET no puede ser fuente de condiciones más beneficiosas, y por qué los sujetos indicados no pueden pretender la aplicación de los referidos beneficios, una vez el convenio colectivo ha dejado de estar en vigor:

a) «...los convenios colectivos no pueden ser fuente de condiciones más beneficiosas, en tanto que el carácter normativo del convenio impide considerarle como tal al no tratarse de un acto de voluntad empresarial de atribuir a sus trabajadores una ventaja o un beneficio social que supera a los establecidos en las fuentes legales o convencionales de regulación de la relación de trabajo que se incorpora al nexo contractual (SSTS de 8 de julio de 2010 [RJ 2010, 3615] y de 6 de mayo de 2009 [RJ 2009, 3857]). Las condiciones más beneficiosas no pueden derivar del convenio colectivo, sino de la libre voluntad del empleador o de la voluntad conjunta de éste y del trabajador (STS de 21 de octubre de 2014 [RJ 2014, 6136]). Los derechos que sean consecuencia de un pacto de esta naturaleza (un convenio colectivo de cualquier tipo de eficacia), que expresamente prevé su duración temporal, no provocan el nacimiento de una condición más beneficiosa, sin que exista razón alguna para mantener los derechos en él establecidos después de haber expirado, pues su aplicación durante el período de vigencia no es indicativa de la voluntad de la empresa de conceder un beneficio que sobrepase las exigencias de las normas legales o colectivas aplicables, sino aplicación de una previsión plasmada en un convenio colectivo (SSTS de 11 de mayo de 2009 [RJ 2009, 4548] y de 14 de octubre de 2009 [RJ 2010, 1137])».

b) «Tal como expresamos en nuestra STS de 12 de junio de 2008 (RJ 2008, 5350), cuando una regulación preexistente contenida en reglamentos de empresa o circulares se incorpora a un convenio colec-

171. En concreto, el derecho a la denominada tarifa de empleado o derecho al suministro de energía eléctrica bonificado, y del derecho a las modalidades de ayuda escolar del personal pasivo existente hasta la finalización del curso 2018/2019.

tivo cambia de naturaleza y se convierte en una regulación convencional, aunque su contenido no haya experimentado variaciones sustanciales. Al contrario de lo que sostienen los recurrentes, no estamos ante condiciones que deban mantenerse *ad personam* a favor de jubilados y familiares, ya que, como hemos dicho, su fuente es el convenio colectivo (...) Los jubilados y los familiares han tenido derecho a ventajas en el suministro eléctrico con motivo de la regulación de la correspondiente obligación en los sucesivos convenios y, finalmente, en el referido IV convenio; sin que para la configuración de tal derecho haya habido intervención de la autonomía de la voluntad».

c) Los preceptos del Cc «...sobre el nacimiento de las obligaciones y sobre la existencia y contenido de los contratos, sencillamente no resultan de aplicación, salvo la referencia a las obligaciones derivadas de la ley. En efecto, para la aplicabilidad de los preceptos mencionados sería necesario la previa existencia de un contrato entre alguna de las empresas del Grupo y todos y cada uno de los afectados por el conflicto que examinamos. Y, al respecto, venimos insistiendo con reiteración que ni existe tal contrato, ni las previsiones convencionales pueden haberse incorporado a contratos inexistentes; por lo que no resultan de aplicación los mencionados preceptos».

3

La voluntad del empresario como elemento constitutivo de la condición más beneficiosa

Dada la importancia de la voluntad empresarial en la constitución de la condición más beneficiosa considero oportuno dedicar un apartado específico al mismo, con independencia de las consideraciones que se realizarán con posterioridad en relación con el debate histórico sobre las fuentes de condiciones más beneficiosas. Por tanto, en este momento me voy a centrar en los dos aspectos que considero fundamentales en este caso como es, por un lado, la voluntad de conceder un beneficio, y, por otro lado, la consolidación posterior del beneficio. En relación con la primera cuestión analizaré los tres elementos que concurren en la formación de la voluntad empresarial como es el consentimiento, el objeto del consentimiento, y la causa. En el caso de la consolidación del beneficio mi interés se va a focalizar en lo que considero los dos aspectos fundamentales: la aceptación del beneficio por el trabajador y el auténtico y pacífico disfrute por el mismo.

No obstante, y de forma preliminar, realizaré algunas consideraciones sobre una aspecto que, con carácter previo, debe ser asentado, y que no es otro que la consideración de la condición más beneficiosa —pese a la importancia que la voluntad individual del empresario tiene en este caso— como una suerte de negocio jurídico, entendiendo por tal «la declaración o acuerdo de voluntades, con que los particulares se proponen conseguir un resultado, que el Derecho estima digno de su especial tutela, sea en base sólo a dicha declaración o acuerdo, sea completado con otros hechos o actos»[172].

172. DE CASTRO y BRAVO, F., *El negocio jurídico*, Civitas, Madrid, 1997, (reedición), p. 34.

3.1. UNA CUESTIÓN PREVIA: LA CONDICIÓN MÁS BENEFICIOSA OTORGADA POR EL EMPRESARIO COMO NEGOCIO JURÍDICO

La consideración de las concesiones unilaterales del empresario que generan condiciones más beneficiosas como un negocio jurídico constituye un planteamiento que ha arraigado entre la doctrina científica española[173]. No en vano, inmersos ya en la década de los noventa, se refirió en algún caso la existencia de una evolución de la doctrina de nuestros Tribunales en el sentido de ir abandonando paulatinamente la idea de la condición más beneficiosa como concesión unilateral del empresario, en favor de planteamientos que enjuiciaban el fenómeno como el resultado de acuerdos individuales o de grupo, o incluso prácticas de empresa, que, en última instancia, implicarían la aceptación individual o colectiva del trabajador, ya expresa, ya tácita[174].

De hecho, el análisis de la jurisprudencia más reciente nos permite apreciar perfectamente cómo la génesis de toda condición más beneficiosa es un proceso complejo donde intervienen una serie de elementos. En ese sentido, y recurriendo a la terminología civilista, bien puede hablarse en el caso de las condiciones más beneficiosas de que su origen es consecuencia de un supuesto de hecho complejo, integrado por una sucesión de hechos jurídicos[175]. La doctrina

173. Recuérdese por ejemplo la afirmación categórica de OJEDA AVILÉS, A.: «El principio de condición...», op. cit., p. 16, en el sentido de que «las concesiones unilaterales del empleador son en realidad contratos».

174. RODRÍGUEZ-PIÑERO, M., «Principio pro operario, condición más beneficiosa y autonomía de la voluntad», *Relaciones Laborales*, núm. 6, 1991, p. 4.
La STS (Sala 4ª) de 5 de Noviembre de 1991 (RJ 1991, 8199) es bastante expresiva en ese sentido cuando refiere, con relación al caso que se enjuiciaba, que «no importa analizar si tal compromiso corresponde a pacto colectivo, que en todo caso sería extraestatutario, o manifiesta concesión unilateral, determinante de condición más beneficiosa, pues fuera de una u otra naturaleza, es evidente que generaba obligación cuyo incumplimiento produciría las consecuencias legales procedentes».

175. Considerando como tales «todos aquellos acontecimientos a cuya realización está ligada por el ordenamiento una consecuencia jurídica», y que por lo tanto «producen una modificación en la situación jurídica subjetiva preexistente» (LACRUZ BERDEJO, J.L. y otros: *Elementos de Derecho Civil (I)*, Dykinson, Madrid, 1999, p. 117).

del TS[176] nos aporta continuamente ejemplos de ello, como puede deducirse de afirmaciones como la siguiente: «los requisitos imprescindibles para entender que ha nacido una condición más beneficiosa son estos tres: la voluntad de concesión, la concesión efectiva y la consolidación posterior».

Por tanto, se puede considerar como acertada la formulación que aboga por la consideración de la condición más beneficiosa como el resultado de un negocio jurídico, planteamiento que, en algún caso, ha asumido expresamente el propio TS[177]. Ahora bien, dada la diversidad de clasificaciones que permite esta institución jurídica, sí es aconsejable referir que, en el caso de la condición más beneficiosa, nos encontramos ante un negocio jurídico bilateral[178], pues su generación exige la concurrencia de voluntades de dos partes diferentes, en nuestro caso el empresario y el trabajador, y ello con independencia de que los participantes en el mismo sean más de dos[179] —por ejemplo porque la aceptación se produzca por parte de varios trabajadores, lo que ocurrirá en el caso de las condiciones de trabajo plurales y de carácter colectivo—.

De esta perspectiva, no estará de más resaltar que el propio TS en algunos casos ha llegado a recordar el principio espiritualista consagrado en el Cc en relación con la perfección de los contratos, vigente desde el Ordena-

176. STS (Sala 4ª) 8 de Julio de 1997 (RJ 1997, 6253). O como gráficamente refiere las STS (Sala 4ª) de 12 de Mayo de 2008 (RJ 2008, 4122): «es preciso que la condición se haya adquirido y disfrutado en virtud de la consolidación del beneficio que se reclama, por obra de una voluntad inequívoca de su concesión, de suerte que la ventaja que se concede se haya incorporado al nexo contractual en virtud de un acto de voluntad constitutivo de una concesión o reconocimiento de un derecho y se pruebe la voluntad empresarial de atribuir a sus trabajadores una ventaja o un beneficio social que supera a los establecidos en las fuentes legales o convencionales de regulación de la relación contractual de trabajo».
En todo caso, los pronunciamientos en sentido son muy reiterados a lo largo de estos años. Véase, por ejemplo: STS (Sala 4ª) de 17 de Septiembre de 2010 (RJ 2010, 7432); STS (Sala 4ª) de 14 de Mayo de 2013 (RJ 2013, 4518); STS (Sala 4ª) de 8 de Febrero de 2017 (RJ 2017, 1149); STS (Sala 4ª) de 18 de Enero de 2018 (RJ 2018, 317).

177. Este es el caso de la STS (Sala 4ª) de 30 de Junio de 1993 (RJ 1993, 5965), donde se refiere que «la condición más beneficiosa no es otra cosa que una mejora de las condiciones laborales nacida o generada por la voluntad de los interesados», por tanto «emanada del propio querer de las partes».

178. Para OJEDA AVILÉS, A., «El principio de condición...», op. cit., p. 16 y ss., sin embargo, las concesiones unilaterales del empresario que dan lugar a las condiciones más beneficiosas, son contratos encuadrables en la categoría de las concesiones graciables.

179. En este sentido, LACRUZ BERDEJO, J.L. y otros: *Elementos de Derecho Civil (I)*, op. cit., p. 232.

miento de Alcalá, en el sentido de que «cualquier forma que el hombre quiera obligarse, queda obligado», para concluir que el compromiso adquirido por la empresa con el trabajador, y que integra el objeto de la condición más beneficiosa, constituye en última instancia un «pacto contractual»[180].

Pues bien, partiendo de la presente posición, y como he reflejado anteriormente, lo que se pretende en estos momentos es analizar los factores que concurren en el nacimiento de las condiciones más beneficiosas que tienen su origen en la voluntad unilateral del empresario, y que implican la aceptación tácita o expresa de un trabajador o un número de determinado de trabajadores. No obstante, sí se ha de advertir, una vez más, que no es mi intención analizar en estos momentos otras fuentes que pueden dar origen a condiciones más beneficiosas, como las prácticas de empresa o los pactos colectivos informales. El motivo en el primer caso reside en el hecho de que las prácticas de empresa constituyen un fenómeno que puede generarse a partir del comportamiento de los propios trabajadores, por lo que parece razonable su análisis en un momento posterior. En cuanto a los pactos colectivos informales, ha de recordarse que su génesis pasa por el consentimiento de representaciones de trabajadores, lo cual sitúa el fenómeno en un plano más institucional y de carácter colectivo, que hace aconsejable también su análisis más adelante.

3.2. LA VOLUNTAD DE CONCEDER UN BENEFICIO

La necesaria concurrencia de una voluntad de introducir un beneficio que incremente lo dispuesto en la ley o en sede de la autonomía colectiva[181], se ha venido considerando tradicionalmente por nuestra jurisprudencia como elemento ineludible en el nacimiento de toda condición más beneficiosa[182]. Esta circunstancia, unida al hecho ya expresado de la aplicación supletoria del Derecho Civil, nos lleva a plantearnos que, en materia de formación de la voluntad, habrá de tenerse en cuenta lo establecido en el art. 1261 Cc, al referir éste que la validez del contrato exige, en primer lugar, consentimiento de los contratantes, en segundo lugar, que el objeto del contrato sea cierto, y finalmente en tercer lugar, que concurra una causa.

180. STS (Sala 4ª) de 27 de Mayo de 1998 (RJ 1998, 4933).

181. STS (Sala 4ª) de 30 de Junio de 1993 (RJ 1993, 5965).

182. De tal manera que, cuando esa voluntad no existe, porque, por ejemplo, el complemento salarial otorgado responde a una exigencia derivada del pliego de condiciones elaborado por la empresa principal, el TS (STS (Sala 4ª) de 9 de Abril de 2019 [RJ 2019, 2730]) ha considerado que no cabe apreciar la existencia de una condición más beneficiosa.

3.2.1. EL CONSENTIMIENTO

El análisis del consentimiento en todo negocio jurídico bilateral plantea tres vertientes distintas[183], como son por un lado la voluntad interna e individual de cada una de las partes, por otro lado, la declaración de voluntad de quien elabora la condición, y, finalmente, la coincidencia de voluntades. Nosotros, en estos momentos pretendemos centrarnos en el análisis de lo que es la formación de la voluntad interna de quien está en condiciones de generar la condición más beneficiosa, normalmente el empresario, y en las formas de expresión de dicha voluntad, dejando para el momento en que abordemos la cuestión de la consolidación del beneficio las consideraciones en torno a la perfección del negocio jurídico.

A) La formación de la voluntad

a) La voluntad interna y su expresión

Así, y comenzando por lo que es la consideración de la voluntad interna, la primera cuestión a considerar está relacionada con el hecho de que TS viene exigiendo que la voluntad empresarial sea inequívoca[184], cuestión que enlaza con la prueba de la existencia de tal ánimo, y que no puede obviar el dato, ciertamente relevante, de que la voluntad es susceptible de manifestarse tanto de forma expresa, como tácita[185].

En este sentido, la doctrina laboralista[186] ha venido resaltando desde tiempo atrás el que, así como en el ámbito del Derecho Civil se admite que las obligaciones contractuales se generen por actos concluyentes[187] —que obtienen la consideración de declaraciones de voluntad tácitas—, en materia de condición más beneficiosa el TS sin embargo no asume esta consideración de manera directa, lo cual puede resultar llamativo si lo comparamos con otras situaciones que se dan en el ámbito laboral, como es el supuesto

---

183. Siguiendo a DÍEZ-PICAZO, L. y GULLÓN, A., *Sistema de Derecho Civil*, vol. II, Tecnos, Madrid, 1999, p. 39.
184. STS (Sala 4ª) de 29 de Marzo de 2000 (RJ 2000, 3134); STS (Sala 4ª) de 25 de Enero de 1995 (RJ 1995, 410); STS (Sala 4ª) de 21 de Febrero de 1994 (RJ 1994, 1216).
Se deberá, por tanto, analizar si concurren la sucesión de actos que están en el origen del derecho que se pretende y si la voluntad empresarial está en el origen de todo ello (STS (Sala 4ª) de 12 de Julio de 2016 [RJ 2016, 4512]).
185. STS (Sala 4ª) de 14 de Mayo de 1993 (RJ 1993, 4901); STS (Sala 4ª) de 22 de Septiembre de 1995 (RJ 1995, 6789); STS (Sala 4ª) de 20 de Diciembre de 1993 (RJ 1993, 9974).
186. SALA FRANCO, T. y GOERLICH PESET, J.M., «Los límites al principio...», op. cit., p. 189.
187. LACRUZ BERDEJO, J.L. y otros, *Elementos de Derecho Civil (I)*, Dykinson, Madrid, 1999, p. 166.

del art. 8.1 ET[188], donde la concurrencia de determinados actos genera la presunción de la existencia de un contrato de trabajo.

Y es que para el TS los actos meramente tolerados no generan el derecho a continuar disfrutando de un beneficio en el futuro[189] y no pueden ser considerados como actos concluyentes. De hecho, la jurisprudencia insiste una y otra vez en la necesidad de que «la actuación persistente descubra la voluntad empresarial de introducir un beneficio que incremente lo dispuesto en la ley o en el convenio colectivo»[190], de manera que «la tolerancia o condescendencia no dejan de ser tales necesariamente porque duren más o menos tiempo, sino porque se transformen en una conducta distinta de concesión o reconocimiento de un derecho»[191], llegando a afirmarse que no es suficiente el que «el beneficio tenga duración en el tiempo, ni sea preciso esa nota de la duración o persistencia»[192].

Por tanto, para nuestros Tribunales, la concurrencia de una serie de hechos, como puede ser el disfrute de un beneficio concreto, incluso a lo largo del tiempo, no constituyen por sí mismos elementos generadores de

188. Recuérdese cómo en este precepto se establece expresamente que el contrato de trabajo «se presumirá existente entre todo el que presta un servicio por cuenta ajena y dentro del ámbito de organización y dirección de otro y el que lo recibe a cambio de una retribución a aquél».

189. STS (Sala 6ª) de 19 de Diciembre de 1985 (RJ 1985, 6427); STS (Sala 4ª) de 18 de Enero de 1996 (RJ 1996, 3249); STS (Sala 4ª) de 8 de Julio de 1996 (RJ 1996, 5758); STS (Sala 4ª) de 7 de Junio de 1993 (RJ 1993, 4544); STS (Sala 4ª) de 11 de Octubre de 2007 (RJ 2007, 9305).

190. STS (Sala 4ª) de 7 de Junio de 1993 (RJ 1993, 4544).

191. STS (Sala 4ª) de 20 de Diciembre de 1993 (RJ 1993, 9974). Así, por ejemplo, la STS (Sala 4ª) de 5 de Noviembre de 1996 (RJ 1996, 8403), manifiesta que la condescendencia en la negociación colectiva que lleva a la empresa a no exigir una compensación por la reducción de jornada que se observaba en la semana de la Fiesta Mayor, «no constituye nunca condición más beneficiosa, sino que es una liberalidad que está circunscrita a los términos de lo convenido».
De hecho, la STS (Sala 4ª) de 25 de Noviembre de 2020 (RJ 2020, 5399), de forma gráfica, refiere que «a los trabajadores les corresponde la carga de probar los elementos de juicio que apunten a la existencia de esa inequívoca voluntad empresarial (...) A la empleadora la de demostrar que su actuación pudiere constituir una simple liberalidad».

192. STS (Sala 4ª) de 12 de Marzo de 1997 (RJ 1997, 2316); STS (Sala 4ª) de 31 de Mayo de 1995 (RJ 1995, 4012); STS (Sala 4ª) de 21 de Febrero de 1994 (RJ 1994, 1216). No obstante, téngase en cuenta que la ocasionalidad en ejercicio de una actividad específica no es susceptible de generar condiciones más beneficiosas (STS (Sala 6ª) de 16 de Enero de 1984 [RJ 1984, 54]).

una condición más beneficiosa[193]. Antes al contrario, la consideración de estos comportamientos tolerados como actos concluyentes a los efectos que aquí interesan va a exigir del Juez una reflexión sobre cuál es la voluntad efectiva que traslucen los elementos fácticos que se están considerando[194], recordándose en más de una ocasión por nuestro alto Tribunal que «es reiterada la doctrina de la Sala de lo Civil de este Tribunal y de esta Sala en sentido de que la interpretación de los negocios jurídicos es facultad privativa de los Tribunales de instancia, cuyo criterio ha de prevalecer salvo que no sea racional y lógico o ponga de manifiesto la notoria infracción de alguna de las normas que regulan la exégesis contractual»[195].

Con ello, parece claro que será el Juez en última instancia quien determine qué actos son de mera tolerancia u obedecen a una concesión graciosa, y cuáles pueden ser considerados como actos concluyentes, y por tanto generadores de una condición más beneficiosa. Lo cual nos remite a una consideración casuística del fenómeno, dado que el análisis de la jurisprudencia del TS no aporta ningún tipo de criterio general que permita a cualquier persona hacerse un juicio sobre si determinados hechos pueden considerarse como actos concluyentes. Circunstancia ésta que, sin embargo, puede generar inseguridad, al tiempo que situaciones de dudosa aprecia-

193. Lo que no quita para que el TS en algún caso haya referido que, si bien la mera tolerancia no genera condiciones más beneficiosas, en virtud del art. 1258 Cc no parece que se pueda permitir que después de tolerada una situación se atribuya a la misma unos efectos que sean incompatibles con la referida tolerancia, como permitir que actúe con carácter retroactivo la cláusula penal por la que el trabajador debería resarcir a la empresa por la utilización de un préstamo (medida de acción social) otorgado para comprar una vivienda que finalmente no habitó (STS (Sala 4ª) de 18 de Julio de 1990 [RJ 1990, 6427]).
En todo caso, en alguna ocasión el TS ha precisado que «lo decisivo es la existencia de voluntad empresarial para incorporarla al nexo contractual y que no se trate de una mera liberalidad —o tolerancia— del empresario, por lo que para su acreditación no basta la repetición o persistencia en el tiempo del disfrute ya que es necesaria la prueba de la existencia de esa voluntad de atribuir un derecho al trabajador» (STS (Sala 4ª) de 18 de Enero de 2018 [RJ 2018, 317]).

194. Por ejemplo, en la STS (Sala 4ª) de 12 de Julio de 2016 (RJ 2016, 4512), el TS descartó la existencia de una condición más beneficiosa precisamente porque, cuando la empresa estableció la misma —en el caso concreto se trataba de la denominada «Política de Aniversarios» de un banco español—, dicha entidad se había reservado el derecho a suprimir o modificar la misma, y así lo hizo unilateralmente en distintos momentos —hasta el punto de que el TS condenó al recurrente en costas por temeridad manifiesta—.
De hecho, el TS ha llegado incluso a señalar que, más que la permanencia en el tiempo de una mejora, lo decisivo es la voluntad con la que la misma se concede —el ánimo de reconocer un derecho— (STS (Sala 4ª) de 19 de Julio de 2016 [RJ 2016, 4815]).

195. STS (Sala 4ª) de 17 de Diciembre de 1997 (RJ 1997, 9483).

ción, sobre todo en el caso de comportamientos donde el primer elemento de exteriorización de la voluntad lo constituye la mera tolerancia[196].

No obstante, el análisis de la jurisprudencia nos aporta algún que otro caso donde la doctrina del TS registra una significativa variación en relación con los postulados planteados anteriormente. Así, y, en primer término, queremos referirnos al litigio que tuvo por objeto el que, desde hacía 15 años al menos, la empresa, perteneciente al sector sanitario, había venido corriendo con los gastos de hospitalización de sus trabajadores y familiares, al tiempo que les facilitaba siempre una habitación individual a efectos de su estancia hospitalaria[197]. La Sala consideró en este caso que «las situaciones meramente toleradas que no revelen una voluntad empresarial definida no pueden satisfacer el concepto de condición más beneficiosa, pero ello no es lo predicable en este caso por la persistencia de un estado de cosas inalterable desde hacía quince años y conocido y asumido, aunque no normativizado a nivel formal, por la empresa. Con ello se generó en los beneficiarios la certeza de recibir el trato hospitalario referido, circunstancia que se incorporó al contrato como una contraprestación de contenido social y de repercusión económica, deduciéndose así la voluntad empresarial de conceder tal beneficio».

Lo llamativo de esta Sentencia es que, si bien en principio niega la existencia de una condición más beneficiosa al tratarse de una situación meramente tolerada, con posterioridad afirma que se ha de considerar la existencia de aquélla, aunque sólo sea porque la persistencia en el tiempo generó en los beneficiarios la «certeza» de recibir el trato hospitalario. El planteamiento no tendría por qué ser de especial interés, si no fuera porque, a diferencia de otros muchos supuestos, donde el Tribunal ha negado valor por sí mismo a la reiteración en el tiempo de determinados comportamien-

196. No en vano, en su momento, SALA FRANCO, T. y GOERLICH PESET, J.M., «Los límites al principio...», op. cit., p. 190, refirieron la existencia de criterios variables en los fallos de los Tribunales a la hora de valorar comportamientos del empresario de carácter negativo que no implican una actuación efectiva.
De todas formas, no hay que olvidar que la jurisprudencia civil, a la hora de valorar la consideración que ha de tener el silencio en la formación de la voluntad de los negocios jurídicos, tampoco resulta excesivamente clarificadora, pues lo único que se afirma, partiendo del aforismo *qui tacet consentire videtur, si loqui debuisset ac potuisset*, es que aquél podrá ser considerado declaración tácita de voluntad si el mismo se encontraba cualificado en relación con determinadas circunstancias del caso concreto, generando la confianza ajena (LACRUZ BERDEJO, J.L. y otros, *Elementos de Derecho Civil (I)*, op. cit., pág. 167).

197. STS (Sala 4ª) de 7 de Febrero de 1997 (RJ 1997, 1162).

tos[198], en este caso ha considerado que la expectativa creada de beneficiarse en el futuro de la ventaja que venían disfrutando en los últimos años debía ser salvaguardada otorgando a tal condición el carácter de más beneficiosa. En definitiva, el Tribunal estaría asumiendo en este caso los planteamientos civilistas que no admiten la intrascendencia de los comportamientos reiterados en el ámbito contractual, si bien hemos de reiterar que no es éste el planteamiento que habitualmente desarrolla la Sala de lo Social[199].

Igualmente significativa, por lo que tiene de ruptura con la línea seguida tradicionalmente por el TS en relación con la irrelevancia de los comportamientos meramente tolerados en materia de constitución de una condición más beneficiosa, resulta la Sentencia que en su día consideró que, el disfrute pacífico y no cuestionado desde el principio de la relación laboral de una vivienda y servicios accesorios, da lugar a un derecho mantenido regularmente y sin solución de continuidad que se incorpora al nexo contractual y no puede ser lícitamente roto por la sola voluntad del empleador[200].

En cuanto a las declaraciones expresas de voluntad, parece razonable considerar que la existencia de una condición más beneficiosa pasa por la apreciación del contenido de la declaración de voluntad[201], si bien, dado que puede existir en ocasiones una falta de sintonía entre voluntad interna y manifestación de esa voluntad, también habrá que tener en cuenta las circunstancias en que se expresa la misma. La consideración conjunta de estos dos factores ha tenido un eco evidente en la actividad judicial a la hora de interpretar los actos de voluntad susceptibles de generar una condición

198. STS (Sala 4ª) de 3 de Noviembre de 1992 (RJ 1992, 8776); STS 25 de Enero de 1999 (RJ 1999, 896), entre otras, insisten en que la mera persistencia en el tiempo no es indicativa, resultando necesario que la misma sea indicativa de la voluntad de la empresa de conceder un beneficio.

199. Y que ha sido muy criticada por nuestra doctrina científica que, en algún caso (SALA FRANCO, T., y GOERLICH PESET, J.M., «Los límites al principio...», op. cit., p. 192), ha referido expresamente que «la «tolerancia», tal y como viene entendida por la jurisprudencia laboral, es inadmisible en el desarrollo del contrato de trabajo».

200. STS (Sala 4ª) de 27 de Abril de 1998 (RJ 1998, 4933), donde la solución dada también se justifica en atención a lo previsto en el art. 1258 Cc, afirmándose que el compromiso adquirido por la empresa «excede de lo que corresponde a un uso meramente tolerado y evidencia claramente la existencia de un pacto contractual, expresivo de un derecho-obligación del trabajador, remunerado en especie y susceptible de cuantificación económica».

201. STS (Sala 4ª) de 14 de Abril de 1993 (RJ 1993, 4901), donde se viene a negar el carácter de condición más beneficiosa al tratamiento como domingos de los días 24 y 31 de Diciembre, dado que, entre otras cosas, en uno de los años que así se reconoció se refirió expresamente que la decisión se tomaba sólo por ese año.

más beneficiosa, y explica el que, por ejemplo, el TS no haya otorgado valor a las declaraciones realizadas por el presidente de una empresa en relación con la consideración de determinados días laborales —que se pretendía condición más beneficiosa—, dada la generalidad de las mismas[202], o que haya considerado como significativo, negando la existencia de una condición más beneficiosa, el que determinada ventaja se exteriorizara todos los años por la empresa de una forma distinta[203].

En definitiva, y a modo de conclusión, quisiera resaltar cómo la jurisprudencia del TS en torno a la relevancia jurídica de los actos meramente tolerados se caracteriza fundamentalmente por la inseguridad jurídica que plantea[204], y la duda permanente para los intervinientes en las relaciones laborales que suscita, en relación con la posible aplicación del principio de condición más beneficiosa, de tal manera que sólo las declaraciones expresas parecen salvar esta situación. Es más, en algún caso, y como he puesto de manifiesto, la jurisprudencia en relación con los actos de mera tolerancia registra cambios absolutamente decisivos en su orientación, que incrementan aún más la referida sensación de inseguridad jurídica, por otro lado ya patente cuando se advierte cómo la posible aplicación del principio de condición más beneficiosa depende del criterio del Juez, quien vista la ausencia de unos criterios objetivos que manejar, se va a mover en el terreno de la subjetividad, y va a tener que fallar sobre la base de impresiones sobre el

202. STS (Sala 4ª) de 30 de Marzo de 1999 (RJ 1999, 3777). El supuesto concreto consistía en la declaración genérica del presidente de la empresa dando su aprobación a la práctica ya tradicional de considerar los Viernes Santo, Navidad y Año Nuevo como domingos a todos los efectos, y que a juicio del Tribunal evidenciaban que el representante empresarial no tenía intención de otorgar una condición más beneficiosa.

203. STS (Sala 4ª) de 14 de Abril de 1993 (RJ 1993, 4901).

204. Es lo que tiene la casuística, que finalmente la valoración de la voluntad empresarial —en cuanto expresiva del otorgamiento de una condición más beneficiosa— termina dependiendo de múltiples factores, más allá de la permanencia en el tiempo de la mejora o beneficio, como: la falta de reacción de la empresa ante la conducta de los trabajadores —consideración como tiempo de trabajo de la pausa para el bocadillo— que conocida por la empresa es consentida (STS (Sala 4ª) de 16 de Septiembre de 2015 [RJ 2015, 5755]); el incumplimiento por los trabajadores de las instrucciones para fichar en el trabajo que, lejos de ser sancionado por la empresa, es tolerado (STS (Sala 4ª) de 19 de diciembre de 2012 [RJ 2012, 1102]); o el que la empresa hubiera facilitado el disfrute de la mejora estableciendo una infraestructura para ello apoyada en varias circulares de la misma (STS (Sala 4ª) de 22 de Septiembre de 2011 [RJ 2011, 7275]).

ánimo que esconde la tolerancia de un comportamiento de disfrute de una determinada condición de trabajo o situación[205].

El análisis de la jurisprudencia de estos años indica que la permanencia temporal requerida es muy variable —finalmente se valoran más otros elementos[206], sobre todo establecer que concurre el ánimo de otorgar una condición con el carácter de más beneficiosa—, habiéndose reconocido condiciones más beneficiosas en el caso de mejoras que se venían disfrutando a veces en cuatro[207], seis[208], nueve[209], veinte[210], o cuarenta años[211]. De tal manera que finalmente la clave de lo que está pasando con exigencias en otro tiempo significativas, como es ésta del disfrute a lo largo del tiempo, lo podemos encontrar reflejado en razonamientos como el desplegado en la STS (Sala 4ª) de 19 de julio de 2016 (RJ 2016, 4815), cuando refiere que: «no basta la repetición o la persistencia en el tiempo, sino que es preciso que la actuación persistente descubra la voluntad empresarial de introducir un beneficio que incremente lo dispuesto en la ley o en el convenio colectivo...Ni es suficiente que el beneficio tenga duración en el tiempo, ni es tampoco precisa esa nota de la duración o persistencia. Lo fundamental es que la ventaja que se concede se haya incorporado al nexo contractual en virtud de un acto de voluntad constitutivo de una concesión o reconocimiento de un derecho»[212].

205. En este sentido, DÍAZ AZNARTE, M.T., *El principio de condición...*, op. cit., p. 142 y ss., ha criticado, de forma atinada a mi juicio, el cambio que ha registrado la doctrina de los Tribunales en este punto, de tal manera que si bien durante el período franquista resultaba relevante a efectos de la apreciación de una condición más beneficiosa la reiteración en el tiempo de una conducta empresarial, con posterioridad a la aprobación del ET esta jurisprudencia se ha ido matizando hasta llegar al momento actual donde no hay ya unanimidad jurisprudencial sobre la relevancia que la referida reiteración puede tener en la materia.
206. O no, porque, por ejemplo, en el caso enjuiciado en la STS (Sala 4ª) de 28 de Junio de 2007 (RJ 2007, 7373), el Alto Tribunal español consideró fundamental para apreciar la existencia de condición más beneficiosa —consistente en el disfrute de las vacaciones fuera la fecha prevista en el calendario laboral, cuando el trabajador incurre en IT—, el que se trataba de una práctica empresarial habitual, que «se ha venido observando con continuación o por costumbre, en un tiempo, no concretado en los hechos probados», pero que incluso continuó produciéndose vigente el correspondiente convenio colectivo que regulaba el disfrute de las vacaciones en forma que contemplaba la práctica seguida por la empresa en la forma expuesta.
207. STS (Sala 4ª) de 28 de Octubre de 2010 (RJ 2010, 8464).
208. STS (Sala 4ª) de 21 de Noviembre de 2006 (RJ 2007, 752).
209. STS (Sala 4ª) de 14 de Mayo de 2013 (RJ 2013, 4518).
210. STS (Sala 4ª) de 25 de Julio de 2007 (RJ 2007, 7116).
211. STS (Sala 4ª) de 21 de Abril de 2016 (RJ 2016, 2407).
212. Igualmente, véase la STS (Sala 4ª) de 16 de Septiembre de 2015 (RJ 2015, 5755).

b) El reconocimiento efectivo de un derecho como eje fundamental en la formación de la voluntad

Hemos visto hasta el momento cómo la jurisprudencia del TS exige del empresario una voluntad inequívoca de otorgar un beneficio[213], como factor básico a la hora de valorar la existencia de una condición más beneficiosa. Sin embargo, la formación de la voluntad empresarial pasa también por la consideración de otro elemento, que tiene el carácter de piedra angular, junto al anteriormente referido, y sin el cual no puede hablarse de la existencia de una voluntad de constituir una condición más beneficiosa. En concreto, me refiero a la exigencia que se constata en la jurisprudencia de que la voluntad empresarial vaya dirigida al reconocimiento de un derecho efectivo[214], en cuanto derecho meliorativo de una condición laboral o social[215], y que como derechos consolidados ingresan en el patrimonio del trabajador.

Cuestión que nos lleva a plantearnos la distinción entre derechos, expectativas de derecho, y meras liberalidades del empresario, pues sólo los primeros constituyen, en principio, el referente de la voluntad empresarial de otorgar una condición más beneficiosa. Así, hay que comenzar manifestando que por derecho entiendo todo poder que permite al individuo actuar u obrar de una determinada forma, dándose todas las circunstancias para el ejercicio del mismo[216].

Sin embargo, las expectativas de derecho se caracterizan precisamente por no registrar el nacimiento del derecho, dada la falta de algún requisito que impide su plena generación[217]. Así, se han calificado por nuestros Tribunales como tales el cese voluntario indemnizado que se pactó en su día

213. Véase STS (Sala 4ª) de 28 de Abril de 1997 (RJ 1997, 3551), con cita de las STS de 21 de Febrero de 1994, 31 de Mayo de 1995 y 8 de Julio de 1996.
214. STS (Sala 4ª) de 8 de Julio de 1996 (RJ 1996, 5758).
215. Como pone de manifiesto la STS (Sala 6ª) de 24 de Marzo de 1987 (RJ 1987, 1668).
216. Véase DÍEZ-PICAZO, L., «Derecho», *Enciclopedia Jurídica Básica*, Tomo II, Madrid, 1995, p. 2146 y ss.
217. ALBADALEJO, M., *Derecho Civil (I)*, JMB, Barcelona, 1996, p. 42; FERNÁNDEZ FARRERES, G.: «Expectativa», *Enciclopedia Jurídica Básica*, Tomo II, Madrid, 1995, p. 2997 y ss.
Un supuesto de presunta expectativa que finalmente es considerada condición más beneficiosa puede consultarse en la STS (Sala 6ª) de 7 de Marzo de 1985 (RJ 1985, 1296).
Un supuesto interesante igualmente lo constituye el enjuiciado en la STS (Sala 6ª) de 15 de Febrero de 1988 (RJ 1988, 624), en el que el socorro por defunción pactado por empresa y trabajador, sustituido en su día por un seguro colectivo más amplio contratado con la anuencia de este último, se considera que «no puede calificarse como derecho adquirido sino como futuro beneficio susceptible de modificación, que tuvo lugar, previa aceptación del fallecido, en sentido más beneficioso».

entre empresa y representantes de los trabajadores, pero que transcurrido un tiempo dejó de estar vigente al entrar en vigor un nuevo acuerdo[218]; o el premio de permanencia establecido en convenio colectivo que no es asumido por la Administración que se subroga en las relaciones laborales de un ente autónomo, al aplicarse en el momento que se solicita el convenio vigente en aquella, que no lo contemplaba[219]. De hecho, la doctrina al referirse a las expectativas de derecho ha descrito en algún caso las mismas como «una mera expectativa de hecho, no distinta de las aspiraciones personales o de los meros auspicios, que no tiene relevancia alguna en el plano jurídico»[220], lo que explicaría, por ejemplo, su disponibilidad por los sindicatos que podrían pactar condiciones menos favorables para el trabajador[221].

De todas formas, no estará de más tener en cuenta que, pese a lo referido, con carácter general se constata cómo el ordenamiento jurídico suele proteger aquellas expectativas que pueden dar lugar al nacimiento de un derecho futuro, algo que sucede sobre todo en el ámbito del Derecho público[222]. Esta circunstancia explica en cierta manera el que la doctrina laboralista haya puesto especial hincapié en algunos casos en subrayar que una aplicación excesivamente rígida de las tesis que niega cualquier relevancia jurídica a las expectativas de derecho puede resultar fuertemente perjudicial para los intereses individuales[223]. De tal manera que se ha defendido la necesidad de asumir el que la reiteración de determinado beneficio, en el contexto de relaciones laborales que se desarrollen a lo largo del tiempo en un ámbito organizado en el seno de una empresa, genere un legítimo interés en obtener resultados análogos siempre que se den las mismas circunstancias[224].Dicho planteamiento, sin embargo, como cabe deducir de la doctrina del TS en materia de principio de condición más beneficiosa, no ha tenido acogida en la jurisprudencia de nuestro Alto Tribunal que, como he manifestado anteriormente, observa una tendencia acusada a negar la relevancia de las expectativas de derecho en este plano, si bien, en algún caso, se ha considerado por este Tribunal que el estado de cosas inalterable

218. STS (Sala 6ª) de 9 de Diciembre de 1986 (RJ 1986, 7301).
219. STS (Sala 4ª) de 5 de Diciembre de 1992 (RJ 1992, 10059); STS (Sala 4ª) de 10 de Diciembre de 1992 (RJ 1992, 10066).
220. FERRARO, G., «I diritti quesiti tra giurisdizione e legiferazione», *Rivista Italiana di Diritto del Lavoro*, Tomo I, 1985, p. 305.
221. PERSIANI, M., *Diritto Sindacale*, Cedam, Padova, 1997, p. 117.
222. ESCRIBANO COLLADO, P., «Expectativa», *Enciclopedia Jurídica Básica*, Civitas, Madrid, 1995, p. 2997 y ss.; SCOGNAMIGLIO, R., «Aspettativa di diritto», *Enciclopedia del Diritto*, Tomo III, 1958, p. 227 y ss.
223. FERRARO, G., «I diritti quesiti...», op. cit., p. 305.
224. De nuevo FERRARO, G., «I diritti quesiti...», op. cit., p. 306.

durante muchos años puede generar en los trabajadores la certeza de que se beneficiarán cuando lo necesiten de determinada prestación ofertada por la empresa, entendiendo por tanto que podía considerarse la existencia de una condición más beneficiosa[225].

Por otro lado, y por lo que se refiere a las liberalidades del empresario, las mismas constituyen actos que en ningún caso crean expectativa alguna de derecho, ni suponen el reconocimiento de un derecho para el futuro, implicando normalmente la concesión por el empresario de una condición o beneficio transitorio[226]. Como liberalidad del empresario se viene calificando sistemáticamente la entrega, desde hace años, de una cesta de Navidad por la empresa[227]. Igual opinión ha merecido el supuesto en el que la empresa proporciona residencia de vacaciones a los trabajadores, sortea viajes entre éstos, sufraga los gastos derivados de los actos de las fiestas patronales[228], o aquél en el que confiere a ciertos días del calendario laboral el tratamiento destinado a los festivos, y que en éste último caso se consideró por el TS como una manifestación del poder organizativo de la empresa, teniendo por tanto un carácter no sólo discrecional, sino también temporal deducido del hecho de que todos los años la comunicación de la decisión de la empresa en relación con este asunto se producía de manera distinta[229].

En este sentido, el TS[230] ha mantenido en algún caso que «las notas diferenciadoras entre la concesión graciosa y la condición más beneficiosa radica (...) en la habitualidad, regularidad, persistencia y disfrute en el tiempo, siempre que esa persistencia sea indicativa de la voluntad del empresario de reconocer el beneficio. Es decir, si existió esa oferta emitida como expresión del consentimiento, con carácter vinculante y aceptada expresa o tácitamente por los trabajadores dio origen al derecho que se

225. STS (Sala 4ª) de 7 de Febrero de 1994 (RJ 1994, 1162).

226. Como mera liberalidad de la empresa se calificó la paga adicional concedida a los trabajadores por acuerdo de su consejo de administración, y respecto del que, en una comunicación de la empresa a los trabajadores, allá por 1989, se advertía que «en el futuro deberán continuar solicitando dicha paga para que pueda ser valorada por el Consejo de Administración» (STS (Sala 4ª) de 28 de Abril de 2005 (RJ 2005, 5727).

227. Véase STS (Sala 4ª) de 31 de Mayo de 1995 (RJ 1995, 4012); STS (Sala 4ª) de 21 de Febrero de 1994 (RJ 1994, 1216).

228. Y que se han calificado por el Tribunal (STS (Sala 4ª) de 28 de Abril de 1997 [RJ 1997, 3551]), como «liberalidades circunstanciales y mutantes, no concedidas de manera cerrada y definitiva, sino dependiente de los requisitos y sensibilidades de cada momento, buscando una mejora de la calidad y de la gestión de los recursos».

229. STS (Sala 4ª) de 14 de Mayo de 1993 (RJ 1993, 4901).

230. STS (Sala 4ª) de 30 de Diciembre de 1998 (RJ 1998, 454).

reclama». Con ello, nuestro Alto Tribunal vuelve a insistir en un planteamiento ciertamente criticable[231], aquél que configura a la voluntad empresarial, frecuentemente no puesta de manifiesto de forma expresa, en la clave para determinar si nos encontramos ante una condición más beneficiosa. Es más, en el caso de la Sentencia referida se cita la habitualidad, regularidad, persistencia y disfrute en el tiempo como elementos a considerar para distinguir la concesión graciosa de la condición más beneficiosa —elementos que en otros casos se consideran escasamente indicativos[232]—, para acto seguido, sin embargo, señalar como elemento clave en estos casos la apreciación de la voluntad empresarial de otorgar una condición más beneficiosa. Lo que sin duda constituye un ejemplo más de las vacilaciones que se observan en la jurisprudencia a la hora de fijar los criterios a considerar para distinguir las condiciones más beneficiosas de aquéllas que no lo son.

A mayor abundamiento. Hace un momento he mencionado la jurisprudencia sobre la cesta de Navidad, como ejemplo clásico de situación donde el TS suele apreciar la existencia de una liberalidad del empresario, y no una condición más beneficiosa. La cuestión es que, sin embargo, a lo largo de estos años podemos encontrar distintos pronunciamientos del TS donde precisamente a lo que se llega es a la conclusión de que sí estaríamos ante una condición más beneficiosa[233]. Esta disparidad en el tratamiento de la cuestión de lo que nos habla es, en definitiva, de que lógicamente la clave no es la materia sobre la que versa la condición, sino las circunstancias en que el beneficio o la liberalidad se ha concedido. Y, sin embargo, lo cierto es que, en esa jurisprudencia favorable a la consideración de la cesta de Navidad como condición más beneficiosa, de nuevo encontramos elementos que intentan reforzar la conclusión a la que llega el Tribunal, y que van más allá de la apreciación de la voluntad empresarial, ante la dificultad en muchas ocasiones de conseguir determinar ésta con precisión.

Este es el caso de la STS (Sala 4ª) de 12 de Julio de 2018 (RJ 2018, 4170), donde, si bien la persistencia y prolongación en el tiempo del beneficio —«venía entregándose sin solución de continuidad desde el año 2007»—, resultan elementos fundamentales en la apreciación de la condición más beneficiosa, al mismo tiempo el Tribunal baraja otros elementos que refuer-

231. Y que también ha sido objeto de crítica, entre otros, por DÍAZ AZNARTE, M.T., *El principio de la condición...*, op. cit., pp. 230-231.

232. Como en su día manifestó la ya citada STS (Sala 4ª) de 18 de Julio de 1990 (RJ 1990, 6427).

233. Entre otras, STS (Sala 4ª) de 7 de Julio de 2021 (RJ 2021, 3978); STS (Sala 4ª) de 4 de Febrero de 2021 (RJ 2021, 674); STS (Sala 4ª) de 2 de Octubre de 2019 (RJ 2019, 4211); STS (Sala 4ª) de 21 de abril de 2016 (RJ 2016, 2407); STS (Sala 4ª); STS (Sala 4ª) de 14 de Mayo de 2013 (RJ 2013, 4518).

zan la conclusión a la que llega, como es el caso de: a) el mantenimiento de la cesta durante la crisis económica; b) el alto número de trabajadores que se beneficiaban de la misma —más de 3.200 cada año—, así como su significativo incremento año a año —hasta alcanzar los 5.000 trabajadores—, hasta el punto de que, para el TS, ambos hechos constituyen «una manifestación de la voluntad de la empresa de mantenerla y extenderla a los nuevos trabajadores pese al importante incremento de su número»; c) el elevado gasto que supone para la empresa la entrega de la cesta de Navidad anualmente, y el esfuerzo logístico y organizativo que supone su entrega en cada ocasión —afirmándose, sin embargo, que el drástico descenso del valor de la cesta en 2015 «no desmiente la existencia de una condición más beneficiosa»—. O de la STS (Sala 4ª) de 14 de mayo de 2013 (RJ 2013, 4518) cuando, además de tener en cuenta la persistencia en el tiempo de la práctica de la entrega de la cesta de Navidad, señala como significativo el que «la voluntad de mantener los beneficios no se vio alterada ni por los acuerdos sobre prejubilaciones, ni por los pactos colectivos que surgieron al socaire de la fusión empresarial, dado que nada de ellos se reseñaba al respecto, manteniéndose, en cambio, con carácter general, las condiciones originarias».

B) La existencia de vicios en la formación de la voluntad

La formación de la voluntad en relación con la constitución de condiciones más beneficiosas, como la de cualquier otro negocio jurídico, no es ajena a la existencia de posibles vicios invalidantes de la misma, resultando fundamental a estos efectos lo establecido en el art. 1265 Cc que refiere expresamente la nulidad del «consentimiento prestado por error, violencia, intimidación o dolo». No obstante, y como expresa el propio Cc (arts. 1266 y ss.), no todo vicio del consentimiento es invalidante del mismo, de manera que aquél deberá de reunir una serie de requisitos[234] para provocar el efecto ya referido.

Ahora bien, resulta significativo el que habitualmente los litigios que se han suscitado en torno a la concurrencia de un vicio de la voluntad en materia de condición más beneficiosa giren en torno la alegación del error, y no respecto a la violencia, intimidación o dolo. La cuestión, entendemos que se explica por el propio carácter de los elementos que han de concurrir en la configuración de toda condición más beneficiosa —voluntad empresarial de constituir una condición de ese carácter, así como consolidación

234. En el ámbito del Derecho Civil, véase por todos, DÍEZ-PICAZO, L. y GULLÓN, A., *Sistema de Derecho Civil*, vol. II, Tecnos, Madrid, 1999, p. 53 y ss.

de la misma—, lo que dificultaría la concurrencia de otras circunstancias invalidantes[235], aunque ello no quiere decir que no puedan producirse[236].

No obstante, y centrándonos ya en lo que es el error, parece claro que para que el mismo invalide la voluntad de constituir un beneficio, y tal y como refiere el art. 1266 Cc, habrá de recaer bien sobre la sustancia de la cosa que fuera objeto del contrato, bien sobre la persona[237], cuando la consideración a ella hubiera pesado fundamentalmente en la voluntad de constitución, no siendo relevante el error de cuenta, el cual podrá ser corregido, ni, en principio, el error inexcusable.

En este sentido, habrá que tener en cuenta que, para que el error pueda ser alegado se ha de dar la circunstancia de que el mismo no sea imputable a quien lo padece (art. 1302 Cc), de manera que se acepta comúnmente por la doctrina civilista el hecho de que no merece protección jurídica aquél que sufriendo el error pudo evitarlo empleando una diligencia normal[238]. Lo cual ha provocado, y no sin razón, que la doctrina laboralista haya planteado en alguna ocasión la dificultad de apreciar el error como vicio invalidante de la formación de la voluntad del empresario en esta materia, dado que el art. 20 ET atribuye al mismo un poder de control sobre la organización[239] que razonablemente lleva a considerar que difícilmente podrá considerarse al error como circunstancia que excuse la apreciación de una con-

235. Para SALA FRANCO, T, y GOERLICH PESET, J.M., «Los límites al principio...», op. cit., p. 196, la cuestión se explicaría por las reticencias jurisprudenciales a la admisión de estos otros vicios en beneficio del trabajador.

236. Este es el caso por ejemplo del dolo —no tanto de la violencia o intimidación que parece un supuesto poco habitual—, que, ejercido por el trabajador podría llevar al empresario a otorgar una determinada condición ventajosa.

237. Véase la STS (Sala 4ª) de 27 de Febrero de 2018 (RJ 2018, 1407); STS (Sala 4ª) de 7 de Noviembre de 2018 (RJ 2018, 5568).

238. DÍEZ-PICAZO, L. y GULLÓN, A., *Sistema de Derecho Civil*, vol. II, Tecnos, Madrid, 1999, p. 53. así, por ejemplo, la STS (Sala 4ª) de 12 de Diciembre de 1991 (RJ 1992, 9058) descarta la existencia de una condición más beneficiosa en el caso del error material que la empresa Renfe sufre en la asignación de la categoría profesional a determinados trabajadores, y que se produce sólo en una de las dos notificaciones de nombramiento remitidas por la empresa.
Como contrapunto, la STS (Sala 4ª) de 25 de Noviembre de 2020 (RJ 2020, 5399), que concluyó en su momento que, en el caso enjuiciado, «no puede calificarse como error la reiteración de una práctica empresarial desde la década del año 1970».

239. Que sin embargo no cualifica a la empresa para que cuando incurra en error, fijando una mejora respecto de la que no tiene ánimo de otorgarla como condición más beneficiosa, pueda actuar unilateralmente revisando la cuestión, dado que para el TS (STS (Sala 6ª) de 6 de Julio de 1985 [RJ 1985, 3694]) «la declaración de un derecho a favor de una persona causa estado y no puede unilateralmente dejarse sin efecto sin perjuicio de la seguridad jurídica».

dición más beneficiosa[240] —de hecho, en alguna ocasión el TS ha considerado que no son admisibles errores, con la consecuencias expuestas, cuando se trata de cuestiones cualitativa o cuantitativamente importantes para la relación de trabajo[241]—.

Sin embargo, los planteamientos del TS al respecto no parecen ir en esa línea[242], o al menos así se ha reflejado en alguna ocasión, como aquélla en que ante el hecho de que la empresa continuó abonando las pensiones en la cuantía inicial concedida, a pesar de que existía una ley de 1985 que limitaba la cuantía de las pensiones públicas, negó la existencia de condición más beneficiosa en atención, entre otros argumentos, a que el exceso debía considerarse como un error de la empresa, «que, como tal, no genera derecho alguno o como una situación tolerada o consentida que no supone para éstas dejación de sus derechos, ni para sus beneficiarios adquisición de derecho alguno». Argumento que en sí mismo considerado resulta, a nuestro juicio, criticable pues parece razonable entender que, a poco que hubiera la empresa actuado diligentemente, podría haber corregido una situación cuya duración en el tiempo sólo habla a favor de la consolidación de una condición más beneficiosa[243].

Más recientemente también puede mencionarse el caso de la empresa que, erróneamente, continuó abonando a los trabajadores en situación de teletrabajo, durante ocho meses, un plus de transporte que sólo venían per-

240. Ente sentido, entre otros, SALA FRANCO, T. y GOERLICH PESET, J.M., «Los límites al principio...», op. cit., p. 196, refiriendo que sólo en casos donde concurra, por ejemplo, dolo por parte del trabajador, podría apreciarse el error del empresario; GARCÍA-PERROTE ESCARTÍN, I., y MERCADER UGUINA, J.R., «La reducción del espacio de la condición más beneficiosa...», op. cit.; GALA DURÁN, C., «El principio de condición más beneficiosa...», op. cit., p. 177.
Un ejemplo en este sentido es el resuelto por la STS (Sala 4ª) de 25 de noviembre de 2020 (RJ 2020, 5399), donde se descarta la existencia de error que invalide la apreciación de una condición más beneficiosa en relación con la pagas extraordinarias que la empresa hacía efectiva a los trabajadores que tenían suspendido el contrato de trabajo en virtud del ejercicio de su derecho a la conciliación de la vida familiar con la laboral, desde la década de los 70 y que, ni si quiera en 1998, tras homogeneizar el modelo de nómina, dejó de entregar.

241. Véase en este sentido, la STS (Sala 4ª) de 16 de Octubre de 2013 (RJ 2013, 7661); o la STS (Sala 4ª) de 30 de Septiembre de 2014 (RJ 2014, 6434).

242. STS (Sala 6ª) de 15 de Febrero de 1988 (RJ 1988, 624).

243. Lo que no quiere decir que discrepemos de la solución fallada en el caso concreto por el TS, dada la corrección del segundo argumento facilitado por el Tribunal, y que está relacionado con la naturaleza de la materia sobre la que se pretendía obtener la condición más beneficiosa, y que hacía inviable la misma: patrimonio de un colectivo mutualista que se nutre, en parte, de aportaciones del sector público.

cibiendo con anterioridad los que realizaban su trabajo en modalidad presencial —razón por la que el TS desestima que se pueda apreciar la existencia de una condición más beneficiosa[244]—; o el de la empresa que conocida la sentencia del TS que establecía que para establecer la bolsa de crédito horario de los representantes de los trabajadores no debía computarse el período vacacional, como venía haciéndolo a los largo de los años, reajustó en adelante el cálculo de dicha bolsa, siendo significativo para el Alto Tribunal español que nada más conocer dicha sentencia la empresa comunicó a los representantes, a las pocas semanas, el nuevo criterio a seguir al respecto[245].

Ahora bien, he referido anteriormente la irrelevancia, en principio, del error inexcusable como vicio del consentimiento en relación con la constitución de una condición más beneficiosa. Sin embargo, no estará de más recordar que la doctrina civilista[246] sostiene frecuentemente que el error inexcusable debe tener trascendencia anulatoria, cuando, en atención a las circunstancias, fue reconocido o pudo serlo por la otra parte empleando una diligencia normal, pues lo contrario significaría sancionar que es lícito aprovecharse del error sufrido por otro. Lo que en nuestro caso debe llevar también, lógicamente, a la consideración de que, en aquellos casos en que el error siendo inexcusable para el empresario pudiera ser apreciado por el

244. STS (Sala 4ª) de 11 de Enero de 2024 (RJ 2024, 25010). No obstante lo cual, creo personalmente que aquí la razón fundamental de la no apreciación de una condición más beneficiosa es que, salvo que existan elementos que apunten al deseo de la empresa de otorgarla, en principio una práctica empresarial de sólo 8 meses no parece un tiempo suficiente para considerar que estamos ante una condición de esta naturaleza. Aunque por otra parte me permito recordar, como ya he señalado, que la consideración temporal del disfrute de la mejora es un elemento que cada vez tiene menos en la apreciación de la concurrencia de una condición más beneficiosa.

245. STS (Sala 4ª) de 21 de Diciembre de 2016 (RJ 2016, 5763). No obstante, en este caso, lo más llamativo de la sentencia no sea tanto la conclusión como algunas afirmaciones —polémicas cuanto menos— que se realizan con ocasión de la resolución del caso concreto, tal es el caso de: «toda condición de trabajo establecida por el contrato de trabajo es en principio, una condición más beneficiosa, puesto que la única virtualidad de la autonomía individual es la mejora de las disposiciones legales o convencionales»; o la afirmación de que el principio de condición más beneficiosa «nada añada a la regulación común de los contratos pues los pactos contractuales se rigen por el acto o pacto de concesión, sin que resulte admisible su modificación o supresión por voluntad unilateral de una de las partes».

246. Véase por todos DÍEZ-PICAZO, L., y GULLÓN, A., *Sistema de Derecho Civil*, vol. II, op. cit., p. 54.

trabajador con una diligencia normal, el mismo sea considerado como vicio invalidante de la constitución de una condición más beneficiosa[247].

De cualquiera de las maneras, y, por último, en relación con todo este asunto, conviene tener presente que el error debe ser alegado por quien lo ha sufrido, en nuestro caso el empresario, por lo que se tratará de una circunstancia irrelevante si sólo se produce su mera alegación[248].

3.2.2. EL OBJETO

El tratamiento jurídico del objeto del contrato en el Cc (art. 1271 Cc y ss.) refiere del mismo una serie de notas características que pueden resumirse de la siguiente manera: el objeto ha de ser posible, lícito, y determinado o determinable, debiendo estar el mismo en el comercio de los hombres, o sea en su disponibilidad, y no pudiendo ser contrario a las leyes o las buenas costumbres[249]. Caracteres que, por supuesto, son predicables de todo objeto que integre la voluntad empresarial de constituir una condición más beneficiosa, y que sin duda delimitan de manera significativa las condiciones que puede aspirar a constituirse en condición más beneficiosa.

Sin embargo, no todo objeto que reúna las condiciones antes referidas es susceptible de integrar una condición más beneficiosa. Y ello porque,

247. Un supuesto peculiar lo constituye el reflejado en la STS (Sala 4ª) de 26 de Abril de 1993 (RJ 1993, 3358), —en la que la Sala refiere en un momento determinado que el «error sufrido al establecer determinado beneficio, cuando excluye voluntad consciente al respecto, impide su consolidación como condición más beneficiosa»—, donde a pesar de reconocer el Tribunal la existencia de un error, que tiene su origen en el hecho de que empresa y representantes de los trabajadores acordaron fijar la base reguladora de los complementos por pensión de la misma manera que se venía haciendo desde tiempo atrás, y que difería de la fórmula prevista en el convenio colectivo vigente, se termina refiriendo que «tal error fue sufrido por las dos partes que suscribieron el acuerdo, cuya intención evidente —como lo demuestra la aplicación que se dio al reglamento, con la que no se alteró lo que antes se hacía— fue que se siguieran computándose las veinticuatro pagas», lo que resulta expresivo de la existencia de una condición más beneficiosa, no considerándose que finalmente la voluntad de constitución estuviera viciada.

248. ASQUERINO LAMPARERO, M.J., «La condición...», op. cit.

249. Véase LACRUZ BERDEJO J.L. y otros, *Elementos de Derecho Civil (I)*, Dykinson, Madrid, 1999, p. 150 y ss.
A sensu contrario, en algún caso el TS ha reconocido una condición más beneficiosa —comida con cargo a la empresa cuando los trabajadores están en jornada laboral— poniendo el acento en que en el caso concreto (por cierto polémico asunto, pero porque se trataba de una Administración Pública) no se trataba de «ningún ejercicio clandestino ni de una práctica ilegal que nunca podría haber sido consentida ni tolerada; y, por tanto, aquí no hay afectación alguna del principio de legalidad» (STS (Sala 4ª) de 25 de Junio de 2014 [FJ 2014/4341]).

como en algún caso ha manifestado la jurisprudencia del TS el objeto de la condición más beneficiosa ha de consistir en una mejora laboral o social, lo cual no ha de extrañar si tenemos en cuenta que su existencia, obviamente, sólo se explica en el contexto de lo que es una relación laboral. No en vano la doctrina del TS reitera una y otra vez que el objeto de la voluntad empresarial lo constituye el otorgamiento de una ventaja o beneficio social[250], lo que nos lleva a concluir que indudablemente son susceptibles de ser consideradas como condiciones más beneficiosas no sólo las condiciones de trabajo, sino también «mejoras sociales de los trabajadores o sus familias, que, en cierto modo, no responden a un contenido estrictamente económico»[251], y que pueden situarse tanto en el plano de la acción social en la empresa como en el de la Seguridad Social complementaria.

No obstante, y llegados a este punto, sí queremos subrayar que no toda mejora voluntaria, incluidas las que se dan en el ámbito de la Seguridad Social complementaria, puede ser considerada como condición más beneficiosa. La razón de este planteamiento reside en el hecho de que, como en algún caso se ha señalado[252], las mejoras voluntarias pueden consistir tanto en un derecho subjetivo, como en una expectativa de derecho, de igual manera que pueden venir otorgadas unilateralmente por el empresario, como ser el resultado de una negociación colectiva. Así, y en principio, sólo las mejoras que tengan el carácter de derecho, y que sean concedidas por el empresario, podrán ser consideradas como condiciones más beneficiosas, siempre que se otorguen como tales[253], si bien no ha de olvidarse que en algún caso el TS han considerado oportuno la protección de una expectativa de derecho. En el caso de las negociadas colectivamente la cuestión resulta más compleja, por lo que remito en ese sentido a las consideraciones que

---

250. STS (Sala 4ª) de 8 de Julio de 1996 (RJ 1996, 5758); STS (Sala 4ª) de 31 de Mayo de 1995 (RJ 1995, 4012); STS (Sala 4ª) de 21 de Febrero de 1994 (RJ 1994, 1216).

251. STS (Sala 4ª) de 15 de Junio de 1992 (RJ 1992, 4582), donde se recuerda cómo se ha calificado como condición más beneficiosa aspectos tan dispares como la prestación de servicio de cafetería-restaurante instaurado por la empresa a favor de sus trabajadores, la instauración de un economato para los trabajadores y sus familias, o la utilización gratuita de las fotocopiadoras de la empresa por el comité de empresa.

252. LUQUE PARRA, M., «La modificación o extinción unilateral de las mejoras voluntarias por parte del empresario», *Relaciones Laborales*, núm. 23, 1996, pp. 40-41; GALA DURÁN, C., *El régimen jurídico de las mejoras voluntarias de prestaciones de Seguridad Social*, JMB, Madrid, 1999, pp. 253-254.

253. En cuanto a las expectativas de derecho, recuérdese cómo si bien en algún caso el Tribunal ha considerado necesaria su protección, el mismo suele ser reticente a este tipo de práctica por regla general, admitiendo su disponibilidad incluso por convenio colectivo (véase STS (Sala 4ª) de 12 de Julio de 1987 [RJ 1987, 5462] que cita a su vez la STS (Sala 6ª) de 12 de Abril de 1984 [RJ 1984, 2236]; STS (Sala 4ª) de 24 de Julio de 1995 [RJ 1995, 6326]; STS (Sala 4ª) de 1 de Julio de 1994 [RJ 1994, 7042]).

haré en páginas posteriores en relación con la valoración del convenio colectivo como fuente de condiciones más beneficiosas[254].

Por otro lado, a la hora de valorar qué aspectos son susceptibles de integrar el objeto de una condición más beneficiosa habrá que tener en cuenta que será necesario el que la propia existencia de la condición no suponga una desvirtuación de la naturaleza de la institución a la que se refiere la ventaja otorgada[255]. Ello quiere decir que, por ejemplo, no será posible otorgar una prolongación de la duración del período de vacaciones a costa de que el mismo no sea remunerado[256]. El mismo planteamiento se ha realizado en relación con la realización de las horas extraordinarias, respecto de las que se ha indicado expresamente que «no constituyen derecho adquirido, pues es esencial a su naturaleza una libre oferta y una libre realización de las mismas»[257].

Ahora bien, en ocasiones podemos plantearnos la existencia de supuestos donde la consideración de que estamos ante un aspecto susceptible de integrar el objeto de una condición más beneficiosa es de difícil valoración. Este es, por ejemplo, el caso al que ya nos hemos referido en páginas anteriores de los derechos sindicales, que se explican por la propia existencia de relaciones laborales. De tal manera que, para el TS, la autorización por parte de la empresa a la miembro del comité de empresa para que dispusiera del crédito horario de manera que pudiera dedicarse en exclusiva a la actividad sindical, sin perjuicio de su remuneración y sin afectar al crédito horario reconocido al comité de empresa, no constituye una condición más beneficiosa, al no ser susceptible de generar la misma «*las concesiones unilaterales de la empresa a favor de la ampliación de los derechos sindicales*»[258].

La explicación a este planteamiento se ha residenciado por la doctrina científica en el hecho de que naturaleza contractual de la condición más beneficiosa implica el carácter personal y subjetivo de la misma, lo que lle-

---

254. No obstante, sí adelantamos que para un sector de la doctrina científica las mejoras negociadas colectivamente crean a favor de los beneficiarios auténticos derechos subjetivos (DEL REY GUANTER, S. y GALA DURÁN, C., «Las mejoras voluntarias: Análisis de la reciente negociación colectiva y jurisprudencia», *Revista Española de Derecho del Trabajo*, núm. 62, 1993, p. 895).
255. Por ello, en el caso de los diversos contratos suscritos para sustituir a trabajadores con derecho a reserva de puesto de trabajo por una trabajadora no cabe la invocación del principio de condición más beneficiosa, dado que se trata de contrataciones temporales y para sustituir a personal de plantilla (STS (Sala 4º) de 4 de Diciembre de 1986 [RJ 1986, 7277]).
256. STS (Sala 4ª) de 14 de Julio de 1997 (RJ 1997, 6263).
257. STS (Sala 4ª) de 20 de Diciembre de 1996 (RJ 1996, 9811).
258. STS (Sala 4ª) de 31 de Mayo de 1996 (RJ 1996, 4712).

varía a excluir la consideración como condición más beneficiosa de aquélla que tiene su causa en la organización y el sistema de trabajo vigente en la empresa, al margen de quien ejecuta la prestación, así como la que se atribuye a un colectivo indeterminado de personas por las circunstancias que concurren en el mismo[259].

Claro que a mi juicio la cuestión dista de ser clara por lo menos en el caso que hemos descrito anteriormente. En efecto, es cierto que la condición más beneficiosa tiene un componente personal y subjetivo que define su propia existencia. Pero ello no necesariamente ha de significar que toda cuestión relacionada con la actividad sindical haya de ser excluida a la hora de considerar el objeto de la condición más beneficiosa. Un ejemplo de esta circunstancia lo tenemos en el referido supuesto que abordó en su día el TS, donde entiendo que el elemento subjetivo se da —a pesar de que se tratara de un beneficio del que disfrutaban otros representantes—, pues la ventajosa situación que se concede por la empresa se otorga concretamente a una determinada representante del comité de empresa, como así se deduce del hecho de que se le comunicara por carta en su momento de manera personalizada, no concediéndose de manera genérica.

3.2.3. LA CAUSA

La causa constituye, al decir del Cc (art. 1274 Cc y ss.), uno de los requisitos esenciales de todo negocio jurídico. Requisito que, en definitiva, implica el que la norma exige a todo negocio jurídico la existencia de un propósito de alcanzar un resultado empírico determinado con el mismo[260]. Este propósito, al que ya me he referido con ocasión de las consideraciones en torno a la formación de la voluntad interna del empresario, entiendo que ha de cifrarse, en el caso de la condición más beneficiosa, en el otorgamiento de una ventaja al trabajador a disfrutar por el mismo como integrante de su patrimonio personal y que supera a lo establecido en las fuentes legales o convencionales de regulación de la relación contractual de trabajo[261]. No obstante, y como ha expresado la doctrina civilista, para que el propósito tenga relevancia el mismo ha de ser común a las partes, lo cual

---

259. SALA FRANCO, T. y BLASCO PELLICER, A., «Las condiciones más beneficiosas de disfrute colectivo», *Actualidad Laboral*, núm. 19,1998, p. 414.

260. Así se define la misma por DÍEZ-PICAZO, L. y GULLÓN, A., *Sistema de Derecho Civil (II)*, op. cit., p. 46.

261. No en vano, la STS (Sala 4ª) de 11 de Marzo de 1998 (RJ 1998, 2562) llama la atención sobre el hecho de que la condición más beneficiosa mientras las partes no acuerden lo contrario, o «mientras no sea compensada o neutralizada en virtud de una normativa posterior —legal o pactada colectivamente— más favorable que modifique el status anterior en materia homogénea».

implicará que debe ser asumido por la otra parte, o al menos conocido y no rechazado por la misma[262].

Sin embargo, no hay que desconocer que la causa también puede estar aquejada de vicios (arts. 1274, 1275 y 1301 Cc) que provocarían la nulidad del negocio, como son la inexistencia de la misma, su falsedad, y la ilicitud, en cuanto contraria a la moral o las leyes[263].

En el caso de la inexistencia de causa, so pena de reiterarnos, nos remitimos a las consideraciones realizadas en torno al ánimo que ha de presidir la voluntad del empresario de otorgar un determinado beneficio. Si acaso poner de manifiesto que, a pesar de la dicción del art. 1277 Cc[264], los Tribunales viene exigiendo la aportación de elementos fácticos que permitan considerar razonablemente la existencia de causa, no presumiendo tal cuando lo que está en juego es una condición más beneficiosa[265].

En cuanto a la falsedad de la causa, y salvando el debate civilista en torno a la misma, consideramos que la falsedad implica una ausencia de certeza[266] respecto a los motivos que llevaron al empresario a conceder la ventaja, no pudiendo considerarse que el otorgamiento de la referida ventaja tenía por fin reconocer al trabajador un beneficio del que disfrutar integrado en su patrimonio personal.

Por el contrario, la ilicitud de la causa implica la realización de un ejercicio sobre la legalidad del negocio mismo[267], y en definitiva sobre la adecuación de que exista un beneficio de las características del aquí estudiado. Ejercicio que en última instancia realizará el Juez, y que ha llevado a nuestro Tribunales a denegar la aplicación del principio de condición más beneficiosas en aquellos casos donde la ventaja disfrutada por el trabajador tenía

262. De nuevo, DÍEZ-PICAZO, L. y GULLÓN, A., *Sistema de Derecho Civil (II)*, op. cit., p. 46.

263. Véase DÍEZ-PICAZO, L., y GULLÓN, A., *Sistema de Derecho Civil (II)*, op. cit., p. 60 y ss.

264. «Aunque la causa no se exprese en el contrato, se presume que existe y que es lícita mientras el deudor no pruebe lo contrario».

265. Sirva como ejemplo lo referido en la STS (Sala 4ª) de 31 de Mayo de 1995 (RJ 1995, 4012), en el sentido de que, para considerar que se está ante una condición más beneficiosa, es necesario que «se pruebe, en fin, la voluntad empresarial de atribuir a sus trabajadores una ventaja o beneficio social que supera a los establecidos en las fuentes legales o convencionales de regulación de la relación contractual de trabajo».

266. Tal es el sentido que le otorga DÍEZ-PICAZO, L., y GULLÓN, A., *Sistema de Derecho Civil (II)*, op. cit., p. 61.

267. Véase al respecto LACRUZ BERDEJO, J.L. y otros, *Elementos de Derecho Civil (I)*, op. cit., p. 204, destacando su carácter de técnica de control de la autonomía privada por parte de los Tribunales.

su origen bien en una práctica desviada del ordenamiento jurídico[268], bien en una irregularidad en la que incurrían empresa y trabajador[269]. Igualmente, en algún caso se ha recordado que la condición no puede ser contraria a las normas laborales de derecho necesario absoluto[270].

3.3. LA CONSOLIDACIÓN POSTERIOR DEL BENEFICIO

La jurisprudencia del TS tradicionalmente ha venido refiriendo que la existencia de una condición más beneficiosa pasa, entre otros requisitos, por «que ésta se haya adquirido y disfrutado en virtud de la consolidación del beneficio que se reclama, por obra de una voluntad inequívoca de su concesión»[271]. Fórmula que pone en conexión la consolidación del beneficio y la voluntad inequívoca de concesión, de manera que esta última parece ser el factor decisivo a la hora de apreciar la existencia de la consolidación del beneficio.

Sin embargo, y a nuestro juicio, si bien es verdad que en la génesis de toda condición más beneficiosa es necesario que concurra la voluntad empresarial en el sentido ya expresado anteriormente, no es menos cierto que la consolidación del beneficio, más que el resultado de la voluntad inequívoca de concesión del mismo, es consecuencia de un proceso complejo, donde interviene, por un lado, la aceptación del beneficio por el trabajador, dado que en definitiva estamos, como ya hemos referido, ante un negocio jurídico bilateral, y por otro lado, el auténtico y pacífico disfrute del beneficio por aquél. Ello significa, entre otras cosas, que una hipotética aceptación de un beneficio por el trabajador, que sin embargo no es disfrutada auténtica y pacíficamente por éste, no generaría una condición más beneficiosa, y sólo acaso el disfrute momentáneo de una determinada ventaja.

La existencia de una exigencia adicional a la aceptación del trabajador, como es el disfrute auténtico y pacífico del beneficio, por tanto, no ha de

268. En concreto el supuesto consistía en la aplicación en un centro de trabajo —aeropuerto nacional— de una jornada inferior a la prevista en el convenio colectivo vigente, y que además de contrariar a éste, también desatendía la normativa fijada en una Resolución de la Secretaría de Estado para las Administraciones Públicas en cuanto al régimen de jornada y horario (STS (Sala 4ª) de 8 de Julio de 1996 [RJ 1996, 5761]).

269. Véase la STS (Sala 6ª) de 30 de Marzo de 1988 (RJ 1988, 2414), en relación con la pretendida condición más beneficiosa que reclamaba un trabajador, consistente en que el trabajador recibía en mano una cantidad de dinero que no figuraba en el recibo de salario, y que constituía un complemento personal, sujeto a un incremento anual prefijado.

270. STS (Sala 4ª) de 16 de Octubre de 2013 (RJ 2013, 7661); STS (Sala 4ª) de 5 de Febrero de 2014 (RJ 2014, 1854).

271. STS (Sala 4ª) de 11 de Marzo de 1998 (RJ 1998, 2562); STS (Sala 4ª) de 21 de Febrero de 1994 (RJ 1994, 1216); STS (Sala 4ª) de 31 de Mayo de 1995 (RJ 1995, 4012).

considerarse como un factor excepcional, pues la misma se justifica en atención a que frecuentemente la concesión de condiciones más beneficiosas se manifiesta de forma tácita, como ya hemos referido anteriormente, lo que provoca que los actos de las partes cobren relevancia a la hora de probar la misma.

3.3.1. LA ACEPTACIÓN DEL BENEFICIO POR EL TRABAJADOR

El art. 1262 párrafo 1º Cc nos indica que la perfección de todo negocio jurídico tiene lugar cuando las declaraciones de las diferentes partes coinciden, dando lugar al acuerdo. Previsión normativa que, trasladada al plano de la génesis de la condición más beneficiosa, implicaría que su nacimiento pasa no sólo por la voluntad empresarial de otorgarla o concederla con tal carácter, sino también por la aceptación expresa o tácita de los trabajadores beneficiarios de la misma.

Planteamiento que parece asumirse por el TS cuando en algún caso ha expresado que, para que exista una condición más beneficiosa «es preciso que se reconozca la función reguladora de la voluntad de las partes en la determinación de los derechos y obligaciones concernientes a la relación laboral»[272], o cuando señala que la apreciación de si estamos ante una condición de este carácter exige determinar «si existió esa oferta emitida (por el empresario) como expresión del consentimiento, con carácter vinculante y que aceptada expresa o tácitamente por los trabajadores dio origen al derecho que se reclama»[273].

Por tanto, bien podemos considerar, y salvado lo que se manifestará a continuación en relación con el disfrute del beneficio, que, aceptada expresa o tácitamente la oferta empresarial por el trabajador, el compromiso que en sí mismo supone la condición más beneficiosa se perfecciona [274]. Es por ello

272. STS (Sala 4ª) de 8 de Julio de 1997 (RJ 1997, 6253). Véase también la STS (Sala 4ª) de 7 de Junio de 1993 (RJ 1993, 4544).

273. STS (Sala 4ª) de 30 de Diciembre de 1998 (RJ 1999, 454). En este sentido, la STS (Sala 4ª) de 20 de Diciembre de 1989 (RJ 1990, 9060) refiere que «en la aplicación del derecho laboral juega el principio de la condición más beneficiosa singular individualmente pactada u otorgada por la empresa».

274. Un supuesto curioso, desde la perspectiva aquí analizada, lo constituye el contemplado por la STS (Sala 4ª) de 15 de Julio de 1997 (RJ 1997, 6265), en relación con el acuerdo suscrito en el año 1928 por cuatro compañías eléctricas y del gas en virtud del cual se conceden mutuamente a sus empleados determinadas rebajas en los precios de electricidad y gas. Ante la pretensión de una compañía, respecto a sus propios

que no ha de sorprender el que el TS afirme reiteradamente, en relación con las circulares que gira la empresa a sus trabajadores, que si bien las mismas no tienen valor normativo, «sí tienen como acuerdos entre privados plena eficacia entre las partes de conformidad con lo dispuesto en los arts. 1091 y 1278 del Código Civil (...) constituyen una oferta de la empresa que, aceptada por el trabajador, establecen y reglamenta las obligaciones derivadas» de la relación laboral, pudiendo generar condiciones más beneficiosas[275].

3.3.2. EL AUTÉNTICO Y PACÍFICO DISFRUTE DE LA CONDICIÓN

El auténtico y pacífico disfrute por el trabajador de la condición más beneficiosa constituye un factor complementario a tener en cuenta en la perfección del negocio jurídico que da lugar a la condición más beneficiosa. De hecho, la jurisprudencia del TS hace referencia permanente a este factor como uno de los elementos que integra la teoría del principio de la condición más beneficiosa[276].

Ahora bien, el disfrute auténtico y pacífico no es más que la expresión del aquietamiento del empresario en relación con el beneficio que disfruta el trabajador, o si se quiere considerar de otra manera, la manifestación externa de la voluntad de otorgar el beneficio hacia el futuro y como inte-

---

trabajadores, de que fueran las otras compañías cosignatarias del acuerdo las que hicieran frente al disfrute del beneficio que supone la rebaja pactada, la Sala refiere que, admitida la existencia de la condición más beneficiosa, no es consecuente no admitir sus consecuencias, «porque aceptada por el tercero la estipulación realizada a su favor —adhesión operante como *conditio iuris*, artículo 1257.2 del Código Civil—, no se puede poner fin a la misma sin el consentimiento del tercero», y confirma la obligación de la empresa recurrente, que además era la de mayor dimensión en cuanto al número de trabajadores, a asumir el coste del disfrute de la condición más beneficiosa, pues «sostener otra cosa supondría la posibilidad de que la empresa con menor número de trabajadores tendría que soportar más gastos, como promitente u obligada de los trabajadores de las otras empresas».

275. STS (Sala 4ª) de 1 de Junio de 1992 (RJ 1992, 4504), en relación con una circular de empresa que otorgaba a los trabajadores jubilados anticipadamente la indemnización prevista por incapacidad total o absoluta. En el mismo sentido, STS (Sala 4ª) de 24 de Junio de 1992 (RJ 1992, 4667); STS (Sala 4ª) de 25 de Marzo de 1993 (RJ 1993, 2206); STS (Sala 4ª) de 18 de Enero de 1995 (RJ 1995, 358), respecto a las cantidades a devengar por kilometraje y beneficios sobre tipos de interés en operaciones activas y pasivas seguidas en el Banco por sus trabajadores.

276. Este es el caso, entre otras, de la STS (Sala 6ª) de 29 de Septiembre de 1986 (RJ 1986, 5198); STS (Sala 6ª) de 24 de Marzo de 1987 (RJ 1987, 1668); STS (Sala 4ª) de 14 de Mayo de 1993 (RJ 1993, 4901).

grante del patrimonio del trabajador[277]. Sin embargo, habrá que tener en cuenta que el hecho de que externamente el trabajador disfrute de una ventaja tolerada por el empresario no necesariamente evidencia la existencia de una condición más beneficiosa, dado que, por ejemplo, podemos encontrarnos ante una mera concesión graciosa que se reitera en el tiempo[278], como ocurre con el fenómeno de la cesta de Navidad, entregada regularmente todos los años por la empresa —y que como he referido antes, dependiendo de las circunstancias concretas no se ha considerado, o sí, una condición más beneficiosa [279]—.

Por ello, habrá que concluir que no todo acto tolerado por el empresario y que suponga una ventaja sobre lo establecido por la ley o el convenio

277. Así, no es extraño encontrar STS donde expresamente se señala que para que exista una condición más beneficiosa es preciso que la misma «se haya adquirido y disfrutado en virtud de la consolidación del beneficio que se reclama, por obra de una voluntad inequívoca de su concesión» (STS (Sala 4ª) de 29 de Marzo de 2000 (RJ 2000, 3134). Véase también STS (Sala 4ª) de 16 de Septiembre de 1992 (RJ 1992, 6789); STS (Sala 4ª) de 21 de Febrero de 1994 (RJ 1994, 1216); STS (Sala 4ª) de 31 de Mayo de 1995 (RJ 1995, 4012).
No obstante, en algún caso resulta posible encontrar también planteamientos un tanto sorprendentes, donde el disfrute auténtico y pacífico de la condición parece pasar previamente por la incorporación de la misma al nexo contractual (véase la STS (Sala 4ª) de 14 de Mayo de 1993 [RJ 1993, 4901]).

278. En el caso de la STS (Sala 4ª) de 2 de Octubre de 2019 (RJ 2019, 4211) el TS aprecia en la entrega de la cesta de Navidad la existencia de una condición más beneficiosa, en atención al tiempo que se venía disfrutando la misma —17 años—, pero también de forma significativa porque en las negociaciones del convenio colectivo no se negó la existencia de dicho beneficio.

279. Como ha señalado LÓPEZ RODRÍGUEZ, J., «El principio de condición más beneficiosa del contrato: ¿es la cesta de Navidad una condición más beneficiosa o una práctica empresarial de liberalidad?», *Revista de Estudios Latinoamericanos de Relaciones Laborales y Protección Social*, núm. 7, 2019, p. 78, la jurisprudencia del TS establecida en estos últimos años permite concluir que la entrega de la cesta de Navidad, a priori, no puede considerarse una suerte de derecho adquirido, pues dependerá de las circunstancias del supuesto concreto en las que la misma se concedió.
En este sentido, es interesante el juego que ofrecen las sentencias del TS de la Sala Cuarta, de 6 de marzo de 2019 (RJ 2019, 1698), y de 12 de marzo del mismo año (RJ 2019, 1674), hasta el punto de que esta última, que no reconoce que la cesta de Navidad tenga el carácter de condición más beneficiosa, dedica una parte de la sentencia a explicar dónde radica la diferencia de criterio con respecto a la primera, que si lo reconoce, tratándose de sentencias que afectan ambas al mismo grupo de empresas (ATOS SPAIN). En el caso de la sentencia primera, la de 6 de Marzo de 2019, el TS considera que tiene carácter de condición más beneficiosa la cesta de Navidad entregada a los trabajadores de una de las empresas del grupo empresarial, pese a no contar con un acuerdo colectivo, como otras empresas, donde se especificaba que la cesta se entregaría «siempre y cuando las condiciones económicas lo permitan», lo cual llevó

colectivo, constituye una condición más beneficiosa[280]. Circunstancia que nos sitúa ante la tesitura de diferenciar qué actitudes tolerantes del empresario son expresivas de la voluntad de otorgar una condición más beneficiosa y cuáles no.

En este sentido, la primera cuestión que habría que significar es que la reiteración en el tiempo del disfrute de un beneficio no resulta indicativa de la existencia de una condición más beneficiosa. La jurisprudencia al respecto es abundante y bastante clara[281]. De hecho, cuando el TS ha tenido que diferenciar la concesión graciosa y la condición más beneficiosa, ha referido como notas que distinguen a esta última de aquélla «la habitualidad, regularidad, persistencia y disfrute en el tiempo, siempre que esa persistencia sea indicativa de la voluntad del empresario de reconocer el beneficio»[282], o lo que es lo mismo la reiteración que no es expresiva del ánimo

---

al TS a reconocer el derecho a la cesta, en un año donde la empresa ha tenido beneficios, máxime cuando la empresa la llegó a entregar incluso en años donde hubo pérdidas. Por el contrario, en la sentencia de 12 de Marzo de 2019, y respecto de otra empresa del grupo empresarial, en situación parecida, el TS falla que no ha lugar a la apreciación de la condición más beneficiosa porque, estableciéndose la cesta de Navidad como una suerte de derecho condicionado, en la empresa sometida a este litigio la decisión de no entregar la cesta se produjo en un año con pérdidas económicas, y es concorde con la forma en que, en esta empresa, se ha gestionado este tema en años anteriores —en la primera sentencia recuerdo que la empresa no tenía pérdidas el año que decide no entregar la cesta y, además, no le importó entregarla en años que sí tuvo pérdidas—.

280. A pesar de la impresión errónea que podría extraerse de pronunciamientos como el de la STS (Sala 4ª) de 27 de Mayo de 1998 (RJ 1998, 4933), donde en un momento determinado se apunta que «las condiciones laborales, que tienen origen en una concesión unilateral y voluntaria del empleador se incorporan, por la regularidad y persistencia de su disfrute en el tiempo, al nexo contractual, de forma que las mismas no pueden ser suprimidas o reducidas unilateralmente por el empresario».
Un ejemplo de liberalidad otorgada a lo largo de los años por la empresa, pero sin ser concedida de manera cerrada y definitiva puede consultarse en la STS (Sala 4ª) de 28 de Abril de 1997 (RJ 1997, 3551), en relación con ciertas mejoras sociales (residencia de vacaciones, sorteo de viajes, etc.).

281. Así, la STS (Sala 4ª) de 21 de Febrero de 1994 (RJ 1994, 1216) insiste en que «no basta la repetición o la persistencia en el tiempo, sino que es preciso que la actuación persistente descubra la voluntad empresarial de introducir un beneficio que incremente lo dispuesto en la ley o en el convenio». Véase también STS (Sala 4ª) de 7 de Junio de 1993 (RJ 1993, 4544). En sentido parecido, la STS (Sala 4ª) de 30 de Junio de 1993 (RJ 1993, 4901) donde se afirma que «para que el disfrute por el trabajador de un beneficio laboral alcance el valor de una condición más beneficiosa o derecho adquirido ni es suficiente que el beneficio tenga duración en el tiempo, ni es tampoco precisa esa nota de la duración o persistencia». Véase también la STS (Sala 4ª) de 31 de Mayo de 1995 (RJ 1995, 4012).

282. STS (Sala 4ª) de 30 de Diciembre de 1998 (RJ 1999, 454).

de conceder el beneficio en los términos que hemos referido, no es relevante a efectos de la aplicación del principio de condición más beneficiosa[283].

Sin embargo, sí es cierto que la reiteración en el tiempo de un acto tolerado por el empresario es susceptible de generar una apariencia con consecuencias jurídicas[284]. De hecho, un sector de nuestra doctrina científica planteó en su momento que, en principio, cualquier conducta suficientemente reiterada durante el transcurso de un contrato de trabajo generaría una condición más beneficiosa, a menos que el empresario se movilice en tiempo y forma antes de la consolidación del beneficio, si bien habría de tratarse de una «reiteración suficiente»[285]. Concepto éste último que se relacionaba con la circunstancia de que el empresario, existente la reiteración del hecho, no demostrara que la apariencia creada no albergaba consentimiento en la constitución de la condición más beneficiosa[286]. Planteamiento

283. De hecho, la STS (Sala 4ª) de 20 de Diciembre de 1993 (RJ 1994, 9974) refirió en su día que «la tolerancia o condescendencia no dejan de ser tales necesariamente porque duren más o menos tiempo, sino porque se transformen en una conducta distinta de concesión o reconocimiento de un derecho».

284. Véase el caso de la STS (Sala 4ª) de 12 de Noviembre de 2014 (RJ 2014, 5247) que consideró que cuando una condición se disfruta durante cincuenta años no cabe hablar de mera tolerancia, sino de una auténtica condición más beneficiosa —en aquella ocasión el beneficio consistía en el incremento en cinco días del periodo vacacional anual cuando los trabajadores, radicados en Canarias, disfrutaban del mismo en la Península, práctica que, por cierto, se inició al establecerse así en un convenio colectivo de la empresa de 1965—.
En contraposición, puede ser de interés la consulta de la STS (Sala 4ª) de 15 de Diciembre de 2022 (RJ 2022, 286) donde la empresa, ante las dudas existentes sobre la forma en que se debía aplicar la compensación del salario, pendiente a tal efecto de la respuesta de la comisión paritaria del convenio colectivo, y con el ánimo de que no se pueda pensar que se constituye una condición más beneficiosa, emite un comunicado dirigido a la representación de los trabajadores y a éstos mismos, en el que advierte que la aplicación que se haga será provisional a la espera de la referida respuesta.

285. SALA FRANCO, T. y GOERLICH PESET, J.M., «Los límites al principio...», op. cit., p. 193. Opinión compartida por BLASCO PELLICER, A., *La individualización de las relaciones laborales*, CES, Madrid, 1995, p. 273.

286. A estos efectos puede ser de interés lo referido en su momento por la STS (Sala 4ª) de 27 de Mayo de 1998 (RJ 1998, 4933), en el sentido de que «conforme a un criterio ya consolidado y que se fundamenta en el artículo 3.1 c) ET —y a salvo de que declaraciones singulares o circunstancias especiales concurrentes en el mismo acto de reconocimiento, conduzcan a una solución contraria— las condiciones laborales, que tienen origen en una concesión unilateral y voluntaria del empleador se incorporan, por la regularidad y persistencia de su disfrute en el tiempo, al nexo contractual, de forma que las mismas no pueden ser suprimidas o reducidas unilateralmente por el empresario. Siendo pues, pacífico y no cuestionado, que el demandante ha venido disfrutando, desde el comienzo de la relación laboral del uso y disfrute de la vivienda y servicios accesorios litigiosos, es meridianamente claro que este derecho, mantenido regularmente y sin solución de continuidad se ha incorporado al nexo contractual y no puede lícitamente, ser roto por la sola voluntad del empleador».

que, a mi juicio, es acertado[287] y que viene en definitiva a describir lo que supone que la condición más beneficiosa sea auténtica y pacíficamente disfrutada, a saber: que no exista acto de contestación por parte empresarial que resulte expresivo de la inexistencia de un ánimo de conceder la condición más beneficiosa[288].

De todas formas, habrá que tener en cuenta que esa falta de actitud contestataria deberá detectarse a lo largo del tiempo, dependiendo la conside-

287. Si bien el mismo difiere del planteamiento realizado por el TS, y que es ciertamente criticable, en el sentido de considerar que la tolerancia o condescendencia no dejan de ser tales porque duren más o menos tiempo (STS (Sala 4ª) de 20 de Diciembre de 1993 [RJ 1993, 9974]).

288. En este sentido, comparto la postura manifestada por SALA FRANCO, T. y GOERLICH PESET, J.M., «Los límites al principio...», op. cit., p. 192, que consideran que cualquier conducta reiterada en el desarrollo del contrato generará una condición más beneficiosa, bien por el silencio significativo, bien porque la apariencia «habrá de ser considerada como declaración negocial por *facta concludentia*».
A estos efectos, puede ser de interés la consulta de la STS (Sala 4ª) de 11 de Marzo de 1998 (RJ 1998, 2562) donde precisamente se admite la existencia de una condición más beneficiosa —cuotas de un servicio de asistencia sanitaria con una entidad privada con cargo a la empresa— por el hecho de que durante treinta años la empresa mostrara una actitud tolerante, pues la misma «no se limitó a una actuación pasiva, a un dejar hacer, sino que actuó de forma positiva, abonando año tras año las cuotas de asistencia sanitaria a una entidad privada». Véase, asimismo, la STS (Sala 4ª) de 25 de Enero de 1995 (RJ 1995, 410) donde se niega que la convocatoria anual de ocupación de apartamentos por parte de la empresa, a favor de los trabajadores, constituya una evidencia de la falta de voluntad empresarial en otorgar la condición más beneficiosa en litigio —disfrute de esos apartamentos con cargo a la empresa—, calificándose de acto instrumental al ejercicio de un derecho ya existente. Igualmente, puede ser de interés la STS (Sala 4ª) de 24 de Noviembre de 2014 (RJ 2014, 5516), que consideró que el uso de quince minutos cada día como tiempo de descanso —no fijado en convenio colectivo—, y la consideración de la ausencia por visita médica con el visto bueno del supervisor como tiempo efectivo de trabajo —sin soporte regulatorio que justificara esta decisión— no constituyen condición más beneficiosa desde el momento en que la empresa, anda más conoció la situación estableció un riguroso sistema de control de tiempos y amonestó a los trabajadores por esta conducta, lo que para el Alto Tribunal es indicativo de la inexistencia de tolerancia empresarial en este caso, y, por tanto, de que no había ánimo de generar una condición más beneficiosa.
Por el contrario, me parecen rechazables planteamientos como el desarrollado por la STS (Sala 4ª) de 20 de Enero de 1995 (RJ 1995, 392), que atendiendo al hecho de que «se produce una absoluta identidad en el ámbito personal y subjetivo de la práctica empresarial y de los aludidos convenios» de empresa, considera que «es claro que si la expresada práctica (interrupción del período de descanso al acceder el trabajador a la situación de Incapacidad Laboral Transitoria) fuera expresión de una inequívoca voluntad empresarial de constituir una condición más beneficiosa para el trabajador, susceptible de integración en el clausulado contractual, y no una mera tolerancia, ello hubiera tenido expresa manifestación en el ámbito de la negociación colectiva, incorporándose explícitamente a la normativa paccionada en alguno de los varios convenios habidos a partir de 1980».

ración del período temporal de la naturaleza de cada caso, pues parece claro que, en función de la materia que se pretenda objeto de condición más beneficiosa, el período de disfrute pacífico exigible para considerarlo relevante diferirá, no pudiendo *a priori* fijarse un estándar. Igualmente, hay que ser conscientes de que la voluntad de concesión no se puede presumir cuando la condición de la que se disfruta se explica, más que por las características personales del trabajador, por las que registra el propio trabajo que desarrolla[289].

289. CAMPS RUÍZ, L.M., «La condición...», op. cit., p. 256.

4

Las fuentes generadoras de las condiciones más beneficiosas

Resulta generalmente aceptado que la condición más beneficiosa puede tener hoy día su origen en distintas fuentes, así como un ámbito diverso. Esta pluralidad es el resultado de un proceso evolutivo significado especialmente por alguna sentencia del TS[290], donde expresamente se ha resaltado lo siguiente: «la construcción de la figura de la condición más beneficiosa de creación jurisprudencial, basada fundamentalmente en el art. 9.2 de la Ley de Contrato de Trabajo, se configuró inicialmente con un carácter individual, alcanzando su consagración, entre otras, en las Sentencias de 31 de octubre de 1961 y 25 de octubre de 1963. Esta fuente de obligación no nacía de un mandato legal, ni de la norma acordada, sino en virtud de un pacto individual o concesión de esta naturaleza otorgada o concedida individualmente por el empresario (...)[291] Sin embargo, esa condición inicial se fue ampliando admitiendo la posibilidad de que el beneficio ofertado sin contraprestación, se concediese a una pluralidad de trabajadores, siempre que inicialmente naciese de ese ofrecimiento unilateral del empresario, que aceptado, se incorpora a los respectivos contratos de trabajo (...) Se amplió así la fuente origen de la condición más beneficiosa, alcanzando a los actos y pactos de empresa que no tienen naturaleza de convenio, llegándose así a la condición más beneficiosa de carácter colectivo, que únicamente puede

290. STS (Sala 4ª) de 30 de Diciembre de 1998 (RJ 1998, 454).

291. En los Fundamentos de Derecho en un momento determinado, y citando a la STS (Sala 6ª) de 15 de Marzo de 1971 (RJ 1971, 1277), se refiere expresamente a los «pactos, usos y prácticas singulares».

reducirse o suprimirse por una regulación distinta que supere los beneficios reconocidos». Las palabras del Tribunal ilustran en gran medida un proceso evolutivo por el que, si bien la LCT de 1931 concibió inicialmente que las condiciones más beneficiosas tenían su origen en una serie de «pactos, usos y prácticas singulares», expresivas en definitiva de la voluntad empresarial de conceder un beneficio a un trabajador por motivo de sus características personales o intereses propios[292], con el ánimo de que se consolidaran con carácter *ad personam*, con posterioridad se admitió la posibilidad de que el referido beneficio tuviera por destinatario a un grupo de trabajadores, mediante actos o pactos de carácter colectivo[293].

Esta circunstancia me lleva a sostener que el ámbito subjetivo de la condición más beneficiosa, y la pluralidad de fuentes que pueden generarlas, constituyen dos variables interrelacionadas entre sí que suscitan interrogantes del estilo de hasta qué punto resultará posible el que una decisión del empresario de otorgar un beneficio pueda tener por destinatarios a un colectivo de trabajadores definido por una serie de circunstancias objetivas, o si resulta congruente asumir el que un pacto colectivo extraestatutario pueda ser el origen de una condición más beneficiosa de carácter colectivo o, por qué no, plural. Cuestiones por cierto no precisamente pacíficas. Por ello, en las próximas paginas intentaré determinar cuáles son las fuentes que pueden generar condiciones más beneficiosas, y hasta qué punto puede apreciarse la existencia en cada caso de condiciones de disfrute individual, plural o colectivo.

4.1. EL CONVENIO COLECTIVO DEL TÍTULO III ET

La consideración en hipótesis del convenio colectivo *ex* Título III ET como fuente generadora de condiciones más beneficiosas tiene su origen en la multiplicidad de pleitos de los que han entendido nuestros Tribunales y que tenía por objeto dicha pretensión. Sin embargo, el análisis de la doctrina del TS evidencia cómo, para nuestro alto Tribunal, y salvado algún que otro

292. Tal es la definición que aporta BEJARANO HERNÁNDEZ, A., *Principio de condición...*, op. cit., p. 70.
293. STS (Sala 4ª) de 15 de Junio de 1992 (RJ 1992, 4582); STS (Sala 6ª) de 4 de Febrero de 1984 (RJ 1984, 834).

pronunciamiento excepcional[294], el convenio colectivo del Título III ET ha de descartarse como origen de condiciones más beneficiosas[295].

El argumento fundamental sobre la que se sustenta esta doctrina jurisprudencial lo constituye el que para el Tribunal la condición más beneficiosa

294. Por ejemplo, la STS (Sala 6ª) de 29 de Abril de 1985 (RJ 1985, 1933) consideró en su momento que la alteración de la jornada reducida, unilateralmente por la empresa, de la que venían disfrutando determinados trabajadores desde el convenio colectivo de 1977, y confirmada por el vigente convenio colectivo, suponía un atentado al principio de condición más beneficiosa.

295. Un caso significativo a estos efectos es el que se relata en la STS (Sala 4ª) de 25 de Enero de 2000 (RJ 2000, 1310), donde el Tribunal considera que el carnet especial de transporte ferroviario de RENFE, previsto para los pensionistas de la empresa y sus familiares, no constituye condición más beneficiosa, al no determinarse por pactos individuales, sino que en un primer momento estuvo regulado por una reglamentación de trabajo, para posteriormente consignarse su régimen jurídico en un convenio colectivo, y cuyo detalle vino de la mano de una circular de la empresa. Véase, asimismo, la STS (Sala 4ª) de 17 de Abril de 2000 (RJ 2000, 2768).
Por su parte, en un pleito muy similar (STS (Sala 4ª) de 18 de Septiembre de 1997 (RJ 1997, 6487]) el Tribunal ya tuvo ocasión de subrayar la inexistencia de condición más beneficiosa al tener su origen «la nueva ordenación de los títulos de transporte en RENFE en un pacto colectivo, y no en un pacto individual».
A su vez, la STS (Sala 4ª) de 26 de Septiembre de 1994 (RJ 1994, 7253) sostiene en relación con un convenio colectivo del que se pretendía que emanara una condición más beneficiosa que «lo que importa para tales fines es que la norma paccionada que se invoca genere o no el derecho que se pretende, ya que, de ser negativa la respuesta procedente, no cabría deducir de tal conducta la existencia de condición más beneficiosa con proyección de futuro, pues su nacimiento requiere voluntad consciente al respecto, inexistente cuando media error o cuando el acuerdo de abono limita su ámbito a una anualidad, sin extenderlo a otras futuras, cual es el caso».
Más recientemente, la STS (Sala 4ª) de 7 de Julio de 2021 (RJ 2021, 3752) nos recuerda que: «los convenios colectivos no pueden ser fuente de condiciones más beneficiosas, en tanto que el carácter normativo del convenio impide considerarle como tal al no tratarse de un acto de voluntad empresarial de atribuir a sus trabajadores una ventaja o un beneficio social que supera a los establecidos en las fuentes legales o convencionales de regulación de la relación de trabajo que se incorpora al nexo contractual (SSTS de 8 de julio de 2010 [RJ 2010, 3615] y de 6 de mayo de 2009 [RJ 2009, 3857]). Las condiciones más beneficiosas no pueden derivar del convenio colectivo, sino de la libre voluntad del empleador o de la voluntad conjunta de éste y del trabajador (STS de 21 de octubre de 2014 [RJ 2014, 6136]). Los derechos que sean consecuencia de un pacto de esta naturaleza (un convenio colectivo de cualquier tipo de eficacia), que expresamente prevé su duración temporal, no provocan el nacimiento de una condición más beneficiosa, sin que exista razón alguna para mantener los derechos en él establecidos después de haber expirado, pues su aplicación durante el período de vigencia no es indicativa de la voluntad de la empresa de conceder un beneficio que sobrepase las exigencias de las normas legales o colectivas aplicables, sino aplicación de una previsión plasmada en un convenio colectivo (SSTS de 11 de mayo de 2009 [RJ 2009, 4548] y de 14 de octubre de 2009 [RJ 2010, 1137])».

nunca puede tener su origen en una norma jurídica[296], como es el caso de los convenios colectivos del Título III ET[297]. Adicionalmente, se suele recordar que, según reza el art. 86.4 ET, los convenios colectivos negociados conforme al referido Título estatutario gozan de fuerza derogatoria respecto de los precedentes[298], incluso aunque sean menos favorables[299], lo que hace inhábil a esta manifestación de la autonomía colectiva como fuente de condiciones más beneficiosas[300], algo que por otro lado no ha de extrañar dada

---

296. Una excepción a esta tesis lo constituye la STS (Sala 6ª) de 19 de Junio de 1984 (RJ 1984, 3347), que a la hora de abordar la interpretación y aplicación de unos preceptos normativos indica expresamente que «han de tenerse en cuenta el principio general de la irretroactividad de las normas y el principio laboral del respeto a las condiciones más beneficiosas (...) en cuanto a que las nuevas cláusulas contractuales o las nuevas normas legales sean más beneficiosas en general para el trabajador, manteniendo la doctrina, en los demás supuestos, del respeto a las condiciones más favorables».
297. STS (Sala 4ª) de 26 de Febrero de 1996 (RJ 1996, 1507); STS (Sala 4ª) de 18 de Diciembre de 1997 (RJ 1997, 9517); STS (Sala 4ª) de 6 de Mayo de 2009 (RJ 2009, 3857), en este caso en relación con el VI Convenio Colectivo Único para el personal laboral de la Generalitat.
No obstante, en la STS (Sala 4ª) de 7 de Febrero de 2000 (RJ 2000, 1611), se puede observar un caso donde la disposición transitoria de un convenio colectivo declara como condición más beneficiosa a título personal la aplicación de determinado contenido de un convenio colectivo anterior.
Caso atípico a estos efectos lo constituye también el que se describe en la STS (Sala 6ª) de 14 de Diciembre de 1984 (RJ 1984, 6385) donde se recoge el supuesto de un acuerdo firmado entre la representación sindical de artistas y RTVE, que no obtiene la consideración de convenio colectivo por el Tribunal al no existir a la fecha de su firma constituido legalmente el Sindicato Nacional del Espectáculo, y del que se afirma que «en forma alguna puede tener el carácter de fuente del derecho sino de acuerdo programático a desarrollar, a través de los contratos con los artistas», por lo que «no cabe decir que de tales normas programáticas deriva una situación consolidada de condición más beneficiosa».
298. STS (Sala 4ª) de 1 de Junio de 1996 (RJ 1996, 5746); también la STS (Sala 4ª) de 24 de Enero de 2018 (RJ 2018, 1536).
299. STS (Sala 4ª) de 11 de Mayo de 1992 (RJ 1992, 3542); STS (Sala 4ª) de 20 de Diciembre de 1996 (RJ 1996, 9812); STS (Sala 4ª) de 19 de Enero de 1998 (RJ 1998, 741).
300. STS (Sala 4ª) de 26 de Febrero de 1996 (RJ 1996, 1507). Opinión compartida por ALARCÓN CARACUEL, M.R., «La aplicación...», op. cit., p. 249.
Véase también STS (Sala 4ª) de 20 de Diciembre de 1999 (RJ 1999, 10036); STS (Sala 4ª) de 18 de Diciembre de 1997 (RJ 1997, 9517); STS (Sala 4ª) de 13 de Octubre de 1995 (RJ 1995, 7749); STS (Sala 4ª) de 16 de Diciembre de 1994 (RJ 1994, 10098); STS (Sala 4ª) de 10 de Febrero de 1995 (RJ 1995, 1148); STS (Sala 4ª) de 24 de Enero de 2000 (RJ 2000, 1595).
No obstante, en algún caso, y para explicar la fuerza derogatoria del convenio colectivo, se han empleado términos bastante desafortunados, como ocurre en la STS (Sala 4ª) de 21 de Mayo de 1990 (RJ 1990, 4481), donde en un momento determinado se dice que «el 2º Convenio del INSERSO —Transitoria 6— por su carácter más beneficioso, sustituye íntegramente la normativa y condiciones anteriores, sin más limitaciones que las derivadas de condición más beneficiosa constituida contractualmente o por una norma de general aplicación».

la desaparición de nuestro ordenamiento laboral del principio de irreversibilidad[301], y la vigencia en el ámbito de la autonomía colectiva del principio de modernidad[302].

De hecho, y al margen de los argumentos aportados por el TS, debe recordarse que el principio de condición más beneficiosa hoy día sólo se concibe en el plano de la autonomía individual —contractualidad— [303], y no en el ámbito de la normatividad[304]. No en vano este último argumento es el que explica que ni las leyes[305], ni los reglamentos[306], ni por ejemplo los

---

301. Véase STS (Sala 4ª) de 20 de Diciembre de 1999 (RJ 2000, 10036); STS (Sala 4ª) de 24 de Enero de 2000 [RJ 2000, 1595]); STS (Sala 4ª) de 21 de Febrero de 2000 (RJ 2000, 2052). Sin embargo, la STS (Sala 6ª) de 5 de Noviembre de 1982 (RJ 1982, 6496), refirió del convenio colectivo —«peculiar figura jurídica en la que coexisten elementos contractuales y normativos»— que se trataba de una institución jurídica que no podía «con carácter general, ser desplazado *in peius* por norma ni convenio posterior que contengan, en su conjunto, condiciones menos beneficiosas para los trabajadores».

302. Ilustrativo es en este sentido la STS (Sala 4ª) de 10 de febrero de 1995 (RJ 1995, 1148) que, en su momento, afirmó que: «la condición más beneficiosa no tiene su origen en una norma jurídica, concretamente en un convenio colectivo, pues incluso caben convenios colectivos regresivos, sin que quepa sostener que el convenio colectivo sea fuente de condición más beneficiosa».

303. A estos efectos resultan de interés las consideraciones de CAMPS RUIZ, L.M., «La condición...», op. cit., p. 231 y ss., sobre la vigencia de «condiciones laborales de origen normativo». Véase, asimismo, GONZÁLEZ VELASCO, J.: «Irretroactividad de las normas laborales. (La indemnización en los contratos para obra determinada)», *Revista de Trabajo*, núm. 84, 1996, pp. 62-63. En el ámbito del Derecho comparado, ALIPRANTIS, N., La place de la convention collective dans la hierarchie des normes, LGDJ, Paris, 1980, p. 266 y ss.

304. Lo que no quita para que, en algún caso, se considere como un factor determinante para la apreciación de una condición más beneficiosa el que un Convenio colectivo del Título III ET reconociera en su articulado que la cesta de Navidad, que se entregaba desde hacía 17 años, tenía dicha naturaleza (STS (Sala 4ª) de 2 de Octubre de 2019 [RJ 2019, 4211]).
Como gráficamente ha señalado GARCÍA MURCIA, J., «Condición más beneficiosa y negociación...», op. cit., p. 103, respecto del convenio colectivo del Título III ET, «visto desde la perspectiva del contrato de trabajo el convenio colectivo hace valer en todo momento su naturaleza de norma. No tiene sentido, desde ese frente, hablar de contractualización».

305. Así, por ejemplo, la STS (Sala 6ª) de 4 de Diciembre de 1986 (RJ 1986, 7277), negó en su momento el que fuera posible invocar el principio de condición más beneficiosa en relación con la pretensión de una trabajadora que consideraba que había sido despedida, a pesar de que su contrato temporal ex art. 15.1 c) ET finalizaba por incorporación de la persona a la que sustituía.

306. No obstante, a veces todavía pueden encontrarse pronunciamientos judiciales donde al complemento de antigüedad percibido conforme a un Real Decreto se le califica de «condición más beneficiosa» (STS (Sala 4ª) de 26 de Enero de 1996 [RJ 1996, 203]).
Por el contrario, la STS (Sala 4ª) de 29 de Abril de 1998 (RJ 1998, 3881) parece asumir que la Reglamentación Nacional de Trabajo de RENFE no crea condiciones más beneficiosas.

reglamentos de régimen interno[307], puedan considerarse instrumentos generadores de condiciones más beneficiosas[308]. Sin embargo, recuérdese que históricamente esto no ha sido siempre así, y que hasta prácticamente la promulgación del ET se venía considerando que cualquier fuente normativa podía generar condiciones más beneficiosas[309], siendo a partir de la década de los ochenta cuando se empieza a formular un planteamiento más restrictivo del ámbito en el que actúa el principio de condición más beneficiosa, momento en el que también comienza a ver la luz toda la elaboración teórica que resalta la importancia de la voluntad empresarial de otorgar un beneficio con el carácter de más beneficioso y la consiguiente aceptación por parte del trabajador[310].

Ahora bien, a pesar de lo referido, no estará de más realizar algunas consideraciones en relación con las situaciones de Derecho transitorio que genera la propia temporalidad de los convenios colectivos. Así, y, en primer término, quisiera referirme a la problemática específica que registra la ultraactividad de este tipo de convenios colectivos, y concretamente las mejoras sobre la normativa estatal que puedan disfrutar los trabajadores, caso de que se haya decidido que no opere la ultraactividad del convenio colectivo (art. 86.3 ET), durante el período de vacío convencional. Al respecto, un sector de la doctrina ha señalado que «en teoría, estamos ante condiciones más beneficiosas que, a menos que tengan su origen en un pacto

307. Sin embargo, la STS (Sala 4ª) de 16 de Septiembre de 1992 (RJ 1992, 6789) reconoce la existencia de una condición más beneficiosa respecto de los empleados de un Banco «que ya la tenían adquirida en virtud del Reglamento de 1962». Hecho que también se aprecia en una Sentencia anterior, la STS (Sala 4ª) de 15 de Junio de 1992 (RJ 1992, 4584).
Igualmente, la STS (Sala 4ª) de 11 de Abril de 1991 (RJ 1991, 3262) llega a referir la existencia de una «condición más beneficiosa de origen normativo», en el caso del reglamento de régimen interior de una empresa, la cual «opera además cuando se ha producido la derogación de la norma que la establecía», asegurando en otro momento que «el carácter más beneficioso de la regulación de la norma tomada en consideración es sólo una condición para su aplicación en el marco de una relación de supletoriedad; no constituye un mandato de degradación».

308. No obstante, la STS (Sala 6 º) de 5 de Noviembre de 1982 (RJ 1982, 6496) sitúa en el plano de la «tesis de la contractualidad» el reglamento que regula el Fondo de Previsión Social de ASTANO, al tiempo que aprecia la existencia de una condición más beneficiosa en la voluntad de la empresa, decidida en su día, de contribuir a la creación y consolidación de dicho fondo.

309. Así, por ejemplo, la STS (Sala 6ª) de 17 de Mayo de 1980 (RJ 1980, 2182) reconoce como origen de condiciones más beneficiosas a la norma legal. Por su parte, la STS (Sala 4ª) de 26 de Marzo de 1997 (RJ 1997, 2626) reconoce a trabajadores que vieron extinguidos sus contratos temporales, vigente el ET, el derecho a obtener la indemnización que para los mismos reconocía la LRL de 1976, bajo cuya vigencia se constituyeron.

310. OJEDA AVILÉS, A., «Autonomía colectiva y autonomía individual», *Relaciones Laborales*, núm. 20-21, 1991, pp. 62-63.

extraestatutario con determinación temporal de su duración o en una decisión empresarial colectiva temporalmente limitada, no podrá ser neutralizada posteriormente ni por la voluntad unilateral del empresario ni, excepto en circunstancias específicas, por el propio convenio colectivo estatutario posterior a la *vacatio*»[311].

A mi juicio, sin embargo, cuando se analiza el fenómeno de las mejoras disfrutadas por el trabajador en períodos de *vacatio* negocial que tienen su origen en la denuncia del convenio colectivo no ultraactivo, dos son las perspectivas a considerar. En el caso de que las mejoras sean ajenas al propio convenio colectivo lógicamente la posible apreciación de la existencia de condiciones más beneficiosas pasa porque las mejoras se hayan concedido con tal carácter. Distinta es, sin embargo, la situación de que la mejora tenga su origen en el contenido del convenio colectivo ya derogado y no ultraactivo, dado que lo que enfrentaríamos entonces sería el disfrute por los trabajadores de unas condiciones que aun no estando vigentes se continuarían observando por parte de la empresa, concurriendo un disfrute tácito. En principio, este disfrute no tiene necesariamente por qué dar lugar a una condición más beneficiosa[312], aunque bien es verdad que todo dependerá de la posición que se adopte en materia de adquisición de derechos, y con relación a la posible incorporación de derechos al contrato de trabajo, pues por ejemplo, si se propugna que el principio de condición más beneficiosa «equivale a una defensa del *status* alcanzado por el trabajador en la empresa, aunque su base de apoyo fuera destruida»[313], podría plantearse la aplicación de dicho principio en relación con las referidas condiciones.

No obstante, y llegados a este punto, no puedo por menos que hacer referencia a la polémica relativa a la forma en que el TS resolvió la interpretación del régimen de la ultraactividad del convenio colectivo del Título

311. DEL REY GUANTER, S., «Autonomía individual y autonomía colectiva: algunos puntos críticos a la luz del Texto Refundido del Estatuto de los Trabajadores», *Revista Española de Derecho del Trabajo*, núm. 77, 1996, p. 438.

312. La STS (Sala 4ª) de 7 de Noviembre de 1995 (RJ 1995, 8674), descarta una posible infracción de la «doctrina jurisprudencial sobre la condición más beneficiosa y derechos adquiridos», en el caso de la continuidad por la empresa del abono de las mejoras por IT, a pesar de haber vencido el acuerdo colectivo que originó dicho compromiso, sobre la base de que «las prestaciones objeto de debate surgieron convencionalmente». No obstante lo cual, entiendo que, en este caso podría haberse planteado la posible existencia de un uso o práctica de empresa generador de una condición más beneficiosa.

313. Tesis sostenida en su momento por OJEDA AVILÉS, A., «El principio de condición...», op. cit., p. 38.

III ET, a la luz del art. 86.3 ET en su redacción con ocasión de la reforma laboral de 2012. Si recordamos, el vacío convencional generado por un convenio colectivo estatutario, cuya vigencia no se prorrogó en el tiempo porque ya no era posible, no existiendo convenio colectivo de ámbito superior que diera cobertura a aquél, fue resuelto por el TS estimando que las condiciones contenidas en el convenio colectivo que decayó por el transcurso del tiempo (12 meses) se contractualizaban[314]. De esta manera, y con independencia de las consideraciones que podrían realizarse sobre el impacto que esta doctrina podía tener sobre la teoría general entorno al convenio colectivo, su naturaleza, y efectos —cuestión sobre la que no es el momento de pronunciarse[315]—, el TS vino a articular una solución de compromiso —no exenta de polémica como reflejan los votos particulares a la primera sentencia dictada en este sentido—, para resolver una difícil situación puntual, donde la gran cuestión era si finalmente la afirmación de esa contractualización, e ingreso en el patrimonio de los trabajadores, significaba que tales condiciones devenían en condiciones más beneficiosas[316]. Pues bien,

314. STS (Sala 4ª) de 22 de diciembre de 2014 (RJ 2014, 6638); STS (Sala 4ª) de 18 de mayo de 2016 (RJ 2016, 3533), entre otras.

315. Aunque no me resisto a remitir al análisis realizado por DESDENTADO BONETE, A., «La ultraactividad en el Tribunal Supremo. Un comentario a la Sentencia de 22 de diciembre de 2014», *Revista de Información Laboral*, núm. 3, 2015, versión electrónica.

316. Doctrina matizada posteriormente, sin embargo, por ejemplo por la STS (Sala 4ª) de 20 de diciembre de 2016 (RJ 2016, 6598), que en un momento determinado matizó que la doctrina de la contractualización de las condiciones de trabajo contenidas en un Convenio colectivo del Título III ET «no conduce necesariamente a que la totalidad de un Convenio Colectivo que haya fenecido a tenor de lo dispuesto en el artículo 86.3 del Estatuto de los Trabajadores, debe entenderse «contractualizado» íntegramente, pudiendo suceder que, en casos concretos, pueda ser ajustada a derecho la conducta empresarial que decida la inaplicación de determinados preceptos de un Convenio Colectivo fenecido, siempre que tales preceptos no sean «contractualizables» y se comunique en forma qué preceptos del texto pactado entiende incorporados al contrato de trabajo y cuáles no, de manera concreta, sin realizar una inaceptable mezcla genérica de contenidos». En definitiva, el TS parece reconocer que la contractualización puede que no sea posible en el caso de ciertas cláusulas convencionales, atendiendo la naturaleza de su contenido, lo cual puede dar lugar a situaciones de evidente inseguridad jurídica sobre el alcance efectivo de la contractualización —entre las no contractualizables, CONDE-PUMPIDO TERÓN, T., «Las condiciones más beneficiosas de alcance colectivo y la tesis de la contractualización», *Documentación Laboral*, núm. 114, 2018, p. 124, sitúa, por ejemplo, las que contemplen meras expectativas de derecho (y que diferencia de las que contienen derechos en curso de adquisición), o los compromisos o comisiones tendentes a evitar y solucionar situaciones de conflicto—.

como en más de un caso se ha sostenido[317], la respuesta, pese a la desafortunada doctrina establecida en su momento, es que no. Y ello porque, además de recordar que en las relaciones convencionales lo que rige es el principio de modernidad[318], debemos también tener en cuenta, en nuestro caso, que para considerar tales condiciones como más beneficiosas deberían haberse otorgado las mismas por el empresario con dicho ánimo: en definitiva, faltaría en este caso la voluntad empresarial inequívoca de otorgar las condiciones con la naturaleza mencionada[319].

El segundo supuesto al que quisiera referirme está relacionado con la situación de Derecho transitorio que implica en sí misma la desaparición de un convenio colectivo y su sustitución por otro. A estos efectos resulta fundamental la consideración de los arts. 86.5 y 82.4 ET, donde el primero ampara la derogación en su totalidad por el nuevo convenio del precedente, mientras que el segundo precepto reconoce la facultad de disposición *in peius* de la regulación convenida vigente hasta el momento. No obstante, se ha de significar que si bien el art. 86.4 ET instaura el principio de orden normativo —*Lex posterior derogat legi priori*—, siguiendo el principio admitido generalmente en materia de sucesión de normas legales (art. 2.2 Cc), la fórmula del precepto estatutario resulta más incisiva que la del Cc, pues aquél permite la derogación en su integridad del convenio colectivo, mientras que éste refiere que la derogación se extendería a todo lo que sobre la misma materia sea incompatible con la nueva ley[320].

317. En este sentido, recogiendo lo que califican como sentir prácticamente unánime de la doctrina laboralista española, con cita específica de la conclusión a la que llegan algunos de sus más significados juristas, GOERLICH PESET, J.M. y BLASCO PELLICER, A., «La nueva situación de "post-ultraactividad" del convenio colectivo: una visión rupturista. A propósito de la STS de 22 de diciembre de 2014, sobre la interpretación del artículo 86.3 in fine ET sobre ultraactividad de los convenios», *Revista de Información Laboral*, núm. 2, 2015, versión electrónica.

318. De hecho, con posterioridad la STS (Sala 4ª) de 20 de Abril de 2022 (RJ 2022, 2057) advirtió que la contractualización de condiciones de trabajo previstas en un convenio fenecido tiene un claro presupuesto: que no exista convenio colectivo posterior aplicable regulando las condiciones de trabajo.

319. GALA DURÁN, C., «El principio de condición más beneficiosa...», op. cit., pp. 169-170. Una visión distinta, no compartida en mi caso, es la establecida por CONDE-PUMPIDO TERÓN, T., «Las condiciones más beneficiosas...», op. cit., pp. 124-125, en el sentido de considerar que las condiciones contractualizadas en estos casos «serán una condición más beneficiosa, únicamente en el estricto sentido de más favorable que las mínimas legales indisponibles... pero entiendo que no se han convertido en una genuina CMB pues no es un producto de un acto de voluntad constitutiva del empresario, sino del efecto que despliega sobre la relación contractual la negociación colectiva».

320. De esta opinión es RIVERO LAMAS, J., «Estructura y contenidos de la negociación colectiva en la Ley 11/1994 (una aproximación interpretativa)», *Documentación Laboral*, núm. 43, 1994, p. 51.

La doctrina científica ha debatido intensamente en estos casos sobre la posibilidad de que los trabajadores pudieran seguir disfrutando, vigente el nuevo convenio colectivo, de derechos originados durante la vigencia del anterior convenio colectivo, como por ejemplo ciertas prestaciones complementarias de la Seguridad Social duraderas en el tiempo, como la jubilación o la invalidez. A estos efectos, se ha defendido la intangibilidad de tales derechos como consecuencia de su incorporación al acervo de derechos individuales del trabajador —como comprobará el lector esta polémica es anterior, y con elementos distintos, a la generada por la sentencia del TS de 2014 en relación con la ultraactividad del convenio colectivo, a la que me he referido hace un instante—, surgiendo desde ese mismo momento un debate sobre si el art. 82.4 ET ampara sólo el cambio del marco normativo general existente, al tiempo que el art. 86.4 ET tiene por finalidad evitar la alegación de derechos adquiridos a partir del convenio precedente, o si por el contrario el art. 82.4 ET permitiría al convenio colectivo posterior en el tiempo «disponer, en el sentido de suprimir o alterar en sus características esenciales, derechos ya generados en el marco y conforme a las reglas del convenio precedente», en cuanto derechos individuales reconocidos y causados por el convenio anterior[321].

Con independencia de la complejidad de la polémica[322], dada la redacción un tanto oscura de los arts. 82.4 y 86.4 ET, y la propia resistencia del TS a otorgar a los convenios colectivos carácter de fuente de condiciones más beneficiosas[323], lo cierto es que un sector de la doctrina se ha mostrado favorable a considerar que el art. 82.4 ET parece amparar el que el nuevo convenio colectivo pueda disponer de los derechos causados sobre la base del anterior convenio[324], con lo que, teniendo en cuenta el ejemplo puesto anteriormente, se podrían «suprimir fondos sociales y complementos de

321. GONZÁLEZ ORTEGA, S., «Contenido negocial y sucesión de convenios», en ALARCÓN CARACUEL, M.R. y DEL REY GUANTER, S. (coords.), *La reforma de la negociación colectiva*, Marcial Pons, Madrid, 1995, pp. 115-116.

322. A estos efectos, resulta de interés la consulta de ESCRIBANO GUTIÉRREZ, J., *Autonomía individual y colectiva...*, op. cit., p. 146 y ss.

323. GALIANA MORENO, J.M., «Notas sobre la vigencia, aplicación e interpretación del convenio colectivo», *Revista del Ministerio de Trabajo y Asuntos Sociales*, núm. 3, 1997, p. 196, ha defendido que dado el carácter temporal del convenio colectivo cada nuevo proceso negociador implica partir de cero, de los mínimos legales, si bien «los convenios colectivos, en cuanto normas, están sujetos a los principios de seguridad jurídica y de irretroactividad que garantiza el art. 9.3 CE, por lo que resulta difícil admitir que puedan afectar (...) a auténticos derechos adquiridos, esto es, a aquéllos a cuyo amparo se hayan generado situaciones que puedan entenderse irreversiblemente incorporadas al patrimonio jurídico del trabajador afectado, por lo que, en terminología de De Castro, se configuran como derechos de titularidad definitiva».

324. De nuevo, GONZÁLEZ ORTEGA, S., «Contenido negocial y sucesión...», op. cit., pp. 115-116.

prestaciones de Seguridad Social reconocidos a trabajadores activos o jubilados por los nuevos convenios, así como, en general, derechos adquiridos al amparo de anteriores convenios»[325]. En definitiva, lo que sí parece colegirse de la normativa estatuaria sobre vigencia y sucesión de convenios es que, además de que los trabajadores no pueden invocar frente al nuevo convenio colectivo el mantenimiento *ad personam* de las condiciones de trabajo establecidas en el convenio colectivo anterior en el tiempo, más favorable pero ya derogado[326], el convenio colectivo, por su temporalidad, no constituye el instrumento más idóneo para regular derechos que tienen una amplia proyección en el tiempo[327]. No obstante, en los últimos tiempos la doctrina científica viene insistiendo, con base en la doctrina sentada en su día por la STC 85/985[328], la necesidad de practicar en cada caso un *test* de razonabilidad, de manera que se rechacen todas las «modificaciones que resulten arbitrarias, caprichosas, discriminatorias o no fundadas en causa objetiva y razonable»[329], lo que supone en última instancia una aplicación cauta del principio *lex posterior derogat legi priori* por lo que hace a las mejoras voluntarias de la Seguridad Social, dada la naturaleza de los derechos que se reconocen en estos casos.

Por último, quisiera hacer alguna referencia a la valoración que merecen las cláusulas convencionales de mantenimiento de condiciones más beneficiosas o *ad personam*, y que en algún caso se han querido ver como un intento de los negociadores de los convenios colectivos por reducir al máximo las reglas extraconvencionales que ordenan las relaciones de trabajo en las empresas[330]. En sentido, se ha de significar en primer término

325. RIVERO LAMAS, J., Estructuras y contenidos de la negociación...», op. cit., p. 53.
326. A estos efectos, la STS (Sala 4ª) de 26 de Febrero de 1996 (RJ 1996, 1507) recuerda por un lado —citando a la STS (Sala 4ª) 16 de Diciembre de 1994 (RJ 1994, 10098)— que no rige ya el principio de irreversibilidad del sistema normativo anterior a la Constitución, y, por otro, —con cita de la STS (Sala 4ª) de 10 de Febrero de 1995 (RJ 1995, 1148)— que «no cabe aceptar al conservación de condiciones más beneficiosas de origen normativo, sino que la condición más beneficiosa no tiene su origen en una norma jurídica, concretamente en convenio colectivo, pues incluso caben convenios colectivos regresivos».
327. DESDENTADO BONETE, A., «Notas sobre concurrencia y sucesión de convenios colectivos en la doctrina jurisprudencial reciente», *Revista del Ministerio de Trabajo y Asuntos Sociales*, núm. 3, 1997, p. 216.
328. F.J. 6º: «en la naturaleza del convenio colectivo está el predominio de la voluntad colectiva sobre la individual y de los intereses de lo colectivo sobre los concretos de los individuos que la componen, siendo en ocasiones precisa la limitación de algunos de éstos para la efectiva promoción de aquéllos».
329. VALDÉS DAL-RE, F., «Mejoras voluntarias de la Seguridad Social y negociación colectiva concesiva: los términos de un debate», *Relaciones Laborales*, núm. 4, 2000, p. 13.
330. FERNÁNDEZ LÓPEZ, M.F., «Condición más beneficiosa...», op. cit., p. 20.

que tanto la jurisprudencia[331], como la doctrina[332] han venido tradicionalmente considerando que este tipo cláusulas no aportan nada a la vigencia e intangibilidad de las condiciones más beneficiosas al considerarse meramente declarativas, y no constitutivas. Por tanto, su introducción en los convenios colectivos resulta innecesaria, no condicionando, en principio, la efectividad de la condición más beneficiosa, ni reforzando su protección[333].

No obstante, en ocasiones los convenios colectivos suelen introducir otras cláusulas que pretenden garantizar el mantenimiento con carácter *ad personam* de condiciones consagradas por el convenio colectivo anterior al vigente, y que buscan garantizar el disfrute de derechos que no integran el patrimonio del trabajador. La doctrina científica ha otorgado un carácter constitutivo a este tipo cláusulas resultando especialmente interesantes aquéllos supuestos en que la cláusula prevé que la garantía para el futuro se haga con carácter contractual, lo que sugiere la incorporación de derechos convencionales al contrato de trabajo[334]. Esta técnica, sin embargo, no parece que pueda provocar efectivamente la contractualización de las condiciones, dada la naturaleza convencional de las mismas, por lo que difícilmente pueden plantearse que las mismas puedan integrar el contrato de trabajo[335], de manera que la desaparición con posterioridad del convenio colectivo que establece la garantía implicaría también la desaparición de ésta[336], no pudiendo plantearse en ningún caso la generación de condiciones más beneficiosas por esta vía.

---

331. Véase STS (Sala 6ª) de 20 de Abril de 1966 (RJ 1966, 2666); STS (Sala 6ª) de 4 de Febrero de 1984 (RJ 1984, 834).
332. CAMPS RUIZ, L.M., *Los principios de norma más favorable...*, op. cit., p. 314, quien sólo otorgaba carácter constitutivo, bien es verdad que, en el contexto de la normativa anterior a la CE de 1978, a las cláusulas que se referían a las condiciones convencionales colectivas anteriores al convenio y de modo individualizado; BOTANA LÓPEZ, J.M., «El principio de condición...», op. cit., p. 205.
333. ESCRIBANO GUTIÉRREZ, J., *Autonomía individual y colectiva...*, op. cit., p. 91. Un caso interesante a estos efectos lo encontramos en la STS (Sala 4ª) de 16 de Abril de 2007 (RJ 2007, 3980), donde el Tribunal español, si bien no termina de afirmar que estemos ante una condición más beneficiosa, sí recuerda que la cláusula de garantía de ciertas condiciones de trabajo disfrutadas anteriormente por un colectivo de trabajadores, y que se introduce en el convenio para facilitar la integración de aquellos en éste, impide a la Administración empleadora neutralizar la misma unilateralmente, señalando que para ello se requerirá redactar un nuevo convenio, o en su caso acudir, si fuera posible, al procedimiento del art. 41 ET.
334. Véase ESCRIBANO GUTIÉRREZ, J., *Autonomía individual y colectiva...*, op. cit., p. 160.
335. En este sentido, ESCRIBANO GUTIÉRREZ, J.: *Autonomía individual y colectiva...*, op. cit., p. 160.
336. GONZÁLEZ ORTEGA, S., «Contenido negocial y sucesión...», op. cit., pp. 112-113.

De todas formas, conviene no desconocer que, a pesar de lo referido, el TS[337] ha admitido expresamente la viabilidad de esta técnica, precisamente en un caso donde lo que se buscaba era que los trabajadores pertenecientes a la empresa con anterioridad al nuevo convenio colectivo no perdieran su nivel económico, a la vista de la nueva estructura salarial planteada. En este sentido, un sector de la doctrina observó en este caso la existencia de «una "transferencia" del plano normativo al plano contractual» de un complemento salarial que «por la voluntad unilateral del empresario en base a su vinculación a lo establecido en el convenio, deja de ser normativo para adquirir la naturaleza contractual de condición más beneficiosa», de forma que estaríamos «ante una condición más beneficiosa nacida inmediatamente de la voluntad del empresario pero, mediatamente, de lo dispuesto en el convenio colectivo»[338].

Disiento del planteamiento. Y ello porque entiendo que, ni es admisible operar una transferencia de naturaleza desde el convenio colectivo normativo al contrato de trabajo —por tanto no creemos en la existencia «de "agujeros negros" a través de los cuales se unen el universo del convenio colectivo y el del contrato de trabajo»[339]—, ni el convenio colectivo es la vía adecuada para otorgar condiciones más beneficiosas[340], entre otras cosas porque su temporalidad constituye un factor decisivo a la hora de valorar este tipo de técnicas, de tal manera que el mantenimiento del referido complemento exigiría renovar la voluntad de concesión con ocasión de cada nuevo convenio, lo que plantearía problemas en relación con la prohibición de discriminación[341].

337. STS (Sala 4ª) de 6 de Abril de 1995 (RJ 1995, 2916).
338. DEL REY GUANTER, S., «Fecha de ingreso de los trabajadores en la empresa y diferenciación de las condiciones de trabajo en los convenios colectivos: una lectura integradora de la jurisprudencia reciente», *Actualidad Laboral*, núm. 21, 1997, p. 521.
339. Como afirma por otro lado DEL REY GUANTER, S., «Fecha de ingreso de los trabajadores...», op. cit., p. 522.
340. Este tipo de técnicas también han sido objeto de una acogida desfavorable por la doctrina comparada, véase BUGADA, A., *L'avantage acquis...*, op. cit., pp. 359-360; CHALARON, Y., *Négociations et accords...*, op. cit., pp. 309-310; DESPAX, M., «Denociation d'une convention collective et sort des avantages acquis en matière de rémunération», *Droit Social*, núm. 2, 1990, p. 157 y ss.; RODIERE, P., «Observations sur le maintien des avantages acquis...», op. cit., p. 878 y ss.
341. En este sentido DEL REY GUANTER, S., «Fecha de ingreso de los trabajadores...», op. cit., p. 521, refirió precisamente que la diferencia fundamental de este caso con otros —como la STS (Sala 4ª) de 22 de Enero de 1996 (RJ 1996, 479) en relación con el establecimiento de dobles escalas salariales que fue desestimado por el Tribunal— reside precisamente en que «mientras que aquellas sentencias establecían una distinción en el plano normativo del propio convenio colectivo, en el presente caso estamos ante una «transferencia» del plano normativo al plano contractual».

De hecho, y como ya ha puesto de manifiesto la doctrina, «no cabe predicar, de parte o cláusula alguna de un convenio colectivo, extratemporalidad en cuanto a su vigencia y aplicación, entendiendo por tal la pretensión de que aquéllas se extiendan más allá de la del propio convenio colectivo que las reconoce y regula (...) Y ello porque en tal caso se estaría inútilmente condicionando, hacia el futuro, la voluntad colectiva de los sujetos llamados a sustituirlo»[342]. En definitiva, de admitirse prácticas de este tipo se estaría perjudicando gravemente la capacidad reconocida por el art. 86.5 ET a los negociadores del convenio para derogar el convenio anterior[343], al sustraerse a su acción ciertos contenidos convencionales[344].

4.2. LOS CONVENIOS COLECTIVOS EXTRAESTATUTARIOS, PACTOS COLECTIVOS INFORMALES DE EMPRESA Y ACUERDOS DE EMPRESA

Así como el rechazo de los convenios colectivos del Título III ET como fuente de condiciones más beneficiosas constituye un fenómeno generalmente aceptado, la consideración hipotética de otras manifestaciones de la autonomía colectiva, tal es el caso de los convenios colectivos extraestatutarios, los pactos colectivos informales de empresa, y los acuerdos de empresa, como origen de tales condiciones resulta bastante polémica. Indudablemente, si se sostiene la normatividad de tales manifestaciones la consideración de las mismas como instituciones hábiles para la constitución de condiciones más beneficiosas ha de ser descartada, dado que, como he defendido anteriormente el principio de condición más beneficiosa parece moverse en el ámbito de la contractualidad. Por el contrario, si abogamos por la apreciación de que dichas manifestaciones se encuentran dotadas de una eficacia que no necesariamente tiene por qué ser contractual, pero que desde luego no es normativa, las posibilidades de que las mismas puedan dar origen a condiciones más beneficiosas se incrementan.

---

342. DE LA VILLA GIL, L.E., GARCÍA-BECEDAS, G., GARCÍA-PERROTE ESCARTÍN, I., *Instituciones de Derecho del Trabajo*, Ceura, Madrid, 1991, pp. 49-50.

343. En este sentido ESCRIBANO GUTIÉRREZ, J., *Autonomía individual y colectiva...*, op. cit., p. 163, quien, citando a FERNÁNDEZ LÓPEZ, refiere cómo con este tipo de prácticas se podría producir un eventual debilitamiento o desaparición del «principio de condición más beneficiosa de origen convencional, dado el carácter necesario que su inclusión implica para poder estimar que la ventaja del anterior convenio va a seguir en vigor».

344. Sin embargo, el TS sí ha apreciado la existencia de una condición más beneficiosa en la práctica de la empresa de seguir pagando ciertas ayudas para actividades sociales y de ocio del personal, que contempladas en sucesivos convenios colectivos, finalmente desaparecieron de estos últimos, considerando que el beneficio, desde que la empresa incurrió en esta práctica, se incorporó al contenido obligacional del contrato de trabajo (STS (Sala 4ª) de 9 de Marzo de 2009 (RJ 2009, 2196).

En todo caso, la doctrina española tradicionalmente ha mostrado su escepticismo sobre esta cuestión. Así, en alguna ocasión[345] se ha señalado que los pactos colectivos, con independencia de su naturaleza jurídica, al configurarse como manifestaciones negociales con existencia jurídica propia no generan derechos adquiridos, al no adquirirse individualmente por el trabajador. En otros casos, se ha subrayado que, dado que tanto los pactos colectivos informales de empresa, como los acuerdos de empresa, gozan de eficacia normativa, la aplicación automática de sus contenidos impediría pensar en una incorporación o recepción de los beneficios a los contratos de los trabajadores, por lo que difícilmente podría considerarse su idoneidad para generar condiciones más beneficiosas, conclusión que, además, quedaría reforzada por la circunstancia de que normalmente estos pactos y acuerdos colectivos suelen tener una vigencia temporal, lo que los hace un instrumento inhábil para generar beneficios de características como las ya reseñadas[346].

Más recientemente, también cabe en este punto hacerse eco de la propuesta que de alguna manera viene a salvar las reticencias que puede generar la admisión de condiciones más beneficiosas de carácter colectivo[347], y que aboga por considerar la mejora de alcance colectivo como una especie de pacto entre el empresario y el grupo de trabajadores afectado, y en definitiva como una suerte de acuerdo colectivo de carácter extraestatutario[348]. Dicho planteamiento lo que sugiere es que, en el caso de estos acuerdos colectivos extraestatutarios, «estaríamos ante condiciones que en lugar de contractualizarse a partir de la concesión unilateral del empresario (como es típico de la condición más beneficiosa), se contractualizan a partir de un convenio colectivo que, al carecer de naturaleza normativa, no puede producir efectos sobre la relación de trabajo más que mediante su incorporación al contrato. No es la condición más beneficiosa en su sentido más

345. MARTÍNEZ JIMÉNEZ, J.M., «La condición más beneficiosa. Especial referencia a los pactos colectivos y a los usos de empresa como fuentes de la misma», *Relaciones Laborales*, núm. 1, 1988, p. 36.

346. BEJARANO HERNÁNDEZ, A., «Usos de empresa y pactos colectivos informales mejorativos de condiciones de trabajo. A vueltas sobre la eficacia jurídica de los mismos», *Relaciones Laborales*, núm. 14, 1999, p. 18 y ss.

347. Para GARCÍA MURCIA, J., «Condición más beneficiosa y negociación...», op. cit., p. 98, «la dinámica típica de la condición más beneficiosa (su incorporación al contrato de trabajo) tal vez pudiera valer para los casos de mejora de derechos colectivos susceptibles de traducción individual, pero no parece predicable de las mejoras estrictamente colectivas, especialmente cuando se refieren a derechos de dimensión colectiva».

348. GARCÍA MURCIA, J., «Condición más beneficiosa y negociación...», op. cit., p. 98, retomando de alguna manera una visión sostenida en su momento por los profesores ALONSO OLEA y CASAS BAAMONDE en su manual de Derecho del Trabajo.

puro o exquisito, pero es una condición que se introduce en el contrato y que, al fin y al cabo, produce un efecto similar».

A mi juicio, la consideración de los convenios colectivos extraestatutarios, pactos colectivos informales de empresa y acuerdos de empresa como origen de condiciones más beneficiosas ha de descartarse. Las razones que entiendo respaldan esta conclusión son varias. La fundamental tal vez sea que, como en algún caso ya ha manifestado la doctrina científica[349], el origen de la condición más beneficiosa, por lo menos actualmente, es marcadamente inorgánico, lo que quiere decir que difícilmente puede asumirse que tales condiciones surjan de la negociación entre empresa y representantes de los trabajadores, en definitiva de un proceso que exija de los trabajadores una organización, como en si misma expresa toda representación, ya unitaria, ya sindical, para la consecución de una ventaja laboral[350]. A este argumento puede añadirse también que convenios colectivos extraestatutarios, pactos colectivos informales de empresa y acuerdos de empresa constituyen manifestaciones del ejercicio de un derecho constitucional como es el de negociación colectiva (art. 37.1 CE) que precisamente tiene por objeto la tutela del interés colectivo de los trabajadores, por lo que difícilmente puede validarse el que tales manifestaciones puedan generar derechos *ad personam* para los trabajadores[351]. Asimismo, se ha apuntado que los acuerdos colectivos impropios se ven afectados por la *vis atractiva* del art. 82.4 ET de tal manera que su contenido podrá ser objeto de disposición por los convenios colectivos posteriores, pues lo contrario atentaría a toda lógica jurídica[352]. Finalmente, tampoco hay que desconocer que las referidas manifestaciones negociales generalmente tienen una vigencia limitada, se definen, por tanto, y entre otras cosas, por su temporalidad, y por la disponibilidad de sus

349. FERNÁNDEZ LÓPEZ, M.F., «Condición más beneficiosa...», op. cit., p. 18.

350. STS (Sala 4ª) de 18 de Septiembre de 1997 (RJ 1997, 6487): el que una determinada ventaja se encuentre ordenada en «un pacto colectivo, y no en un pacto individual, ello excluye, que estemos ante una condición más beneficiosa»; STS (Sala 4ª) de 28 de Enero de 2009 (RJ 2009, 664), en relación con una modalidad retributiva pactada (pacto colectivo) en el ámbito de aplicación del Convenio de empresa para un determinado colectivo de trabajadores de la empresa, y que se comunicó por ésta a cada trabajador mediante carta individualizada —no se apreció condición más beneficiosa—.

351. La cuestión de la naturaleza de la condición objeto de discusión en cada caso es un aspecto que con frecuencia ha pesado para apreciar que no puede estarse en ningún caso ante una condición más beneficiosa. Un ejemplo de ello lo tenemos en la STS (Sala 6ª) de 9 de Septiembre de 1986 (RJ 1986, 7301), que en relación con el cese voluntario indemnizado ofrecido por la empresa a los trabajadores y aceptado por sus representantes —y su posible consideración como condición más beneficiosa—, donde el TS terminó fallando que «no era por su propio carácter de colectivo y para todos los empleados, una situación personal (individual) más beneficiosa, sino una expectativa de derecho sólo ejercitable durante la vigencia de dicho pacto».

352. ALARCÓN CARACUEL, M.R., «La aplicación...», op. cit., p. 250.

contenidos finalizada su vigencia por la propia autonomía colectiva, lo que impide la consolidación indefinida del derecho en beneficio del trabajador, no pareciendo razonable contemplar la existencia de hipotéticas condiciones más beneficiosas de carácter temporal.

No obstante, sí debo advertir que la opinión contraria a considerar las manifestaciones de la autonomía colectiva como fuentes de condiciones más beneficiosas va referida únicamente, en este caso, a los pactos y acuerdos colectivos extraestatutarios o informales expresos, no así en relación con los de carácter tácito, que generalmente se configuran en la práctica como usos o prácticas de empresa, y a los que me referiré a continuación.

Por lo que respecta a la jurisprudencia del TS en relación con este aspecto, lo primero que hay que señalar es que en esta materia ha habido una evidente transición, desde lo que son las posturas favorables a considerar que los convenios y acuerdos colectivos extraestatutarios podían generar condiciones más beneficiosas, a negar que ello pueda ser así. Por comenzar por la consideración de la jurisprudencia que debemos estimar vigente, la que niega que estas manifestaciones de la autonomía colectiva puedan ser fuente de condiciones más beneficiosas, me permito en este momento citar la STS (Sala 4ª) de 29 de marzo de 2023 (RJ 2023, 2190) que, con cita de jurisprudencia anterior, recuerda que la actual doctrina del TS es la que afirma la fuerza contractual y la naturaleza limitada de los convenios y acuerdos colectivos extraestatutarios, al tiempo que la negativa a que dichas manifestaciones de la autonomía colectiva puedan generar condiciones más beneficiosas[353], dada su duración temporal, «sin que exista razón alguna para mantenerlos después de haber expirado, pues su aplicación durante el período de vigencia no es indicativa de la voluntad de la empresa de conceder un beneficio que sobrepase las exigencias de las normas legales o colectivas aplicables, que la actuación empresarial no es más que el cumplimiento de lo pactado y mientras tenga vigencia el referido pacto, sin que exista indicio alguno de una voluntad empresarial de incorporarlo de forma definitiva al contrato de trabajo» —en un caso donde el trabajador reclama se le abonar el plus «bodas de plata», por los 25 años de antigüedad en la empresa previsto en sucesivos acuerdos colectivos extraestatutarios, el último de los cuales hacía un tiempo que había dejado de estar en vigor—.

353. En este sentido STS (Sala 4ª) de 11 de Mayo de 2009 (RJ 2009, 4548); STS (Sala 4ª) de 16 de Junio de 2009 (RJ 2009, 3262); STS (Sala 4ª) de 14 de Octubre de 2009 (RJ 2010, 1137); STS (Sala 4ª) de 9 de Febrero de 2010 (RJ 2010, 2831); STS (Sala 4º) de 14 de Mayo de 2013 (RJ 2013, 6080); STS (Sala 4ª) de 29 de marzo de 2016 (RJ 2016, 1699).

Por el contrario, y como he señalado, durante un tiempo —años 2008 y 2009—, y de manera muy puntual, el TS sostuvo la opinión contraria[354]. Un cambio jurisprudencial que, por otra parte, en gran medida vino influenciado por la respuesta que el TS dio en un momento determinado a la cuestión de si sería posible mantener en vigor el sistema de clasificación profesional establecido en un convenio colectivo extraestatutario, más allá de la vigencia de éste, y ante la aparición en escena de un convenio colectivo estatutario, lo cual de manera sorprendente fue resuelto por Alto Tribunal español señalando que: «ello no impide la conservación de las condiciones adquiridas en atención a una regulación de origen contractual, de acuerdo con la doctrina de la condición más beneficiosa. La condición se ha incorporado al vínculo contractual y no queda eliminada por la entrada en vigor de una regulación procedente de otro orden normativo». Un ejemplo, una vez más de como en determinados momentos el debate sobre la naturaleza y eficacia de las manifestaciones de la autonomía colectiva puede contaminar la propia elaboración jurisprudencia sobre la condición más beneficiosa.

Entre medias, entre estas dos posiciones también podemos encontrar sentencias que, pese a la existencia del posicionamiento hoy día contrario, como he señalado, se han venido moviendo en una mayor o menor ambigüedad a la hora de determinar si las manifestaciones de la autonomía colectiva, distintas del convenio colectivo del Título III ET, pueden ser, o no, fuentes de condiciones más beneficiosas[355]. De hecho, en alguna ocasión se ha reconocido expresamente que tanto el «pacto colectivo extraestatutario»[356], como los «actos y pactos de empresa, que no tienen naturaleza de convenio» —se entiende convenio colectivo del Título III ET— pueden dar lugar a «condiciones más beneficiosas de carácter colectivo»[357], incluso cuando se trata de acuerdos colectivos que tiene su origen en la previsión

354. STS (Sala 4ª) de 12 de Mayo de 2008 (RJ 2008, 4122); STS (Sala 4ª) de 20 de Marzo de 2009 (RJ 2009, 2593). Doctrina criticada con razón, entre otros, por RUIZ CASTILLO, M.M., y ESCRIBANO GUTIÉRREZ, J., *La negociación y el convenio colectivo...*, op. cit., p. 122 y ss.

355. La STS (Sala 4ª) de 17 de Abril de 1997 (RJ 1997, 3205), por ejemplo, no termina de fallar, siendo uno de los motivos de recurso, si las ventajas de las que dejaron de disfrutar unos becarios constituye o un desconocimiento de una condición más beneficiosa, limitándose a constatar que dado que las mismas se consignaban en un acuerdo entre empresa y representantes de los trabajadores nada extraño había en que un convenio colectivo posterior dispusiera de aquéllas.

356. STS (Sala 4ª) de 20 de Septiembre de 1993 (RJ 1993, 6887).

357. STS (Sala 4ª) de 30 de Diciembre de 1998 (RJ 1998, 54).

normativa del art. 41 ET en relación con la modificación sustancial de condiciones de trabajo[358].

En todo caso, y para terminar las consideraciones sobre esta polémica cuestión, me permito señalar que, cuando los Tribunales han admitido que manifestaciones negociales distintas de los convenios colectivos del Título III ET pueden originar condiciones más beneficiosas de carácter colectivo[359], dicho reconocimiento ha venido marcado por tres notas fundamentales:

a) El recurso a la tesis de la incorporación al nexo contractual como explicación más plausible de la eficacia de los convenios y pactos colectivos extraestatutarios, a pesar de las disfunciones que pueden plantearse teniendo en cuenta la naturaleza colectiva de dichas manifestaciones de la autonomía colectiva[360]. Si bien, en alguna ocasión el TS parece abandonar esa concepción[361], como cuando afirmó que los beneficios otorgados por convenio o pacto colectivo extraestatutario podrían verse afectados por un pacto colectivo posterior[362], planteamiento que en última instancia sugiere que «tal condición no puede considerarse "desgajada" de la fuente colectiva reguladora ni, por tanto, incorporada al contrato»[363].

b) La propia temporalidad de las manifestaciones de la autonomía colectiva, que ha determinado la conclusión por el TS de que las condiciones más beneficiosas de disfrute colectivo no pueden ir

358. STS (Sala 4ª) de 5 de Marzo de 1993 (RJ 1993, 1707), donde curiosamente se califica al acuerdo *ex art.* 41 ET como «regulación contractual unitaria o en masa». Sobre este último fenómeno véase CREMADES, B.M., «La regulación contractual unitaria», *Revista de Política Social,* núm. 80, 1968, p. 5 y ss.

359. Un supuesto interesante lo constituye el analizado en la STS (Sala 4ª) de 5 de Marzo de 1993 (RJ 1993, 1707), donde un acuerdo de empresa *ex art.* 41 ET que determina la equiparación de salarios en contrapartida a la unificación de horarios se califica por el Tribunal como «regulación contractual unitaria» que «incorporada al nexo contractual en virtud del art. 41 ET, se mantiene como condición más beneficiosa».

360. GARCÍA MURCIA, J., «Criterios jurisprudenciales sobre la naturaleza y la eficacia de los pactos colectivos atípicos (I y II)», *Actualidad Laboral,* núms. 23 y 24, 1992, p. 403 y ss.

361. Propugnada también por algunos sectores de la doctrina científica. Véase al respecto PRADOS DE REYES, F., «Acuerdos informales de empresa: tipificación y eficacia jurídica. Valor frente a condiciones más beneficiosas», *Relaciones Laborales,* núm. 13, 1991, p. 93, con ocasión del análisis de un caso donde el contenido del pacto informal de empresa no constituía condición más beneficiosa.

362. STS (Sala 4ª) de 20 de Septiembre de 1993 (RJ 1993, 6887).

363. RODRÍGUEZ-PIÑERO, M., «Principio pro operario, condición más beneficiosa y autonomía colectiva», *Relaciones Laborales,* núm. 6, 1991, p. 5.

más allá del pacto colectivo que las originó[364], teniendo por tanto un marcado carácter temporal. Esta consideración constituye una expresión de la vieja doctrina jurisprudencial por la que las condiciones más beneficiosas se encuentran limitadas en cuanto a su efectividad por lo que determine su propio acto de concesión[365].

c) Finalmente, y en línea con la eficacia jurídica contractual y personal limitada que el TS suele otorgar a los convenios colectivos extraestatutarios[366] y pactos colectivos informales de empresa, se afirma que el disfrute de la condición más beneficiosa sólo puede alcanzar a quienes integraban la plantilla al momento de otorgarse el beneficio, no así a los trabajadores contratados con posterioridad[367], si bien no se ha de descartar que la voluntad de los suscriptores del convenio o pacto colectivo vaya también en ese sentido[368].

4.3. EL ACUERDO DE LAS PARTES

La consideración del acuerdo entre las partes como una de las hipotéticas fuentes de condiciones más beneficiosas es una consecuencia del cambio

364. STS (Sala 4ª) de 20 de Septiembre de 1993 (RJ 1993, 6887): «Las condiciones más beneficiosas que en su caso pudieran ser instauradas por pacto colectivo extraestatutario, además de tener la extensión subjetiva que es propia de éstos, limitan su duración al período fijado como ámbito temporal de los mismos, sin que, por tanto, subsistan para tiempo posterior, pues tal límite temporal, salvo previsión específica en contrario, actúa para todas sus cláusulas». Para la STS (Sala 4ª) de 17 de Marzo de 1992 (RJ 1992, 1656) «la posible reiteración en el tiempo de una cláusula en los sucesivos acuerdos no expresa aquí un reconocimiento de su permanencia hacia el futuro». Por su parte, la STS (Sala 4ª) de 25 de Enero de 1999 (RJ 1999, 896) expresa con relación al beneficio en discusión —en aquél caso complementos salariales devengados por los trabajadores— que los mismos «eran la consecuencia de un pacto, suscrito en el ejercicio de la libre autonomía de la voluntad, que expresamente preveía su duración temporal, sin que hubiera razón para mantenerlo después de haber expirado, en contra de lo pactado». Véase asimismo la STS (Sala 4ª) de 20 de Septiembre de 1993 (RJ 1993, 6887). Por otro lado, la STS (Sala 4ª) de 9 de Diciembre de 1986 (RJ 1987, 7301) en un supuesto de sucesión de acuerdos colectivos de empresa, al tiempo que descartaba la aplicación del principio de condición más beneficiosa al no estar en presencia de un conflicto de normas pactadas, confirmó la aplicación del acuerdo colectivo en vigor en el momento de la reclamación de la demandante.
365. STS (Sala 4ª) de 13 de Febrero de 1995 (RJ 1995, 4012). Véase CAMPS RUIZ, L.M., «La condición...», op. cit., p. 257.
366. Véase STS (Sala 4ª) de 14 de Diciembre de 1996 (RJ 1996, 9462); STS (Sala 4ª) de 17 de Octubre de 1994 (RJ 1994, 8052).
367. Véase, por ejemplo, la STS (Sala 4ª) de 5 de Marzo de 1993 (RJ 1993, 1707).
368. Véase STS (Sala 4ª) de 10 de Noviembre de 1997 (RJ 1997 8208).

que la concepción de la condición más beneficiosa como concesión unilateral del empresario ha experimentado en los últimos años, y que afecta de manera relevante a la propia configuración del principio de condición más beneficiosa. Esta circunstancia es la que explica que, cuando en páginas anteriores he analizado los factores que han de concurrir en el nacimiento de una condición más beneficiosa otorgada por el empresario, hayamos manifestado desde un principio que el origen de todo es un negocio jurídico, y no la voluntad unilateral del empresario, que, aunque decisiva indudablemente no es un requisito definitivo.

En este sentido, se ha señalar que, aunque los Tribunales exigen como elemento central para la consideración de una condición más beneficiosa la voluntad empresarial de otorgar un beneficio con ese carácter[369], desde hace ya un tiempo también ponen el acento en la necesidad de que se produzca por parte del trabajador una aceptación del mismo, ya expresa, ya tácita[370]. Dicho planteamiento se ha evidenciado, por ejemplo, en relación con las circulares que la dirección de la empresa puede emitir en un momento determinado y que tienen por destinatarios a los trabajadores de la misma.

La potencialidad estas circulares empresariales como fuente de condiciones más beneficiosas se ha puesto de manifiesto de manera constante

369. Lo que le ha llevado a descartar la existencia de una condición más beneficiosa en casos como el de la empresa que establece una serie de mejoras sociales que se califican finalmente como liberalidades circunstanciales y mutantes (STS (Sala 4ª) de 28 de Abril de 1997 [RJ 1997, 3551]), el complemento de incentivos sobre ventas otorgado «de año en año y en forma graciable» (STS (Sala 4ª) de 8 de Julio de 1997 [RJ 1997, 6253]), el incremento año tras año de la cuantía de las pagas extraordinarias (STS (Sala 4ª) de 16 de Mayo de 1996 [RJ 1996, 4467]), la concesión a los trabajadores todos los años de una cesta por Navidad (STS (Sala 4ª) de 31 de Mayo de 1995 [RJ 1995, 4012]), o el complemento de puesto de trabajo que se disfrutó precisamente mientras se desempeñaron las tareas correspondientes al mismo (STS (Sala 4ª) de 20 de Septiembre de 1984 (RJ 1984, 4441); STS (Sala 4ª) de 29 de Septiembre de 1986 [RJ 1986, 5735]). Igualmente, no se ha considerado la aplicación del principio de condición más beneficiosa en el caso de un colaborador de RTVE que con el tiempo es declarado fijo de plantilla por sentencia judicial y pretende la retroactividad de los efectos económicos que su nueva situación conlleva (STS (Sala 6ª) de 8 de Noviembre de 1984 [RJ 1984, 5827]); STS (Sala 6ª) de 21 de Mayo de 1986 [RJ 1986, 2601]; STS (Sala 6ª) de 26 de Diciembre de 1986 [RJ 1986, 7606]), al tiempo que se ha negado que la mera continuidad en un cargo pueda generar una condición más beneficiosa en el sentido de consolidar un complemento personal de puesto de trabajo (STS (Sala 6ª) de 24 de Marzo de 1987 [RJ 1987, 1668]).

370. En este sentido, RODRÍGUEZ-PIÑERO, M., «Principio pro operario...», op. cit., p. 4. Igualmente, STS (Sala 4ª) de 14 de Mayo de 1993 (RJ 1993, 4901).

por el TS, el cual al tiempo que negaba su valor normativo ha reconocido, en situaciones donde ha apreciado la existencia de una condición más beneficiosa[371], que «tienen como acuerdos privados plena eficacia entre las partes de conformidad con lo dispuesto en los arts. 1091 y 1278 del Código Civil»[372]. Doctrina que en definitiva respalda la afirmación realizada anteriormente con relación a que hoy día la jurisprudencia considera que las condiciones más beneficiosas otorgadas unilateralmente por el empresario son el resultado de un acuerdo, expreso[373] o tácito, y que en definitiva no basta con la oferta empresarial, que por supuesto es necesario que se dé y con el ánimo de otorgar una condición más beneficiosa[374], sino

371. El contraste tal vez lo aporte en este sentido la STS (Sala 4ª) de 19 de Noviembre de 1991 (RJ 1991, 8249) que niega que pueda apreciarse la existencia de una condición más beneficiosa con relación a una circular de la empresa que regula la situación del personal que ha de prestar servicios extraordinarios a efectos remunerativos en atención a que la misma no se ha aplicado en supuestos distintos a los previstos expresamente en la misma, lo que para el Tribunal constituye una clara evidencia de que no existía un ánimo de la empresa de reconocer una determinada retribución con el carácter de más beneficiosa.

372. STS (Sala 4ª) de 1 de Junio de 1992 (RJ 1992, 4504). En el mismo sentido, STS (Sala 4ª) de 24 de Junio de 1992 (RJ 1992, 4667), donde se afirma que las circulares se sitúan en el ámbito de la autonomía privada de los contratantes que comprende el establecimiento de condiciones más beneficiosas de origen contractual. Véase asimismo la STS (Sala 4ª) de 18 de Enero de 1995 (RJ 1995, 358); STS (Sala 4ª) de 25 de Marzo de 1993 (RJ 1993, 2206); STS (Sala 4ª) de 30 de Diciembre de 1998 (RJ 1998, 454). Más recientemente, STS (Sala 4ª) de 11 de Junio de 2008 (RJ 2008, 4124).

373. Un supuesto significativo desde esta perspectiva lo constituye la STS (Sala 6ª) de 1 de Julio de 1988 (RJ 1988, 5735), donde se aborda el caso de una empresa que durante veinte años abonó un «complemento de Ayuda a Impuestos» sobre la base de una condición más beneficiosa recogida expresamente en el contrato de trabajo, y que tras la entrada en vigor del entonces art. 26.3 ET que prohibía que las empresas corrieran con los impuestos directos sobre las retribuciones de los trabajadores, considera el Tribunal que puede continuar vigente al entender que la «condición personal más beneficiosa» puede ser considerada retribución voluntaria.

374. Por excepcional, dada la formalidad con que se produce, resulta interesante la consulta de la STS (Sala 4ª) de 9 de Diciembre de 1999 (RJ 1999, 9722) donde se analiza el supuesto de una empresa que por carta individualizada otorgó a sus trabajadores una condición más beneficiosa consistente en unos incrementos retributivos mediante la concesión una serie de complementos salariales.
Véase asimismo la STS (Sala 4ª) de 30 de Marzo de 1999 (RJ 1999, 3777), donde se niega por el Tribunal la existencia de una condición más beneficiosa a partir de la comunicación general por el presidente de la empresa a su personal del régimen que regiría ciertos días festivos, por entender que no hubo ánimo de otorgar una condición de esa naturaleza.

que también ha de concurrir la referida aceptación tácita o expresa de los trabajadores[375].

Sin embargo, cuando se asume la existencia de una condición más beneficiosa otorgada por el empresario en la forma referida anteriormente conviene prestar atención a los términos en que la misma surge. Ello quiere decir que la configuración de aquélla en sede de la autonomía individual resulta capital a la hora de comprender en qué consiste la condición y cuál es su alcance, como por otro lado expresa el art. 1255 Cc. Esta circunstancia es la que explica precisamente que resulte posible establecer, por ejemplo, condiciones más beneficiosas sometidas a condición en cuanto a su mantenimiento[376], o que no pueda considerarse como tales materias conexas con el objeto de la condición más beneficiosa al no constatarse una voluntad, expresa o tácita en tal sentido[377].

Ahora bien, conviene ser conscientes de que el pacto tácito o expreso que en muchos casos se establece entre trabajador y empresario no necesariamente ha de poner de manifiesto la existencia de una condición más beneficiosa de disfrute individual. Y ello porque entiendo que dichos pactos individuales pueden resultar expresivos tanto de condiciones más beneficiosas de disfrute plural como de disfrute colectivo. Estaremos ante una condición más beneficiosa de disfrute plural cuando el número de trabajadores beneficiados por el disfrute de la condición sea más de uno, de tal manera que la oferta haya sido realizada por la empresa a más de un trabajador. Por el contrario, la condición más beneficiosa de disfrute colectivo

375. En este sentido, la STS (Sala 4ª) de 1 de Junio de 1992 (RJ 1992, 4504) define a la circular de empresa, en el caso concreto, como «una oferta de la empresa que, aceptada por el trabajador, establece y reglamenta las obligaciones derivadas de la suspensión y extinción de las relaciones de trabajo por la reestructuración de plantillas». Por su parte, STS (Sala 4ª) de 25 de Marzo de 1993 (RJ 1993, 2206) refiere cómo la circular de la empresa, en el caso concreto ha «configurado un acuerdo contractual que integra una condición más beneficiosa».

376. Véase la STS (Sala 4ª) de 27 de Noviembre de 1996 (RJ 1996, 748) donde se valida la concesión por un banco a sus trabajadores de una condición más beneficiosa condicionada en su mantenimiento —retribuciones de intereses en cuenta corriente y de ahorro, así como intereses a cobrar en descubiertos de deudores— a la situación que registren las tarifas de los clientes, teniendo en cuenta las circunstancias del mercado etc., y donde había una reserva de la empresa en cuanto a su posible modificación unilateral.

377. Sobre toda esta cuestión resulta de interés la consulta de BORRAJO DACRUZ, E.: «Modulación contractual de las mejoras salariales», *Actualidad Laboral*, núm. 9, 1991, p. 105 y ss.
La STS (Sala 4ª) de 21 de Octubre de 1994 (RJ 1994, 8102) aunque considera como condición más beneficiosa la retribución del tiempo de toma del bocadillo, niega la transformación de dicho período temporal en jornada efectiva de trabajo «porque falta el pacto expreso, individual y colectivo que, así lo establezca».

implica por sí misma una oferta realizada por la empresa de forma general y abstracta a un colectivo de trabajadores. En este último caso, sin embargo, habrá que tener en cuenta que, por supuesto, no cabe hablar de un proceso de negociación colectiva, pero sí de un supuesto de contratación unitaria *sui géneris* —que podría calificarse como una suerte de contratación en masa, aunque este término, como sabemos, no goza precisamente de buena fama, cuando del análisis del art. 37.1 ET se trata—, donde se aprecia cómo finalmente el empresario sella, normalmente de forma tácita, en otros de forma expresa, un compromiso con todos y cada uno de los trabajadores que se perfecciona con la aceptación tácita o expresa de los mismos.

4.4. LA COSTUMBRE LABORAL, LOS USOS DE EMPRESA Y LAS PRÁCTICAS EMPRESARIALES COMO POSIBLE ORIGEN DE CONDICIONES MÁS BENEFICIOSAS

Sostiene el Cc (art. 1.3 párrafo 2ª) que «los usos jurídicos que no sean meramente interpretativos de una declaración de voluntad tendrán la consideración de costumbre». Tenor que lleva a pensar en la ausencia de notas diferenciadoras entre costumbre y usos jurídicos no meramente interpretativos[378], como por otra parte parece asumir el legislador en el ámbito del Derecho del Trabajo (arts. 3.1 d), 3.4, ó 29.1 ET). No obstante, en el ámbito del ordenamiento jurídico-laboral junto a la existencia de estos usos jurídicos equiparados en muchos casos a la costumbre laboral —y a la que se le confiere en el Cc el carácter de fuente del Derecho (art. 1.1 Cc)—, se viene reconociendo la existencia de usos o prácticas de empresa[379], en cuanto «conductas socioprofesionales (circunscritas a tal ámbito) observadas habitualmente pero sin crear Derecho y que desempeñan su principal función en materia probatoria»[380].Con ello, nos encontramos con que los usos de empresa o bien tienen un carácter interpretativo, o bien se configuran como evidencias de la existencia de un pacto tácito entre empresa y trabajadores, descartándose en todo caso su carácter de fuente del Derecho y por tanto su naturaleza normativa[381].

---

378. Una visión crítica de este planteamiento puede consultarse en GORDILLO CAÑAS, A., «Usos jurídicos», *Enciclopedia Jurídica Básica*, Vol. IV, Civitas, Madrid, 1995, p. 6765 y ss.
379. Véase sobre el particular SEMPERE NAVARRO, A.-V., «Notas sobre la costumbre laboral», *Revista Española de Derecho del Trabajo*, núm. 10, 1982, p. 213.
380. SEMPERE NAVARRO, A.-V., «Costumbre laboral», *Enciclopedia Jurídica Básica*, vol. II, Civitas, Madrid, 1995, p. 1782.
381. ALONSO OLEA, M. y CASAS BAAMONDE, M.E., *Derecho del Trabajo*, Civitas, Madrid, 1999, p. 760; CAMPS RUIZ, L.M., «Artículo tercero. Fuentes de la relación laboral», en VV.AA., *El Estatuto de los Trabajadores. Comentarios a la Ley 8/1980, de 10 de Marzo*, Edersa, Madrid, 1981, p. 42.

Nuevamente en este caso debemos interrogarnos por la posible consideración de la costumbre laboral y los usos o prácticas de empresa como potenciales fuentes de condiciones más beneficiosas. Y en ese sentido, el primer comentario ha de ir destinado a descartar precisamente a quien tiene la consideración de fuente del Derecho, la costumbre laboral, como origen de condiciones más beneficiosas. Su carácter de fuente del Derecho, lo que implica una naturaleza normativa, me lleva a desestimar que respecto de la misma pueda operar el principio de condición más beneficiosa. Junto a este argumento, habrá que tener también en cuenta que el propio tenor del art. 3.4 ET impide la aplicación de la costumbre laboral más favorable que el orden legal, convencional o contractual establecido al configurar la misma como fuente subsidiaria[382]. Esta conclusión constituye una novedad respecto de la situación que se registraba con la vigencia del art. 9.3 LCT, pues en aquélla época al no existir una previsión legal expresa sobre el carácter subsidiario de la costumbre laboral, tanto la doctrina científica como la jurisprudencia abogaron por propugnar que «las condiciones consuetudinarias, lícitas, deben subsistir frente a cualquier norma positiva posterior siempre que sean más favorables para el trabajador que las establecidas por esta norma ulterior», con lo que se consideraba que el ordenamiento jurídico laboral español exigía el mantenimiento de las «condiciones consuetudinarias más beneficiosas para los trabajadores»[383].

En cuanto a los usos o prácticas de empresa, su exclusión como fuente del Derecho sitúa en un plano distinto a esta institución jurídica[384]. La primera cuestión que llama la atención de los usos de empresa es precisamente la diversidad de orígenes que puede tener, y que van desde el acuerdo colectivo que sin vincular al empresario es aplicado de modo constante por el mismo en la empresa, a la aplicación de determinadas cláusulas de un acuerdo colectivo que dejó de estar en vigor hace tiempo, o a la aplicación al personal de la empresa de determinadas ventajas que exceden lo reconocido a los trabajadores por otras fuentes[385]. Supuestos todos que en definitiva nos hablan de un origen colectivo de los usos y prácticas de empresa, que surgen de un comportamiento determinado, bien de la empresa —decisión unilateral—, o bien incluso de los propios trabajadores, y de la existencia de un acto reiterado en el tiempo, y que no registra oposición, ni

382. CAMPS RUIZ, L.M., «Artículo tercero...», op. cit., p. 42.

383. CAMPS RUIZ, L.M., *Los principios de norma más favorable...*, op. cit., p. 374 y ss.

384. La cual sostenemos a pesar de la existencia de alguna que otra Sentencia (STS (Sala 6ª) de 8 de Marzo de 1984 (RJ 1984, 1535]) que pese a diferenciar el uso de empresa de la costumbre a la que se refiere el Cc, califica al mismo como «normativo», predicando del aquél su «carácter de fuente».

385. OLLIER, P.: «L'accord d'enterprise dans ses rapports avec les autres sources de droit dans l'enterprise», *Droit Social*, núm. 11, 1982, pp. 683-684.

por parte de la empresa, ni por parte de los trabajadores. Asimismo, del uso de empresa se ha dicho que pese a su origen colectivo[386], el mismo deviene individual a la hora de su efectividad, pues ésta pasa por la «multiplicación de acuerdos tácitos individuales entre el empresario y los trabajadores»[387], que al insertarse en la relación laboral adquieren «las características de permanencia y estabilidad propias de la condición más beneficiosa».

De todas formas, pese a la dimensión colectiva que se suele resaltar de los usos o prácticas de empresa, habrá que tener en cuenta que, no sólo los comportamientos tácitos que tienen por destinatarios a un grupo de trabajadores constituyen un uso o práctica relevante desde la perspectiva de la condición más beneficiosa. También el comportamiento que en un momento determinado tiene el empresario con un trabajador, o un número determinado de los mismos, puede constituir el origen de una condición más beneficiosa. Cuestión puesta por otro lado de manifiesta ya cuando nos hemos referido en páginas anteriores al acuerdo de las partes como posible fuente de condiciones más beneficiosas.

Por tanto, no sólo los comportamientos tácitos de los que disfruta un colectivo, sino también aquéllos que son de disfrute plural, o incluso de disfrute individual —por emplear la misma terminología utilizada anteriormente—, pueden dar origen a condiciones más beneficiosas, de tal manera que si no se quiere hablar de un uso o práctica de empresa, sí parece que habría que referir la existencia de «prácticas empresariales» —a diferenciar de los usos o prácticas de empresa, visto que su ámbito subjetivo no alcanza la dimensión colectiva a mi juicio[388]—, que son origen de condiciones más beneficiosas y de las que disfrutan una pluralidad de trabajadores, cuando no un determinado trabajador[389].

---

386. Subrayado entre otros por ALONSO OLEA, M, y CASAS BAAMONDE, M.E.: *Derecho del Trabajo*, Civitas, Madrid, 1999, p. 760, quienes, citando a BAYÓN CHACÓN, destacan su carácter de «*especie de convenio colectivo tácito*». La misma calificación se puede apreciar en la STS (Sala 6ª) de 8 de Marzo de 1984 [RJ 1984, 1535]).

387. MARTÍNEZ JIMÉNEZ, J.M., «La condición más beneficiosa...», op. cit., pp. 35 y 37; LANGLOIS, P., «La politique des avantages acquis», *Droit Social*, núm. 12, 1986, p. 882.

388. Para FERNÁNDEZ LÓPEZ, M.F., «Condición más beneficiosa...», op. cit., p. 26, sin embargo, las prácticas empresariales pueden reconducirse a la noción de «pactos de adhesión», de carácter general y abstracto.

389. La doctrina española, sin embargo, se ha manifestado mayoritariamente a favor de la colectividad como nota característica de los usos y prácticas de empresa, de manera que beneficiarían bien a la generalidad de los trabajadores de una empresa, bien a un grupo de trabajadores que constituyan una categoría bien definida. OJEDA AVILÉS, A., «El principio de condición...», op. cit., p. 17; MARTÍNEZ JIMÉNEZ, J.M., «La condición más beneficiosa...», op. cit., p. 35; BEJARANO HERNÁNDEZ, A, «Usos de empresa y…», op. cit., p. 13.

La asunción de estos usos y «prácticas empresariales» como origen de condiciones más beneficiosas es un hecho asumido por la jurisprudencia desde hace ya tiempo, que en algún momento ha referido precisamente, y esto es algo que ya hemos comentado en páginas anteriores, cómo inicialmente la condición más beneficiosa surge al hilo de «situaciones anteriores consolidadas al amparo de pactos, usos y prácticas singulares», que implican en sí mismas un disfrute individual, para posteriormente y con el paso del tiempo admitirse el disfrute por una pluralidad o colectivo de trabajadores[390].

El problema fundamental, sin embargo, será detectar en primer término cuándo nos encontramos ante un uso o una práctica singular, y en segundo lugar hasta qué punto puede considerarse que dicho uso o práctica genera una condición más beneficiosa, pues como en algún caso ha referido la propia jurisprudencia no todo uso empresarial tiene por qué generar una condición más beneficiosa[391]. En efecto, aunque generalmente se advierta que en muchos casos a partir del uso de empresa se constata la existencia de un pacto tácito entre el empresario y el trabajador o trabajadores[392], en ocasiones esto no tiene por qué ser así, de forma que detrás del uso que creíamos vinculante lo único que hay es un comportamiento empresarial carente de intencionalidad a la hora de reconocer un derecho, como condición más

390. STS (Sala 4ª) de 30 de Diciembre de 1998 (RJ 1998, 454), citando otras como la STS (Sala 6ª) de 15 de Marzo de 1971 (RJ 1971, 1277), la STS (Sala 6ª) de 20 de Abril de 1966 (RJ 1966, 2666), o la STS (Sala 6ª) de 10 de Junio de 1964 (RJ 1084, 3870). Véase asimismo la STS (Sala 4ª) de 15 de Junio de 1992 (RJ 1992, 4582) donde se hace referencia a los «usos generales, prácticas empresariales, pactos etc.» como origen de condiciones más beneficiosas cuyo destinatario es un grupo de trabajadores.

391. STS (Sala 4ª) de 31 de Mayo de 1995 (RJ 1995, 4012); STS (Sala 4ª) de 12 de Marzo de 1997 (RJ 1997, 2316); STS (Sala 4ª) de 27 de Abril de 1998 (RJ 1998, 4933); STS (Sala 4ª) de 11 de Febrero de 1997 (RJ 1997, 2240), donde el compromiso del trabajador de habitar una casa gratuitamente se considera que excede de lo que es «un mero uso tolerado» y se califica como «pacto contractual, relativo a un derecho-deber del trabajador» que tiene su origen en una cláusula contractual incluida en un anexo del contrato de trabajo. En contra, BEJARANO HERNÁNDEZ, A.: *Principio de condición...*, op. cit., p. 75, quien considera impropia la distinción que se hace en las Sentencias entre «derecho adquirido» y «mero uso empresarial». Para SEMPERE NAVARRO, A.-V., y CRISANTO CASTAÑEDA, A.C., «La costumbre en la aplicación del Derecho del Trabajo», *Revista del Ministerio de Trabajo e Inmigración*, núm. 88, 2010, p. 81, sin embargo, un uso de empresa puede consistir en una conducta de los trabajadores relacionada con la ejecución de sus laborales sin que ello signifique un beneficio añadido, siendo ejemplo de ello la realización por los trabajadores de tareas más allá de la que marca el convenio colectivo para la categoría profesional de que se trate.

392. SEMPERE NAVARRO, A.-V.: «Costumbre...», op. cit., p. 1782.

beneficiosa, al trabajador o trabajadores[393], si bien el TS ha señalado expresamente la dificultad de apreciar expresamente en estos casos un vicio de voluntad como el error[394].

En este sentido, la jurisprudencia del TS nos aporta algunos criterios de interés para afrontar la resolución de la cuestión planteada. Así, y en primer término, y en consonancia con lo que es la teoría general sobre la aplicación del principio de condición más beneficiosa, se ha de tener en cuenta que la simple condescendencia empresarial no genera derecho alguno a favor de los trabajadores[395], y ello porque ni es suficiente, ni resulta precisa, «la repetición o la persistencia en el tiempo, sino que es preciso que la actuación persistente descubra la voluntad empresarial de introducir un beneficio que incremente lo dispuesto en la ley o en el convenio colectivo», pues lo contrario nos sitúa a lo más ante una «práctica empresarial de liberalidad»[396], que en ningún caso obliga al empresario para el futuro y que hemos de diferenciar de los usos y prácticas empresariales vinculantes generadores de condiciones más beneficiosas[397]. De hecho, la actuación empresarial tiene que ser expresiva del ánimo de otorgar un beneficio, «integrando así la reiteración una declaración tácita de voluntad en ese sentido»[398], y es que «la

393. Como ha referido MARTÍNEZ JIMÉNEZ, J.M.: «La condición más beneficiosa...», op. cit., p. 36, en atención a la doctrina del TCT, «no toda práctica seguida en la empresa constituye un uso de empresa», en cuanto origen de condiciones más beneficiosas. En el mismo sentido SAVATIER, J.: «Le révocation des avantages résultant des usages de l'enterprise», *Droit Social*, núm. 12, 1986, p. 892, considera como requisitos para apreciar la existencia de un «uso obligatorio», la constancia, la generalidad y la cohesión o fijeza.

394. La STS (Sala 4ª) de 17 de Noviembre de 1991 (RJ 1991, 8243) ha indicado expresamente que «parece difícil, dado el concepto de pacto tácito, que implica la condición más beneficiosa, que, en su viabilidad jurídica, pueda operar el error —a no ser en los supuestos de clandestinidad o dolo por parte del trabajador— ya que el error, para que pueda invalidar el contrato ha de ser inexcusable, y no ser quien lo alega responsable de su existencia (art. 1302 Cc)».

395. STS (Sala 4ª) de 15 de Junio de 1992 (RJ 1992, 4582).

396. STS (Sala 4ª) de 21 de Febrero de 1994 (RJ 1994, 1216), en relación con la cesta de Navidad entregada todos los años por la empresa a los trabajadores.

397. Por supuesto, la demostración de la existencia de una práctica empresarial expresiva del reconocimiento de una condición más beneficiosa incumbe a quien plantea su existencia (STS (Sala 4ª) de 15 de Diciembre de 1997 (RJ 1997, 9180).

398. STS (Sala 4ª) de 17 de Diciembre de 1997 (RJ 1997, 9483), en relación con la continuidad de la empresa en la aplicación de un acuerdo colectivo que ya había perdido su vigencia por denuncia, y respecto de la que el Tribunal considera que no genera una condición más beneficiosa. Véase asimismo la STS (Sala 4ª) de 16 de Enero de 1998 (RJ 1998, 455) en relación con la práctica tradicional de una empresa de calcular las comisiones de sus vendedores a partir de las cantidades consignadas en los albaranes, desechando la utilización de las facturas que llevaban ya aplicado el descuento a clientes por bonificaciones o promociones.

tolerancia o condescendencia no dejan de ser tales necesariamente porque duren más o menos tiempo, sino porque se transformen en una conducta distinta de concesión o reconocimiento de un derecho»[399]. Sin embargo, y como ya hemos referido al hilo de las consideraciones en relación con las expectativas de derecho, tampoco debemos ser ajenos a que, en algún caso, el TS[400] ha considerado que había de apreciarse la existencia de una condición más beneficiosa en atención a que el estado de cosas inalterable desde hacía muchos años generó en los beneficiarios la certeza de recibir la asistencia sufragada por la empresa.

En segundo lugar, para que un uso o una «práctica empresarial» resulte relevante a los efectos que aquí interesan, y en línea con lo expresado con carácter general en relación con la constitución de condiciones más beneficiosas por decisión unilateral del empresario, la misma ha de consolidarse con tal carácter, de manera que cuando aquélla registra modificaciones por lo que hace a su contenido no resultará posible apreciar dicha consolidación[401]. Igualmente, tampoco es relevante el comportamiento de la empresa en un sentido durante un tiempo determinado —por ejemplo, dos años consecutivos—, sobre todo cuando el convenio colectivo ha inducido ese comportamiento[402].

En tercer lugar, para que un uso o una «práctica empresarial» genere condiciones más beneficiosas habrá que tener en cuenta que la misma no

399. STS ud. (Sala 4ª) de 20 de Diciembre de 1993 (RJ 1993, 9974), en relación con el supuesto de un centro escolar donde en los últimos años no se había exigido al profesorado trabajar en el mes de julio, si bien en sus contratos de trabajo constaba expresamente que la duración del período de vacaciones era de treinta días, y que fue descartada como condición más beneficiosa.
De especial interés es el caso afrontado en la STS (Sala 4ª) de 5 de Noviembre de 1996 (RJ 1996, 8403), donde ante el hecho de que la empresa en la negociación colectiva de cada año condescendió en no exigir compensación por la reducción de jornada pactada con ocasión de determinadas fiestas, el Tribunal afirma categóricamente que «la condescendencia en la negociación, no constituye nunca condición más beneficiosa, sino que es una liberalidad que está circunscrita a los términos de lo convenido», por lo que considera lícito que un año la empresa exija la referida compensación.

400. STS (Sala 4ª) de 7 de Febrero de 1997 (RJ 1997, 1162).

401. Véase STS (Sala 4ª) de 18 de Mayo de 1993 (RJ 1993, 4109), donde se aborda el supuesto de un práctica empresarial consistente en que miembros del sindicato vertical proponían a la empresa la terna para integrar un Tribunal de ingreso en un Banco, práctica que con la instauración de la CE y normas posteriores sufre una transformación consistente en que es la representación unitaria la que fija la terna. Igualmente, véase la STS (Sala 4ª) de 14 de Mayo de 1993 (RJ 1993, 4901), en relación con el distinto tratamiento laboral que la empresa dio a los días 24 y 31 de Diciembre a lo largo de los años, y que además fue comunicado a los trabajadores de forma distinta cada año.

402. STS (Sala 4ª) de 3 de Julio de 1996 (RJ 1996, 5632) respecto a la revisión salarial en igual cuantía del salario base y el plus de antigüedad.

podrá ser contraria a las leyes, la moral, ni al orden público (art. 1255 Cc), lo que explica que el TS haya desestimado la relevancia a los efectos que nos ocupan de las prácticas desviadas de la observancia del ordenamiento jurídico[403].

He referido anteriormente que los usos y «prácticas empresariales» suelen constituir la evidencia de la existencia de un pacto tácito, colectivo, o en su caso individual o plural[404]. Cuando la practica empresarial tiene por destinatario a un único trabajador, parece razonable pensar en la existencia de una cláusula contractual tácita. En el caso de que la práctica afecte a una

403. Véase la STS ud. (Sala 4ª) de 8 de Julio de 1996 (RJ 1996, 5761), en relación con una Resolución de la Secretaría de Estado para las Administraciones Públicas que urgía el sometimiento del personal de la Administración General del Estado al convenio colectivo vigente y de aplicación, y que provocó el que la dirección de un aeropuerto nacional decidiera acomodar la jornada de su personal a la prevista en el convenio colectivo, eliminando la anterior que era inferior en cinco horas semanales a la pactada colectivamente, y que llevó al Tribunal a manifestar que en este caso «no haber condición más beneficiosa, sino práctica desviada del ordenamiento, cualquier ocasión es útil para reconducir la situación a la norma».
En todo caso, y para la reflexión, habría que tener en cuenta la consideración realizada por FALGUERA BARÓ, J.A., «Costumbre normativa, práctica empresarial y regulación de la prestación de trabajo», *La Ley digital*, núm. 39896, 2019, versión electrónica, que, con ocasión de su análisis sobre la costumbre y usos de empresa como fuentes reguladoras de la relación de trabajo, ha advertido que, en los últimos años, parece que «está recuperando fuerza una argumentación que sugiere que cuando la normativa contractual, del convenio colectivo o de las normas estatales, incluida la ley, permite varias interpretaciones, si durante un lapso de tiempo más o menos amplio se ha venido siguiendo una determinada, ya no será posible reclamar contra ella», concluyendo en este sentido que «lo no puede admitirse es que se genere la «condición menos beneficiosa», es decir, que si un colectivo anónimo de empleados de una empresa o sector, o sus representantes unitarios o sindicales no han sido suficientemente diligentes, o imaginativos, o no han tenido suficiente asesoramiento, o simplemente no se han atrevido a reclamar, no solamente han perdido sus derechos, sino que han arrastrado irremisiblemente a los compañeros de trabajo que hayan venido después de ellos, que ya no podrán reclamar».

404. En todo caso, el manejo de estas categorías, como he señalado anteriormente, no es pacífico. En concreto, y por lo que respecta a los usos de empresa, FERNÁNDEZ LÓPEZ, M.F., «Condición más beneficiosa...», op. cit., p. 11, por ejemplo, en su momento se mostró muy crítica con la jurisprudencia al respecto, señalando que, en la doctrina judicial sobre las condiciones más beneficiosas, «se han mezclado sin razón instituciones individuales y colectivas unificando su régimen de forma absolutamente artificial». Hasta el punto de que se ha planteado que esta jurisprudencia «niega autonomía al uso como fuente reguladora especial, pues se la trata como categoría que engloba a una pluralidad de pactos individuales tácitos (sin conferir relevancia alguna al interés colectivo generado por la puesta en práctica de una decisión empresarial de efectos colectivos; y sin extraer consecuencia jurídica alguna de las escuetas, pero expresas, previsiones de Derecho positivo relativas a esta clase de decisiones y al uso de empresa)» (MATORRAS DÍAZ-CANEJA, A., «Los usos de empresa», *Justicia Laboral*, núm. 27, 2006, p. 49).

pluralidad de trabajadores, podríamos plantearnos incluso que nos encontramos ante un fenómeno de contratación en masa, por supuesto no expreso. Ahora bien, cuando detrás del uso empresarial se adivina la existencia de un pacto colectivo tácito[405], el interrogante que surge es hasta qué punto puede entenderse que ese uso de empresa constituye una manifestación de la autonomía colectiva *ex art.* 37.1 CE, cuestión que ya planteé en páginas anteriores al analizar el acuerdo de las partes como fuente de condiciones más beneficiosas.

Pues bien, a mi juicio puede afirmarse con seguridad que los usos de empresa en ningún caso pueden equipararse a los convenios colectivos, no pudiendo considerarse una realización del derecho reconocido en el art. 37.1 CE[406]. Y ello fundamentalmente por dos motivos: a) en primer lugar porque su origen no es negocial, como ocurre con el convenio o pacto colectivo expreso[407]; b) en segundo lugar, y conectada con la razón anterior, porque los usos tienen un origen inorgánico[408], lo que implica inexistencia de una organización participante en la génesis del correspondiente derecho. Por tanto, entiendo que se ha de reivindicar la entidad propia de los usos empresa como fuente de condiciones más beneficiosas, con una entidad

405. Esta perspectiva aparece reflejada en sentencias como la STS (Sala 4ª) de 8 de marzo de 1984 (RJ 1984, 1535), en la que, en un momento determinado, se expone una visión del uso de empresa en este mismo sentido: «nos hallamos ante un uso normativo de empresa una especie de convenio tácito al que la doctrina y decisiones jurisdiccionales vienen a otorgar el carácter de fuente, al ver en el mismo una condición más beneficiosa que se inserta en el sinalagma de la relación laboral existiendo un círculo razonable de afectados en que concurre una repetición de conductas que van más allá de lo meramente interpretativo».
En contra de un planteamiento como el descrito se ha posicionado MATORRAS DÍAZ-CANEJA, A., «Los usos...», op. cit., p. 49, para quien «las condiciones más beneficiosas disfrutadas a título personal, como ventaja singular, no generalizada (...) son las únicas que pueden considerarse objeto de un pacto tácito de carácter individual y, por ende, inatacables por convenio colectivo. Por el contrario, el uso de empresa, en cuanto instrumento informal regulador que proyecta sus efectos en la esfera colectiva, no puede ser considerado fuente ni del Derecho objetivo, ni de verdaderos derechos subjetivos intangibles, sino que debe quedar sometido a la dinámica colectiva».

406. No obstante, la doctrina comparada resalta las similitudes existentes entre usos de empresa y acuerdos colectivos de empresa (SAVATIER, J., «Le révocation des avantages...», op. cit., p. 894; OLLIER, P., «L'accord d'enterprise...», op. cit., p. 684), hasta el punto de que en Francia la jurisprudencia utiliza ese argumento precisamente para justificar el que, en el caso de los usos de empresa, el empresario también pueda proceder a la revocación de los mismos.

407. MARTÍNEZ JIMÉNEZ, J.M., «La condición más beneficiosa...», op. cit., p. 35.

408. Elemento destacado por BEJARANO HERNÁNDEZ, A., *Principio de condición...*, op. cit., p. 78, en relación con los usos de empresa.

distinta, diferenciada, de las manifestaciones de la autonomía colectiva surgidas al amparo del art. 37.1 CE[409].

409. La equiparación del uso de empresa a un convenio tácito, asumido en ocasiones por la jurisprudencia, en atención a los problemas de diferenciación que registra esta figura respecto del convenio colectivo tácito ha sido rechazada también por AGUILERA IZQUIERDO, R., «La costumbre laboral y los usos de empresa», *Aranzadi Social*, Tomo V, 2000, pp. 599-600, quien precisamente ha resaltado que el «uso de empresa no es por tanto, fruto de la negociación o de un pacto expreso entre el empresario y trabajadores sino de una concesión empresarial tácitamente aceptada por los trabajadores o de una práctica de los trabajadores tácitamente aceptada por el empresario».

5

En torno al planteamiento que explica la efectividad de las condiciones más beneficiosas en el desarrollo de las relaciones de trabajo

5.1. LA TEORÍA DE LOS DERECHOS ADQUIRIDOS

La argumentación que sustenta que determinadas condiciones sobrevivan a la instauración de una nueva norma con el carácter de más beneficioso ha girado tradicionalmente en nuestro país en torno a la teoría de los derechos adquiridos, como argumento que explicaría la vigencia y la indisponibilidad por quien no es el beneficiario de las condiciones que se consideran que tienen dicho carácter. Esta elaboración doctrinal toma forma sobre todo a partir de la década de los años cincuenta[410] cuando el principio de condición más beneficiosa comienza a consolidarse como tal y a diferenciarse del principio de norma más favorable. De tal manera que la misma tiene su sustento originario en el ámbito laboral en la consideración de que el Fuero del Trabajo, en relación con las normas estatales, postulaba la irreversibilidad de las condiciones laborales y la nulidad de la norma posterior que pretendiera cancelarlas o modificarlas *in peius* para el trabajador, y que se aprecia años después en la Ley de Convenios Colectivos de 1958 por lo que hace a la sucesión de convenios colectivos[411]. Planteamiento que en fechas más recientes se ha rechazado, al considerarse, no sin razón, por cierto, que el ordenamiento franquista «no ofrece una base sólida para sos-

410. En este sentido, véase OJEDA AVILÉS, A., «El principio de condición...», op. cit., pp. 25-26, quien destaca cómo sin embargo durante el período de la II República no triunfó entre la jurisprudencia la idea de aplicar al mundo laboral las disposiciones del Cc sobre el respeto a los derechos adquiridos, probablemente como consecuencia del «esfuerzo por imponer la retroactividad *in mitius* de las nuevas normas laborales».
411. CAMPS RUIZ, L.M., *Los principios de norma más favorable...*, op. cit., pp. 395-396.

tener que existiera un principio constitucional consistente en la prohibición de regresión de la normativa laboral»[412].

No obstante, la posición de la jurisprudencia durante el régimen franquista en relación con la teoría de los derechos adquiridos distó de ser clara. Y ello porque la jurisprudencia de estos años osciló entre asumir los planteamientos civilistas al respecto, y que en nuestro país parten del tenor de la DT 1ª y 4ª Cc., y la asunción de las tesis administrativistas[413], lo que da una idea de las dudas que ya planteaba la aplicación de la propia construcción de los derechos adquiridos[414].

De hecho, uno de los factores que ha caracterizado a la teoría de los derechos adquiridos a lo largo del tiempo ha sido precisamente la diversidad de planteamientos que han intentado explicar el fundamento por el que resultaba posible el disfrute por el individuo de un derecho obtenido en un escenario normativo concreto cuando el panorama normativo sufre una transformación relevante[415]. Así, la teoría originaria de los *iura quaesita*, que definía el derecho adquirido como «todo derecho que entró a formar parte del patrimonio de alguno a consecuencia de un acto idóneo y susceptible de producirlo, en virtud de la ley del tiempo en el que el hecho hubiera tenido lugar» (GABBA), ha sido objeto a lo largo de los años de sucesivas matizaciones y propuestas alternativas por parte de la doctrina[416]. Hecho que en definitiva nos habla de la propia insatisfacción que crea la afirmación de la intangibilidad de ciertos derechos que se consideran adquiridos por el individuo[417], entre otras cosas porque se trata de un planteamiento que

---

412. DÍAZ AZNARTE, M.T., *Principio de condición...*, op. cit., p. 14, quien sin embargo reconoce la existencia de «un principio de norma mínima no desviado» por el que «la norma laboral de rango inferior sólo puede contener una regulación más favorable que la de rango superior, siempre y cuando ésta última se configure como norma de Derecho necesario relativo y no como norma de Derecho dispositivo».
413. De nuevo OJEDA AVILÉS, A., «El principio de condición...», op. cit., p. 26 y ss.
414. En relación con los requisitos que deberían tenerse en cuenta a la hora de considerar, en el ámbito laboral, adquirido un derecho por parte del trabajador, véase DE LA VILLA GIL, L.E., GARCÍA BECEDAS, G., GARCÍA-PERROTE, I., *Instituciones de Derecho del Trabajo*, Ceura, Madrid, 1991, pp. 52-53.
415. A ello hay que añadir la diversidad de conceptos de derecho adquirido que pueden manejarse en el ámbito laboral, y de los que de al menos cinco da cuenta FERRARO, G., «I diritti quesiti...», op. cit., p. 290 y ss.
416. Véase LÓPEZ MENUDO, F., *El principio de irretroactividad en las normas jurídico-administrativas*, Instituto García Oviedo, Sevilla, 1982, p. 91 y ss.
417. En este sentido, MARTÍNEZ CALCERRADA, L., «Vías de extinción-modificación de la condición más beneficiosa», *Relaciones Laborales*, núm. 22, 1988, p. 11, diferenció en su momento los derechos adquiridos de la condición más beneficiosa, refiriendo de los primeros su origen en un «acto formal o de disfrute, goce o uso durante el tiempo», mientras que la segunda al margen de poder tener su origen «en dichos facta», puede originarse en un pacto individual expreso incluible en el contrato laboral.

deja fuera multitud de situaciones intermedias que no pueden considerarse derechos perfectos[418], como las expectativas de derechos, merecedoras en ocasiones de protección, al tiempo que no permite diferenciar claramente el derecho de sus consecuencias en el caso de situaciones de duración indefinida[419], sin olvidar el riesgo de petrificación del Derecho que supone el que las reformas normativas no puedan tener una incidencia efectiva hasta transcurrido un período prolongado de tiempo[420].

No en vano, la doctrina ha apuntado la existencia de diferencias conceptuales entre el derecho adquirido —que agotaría su contenido con los beneficios ya nacidos—, y la condición más beneficiosa —«que alberga la posibilidad de que, de futuro, sigan naciendo beneficios, o incluso, que puedan producirse sólo en el futuro, si en el pasado aún no se habían cumplido las condiciones exigidas para ser titular de algún crédito»—, que permiten referir la existencia en este último caso de expectativas jurídicas tutelables[421].

5.2. LA DOCTRINA JURISPRUDENCIAL EN LA ETAPA DEMOCRÁTICA

La promulgación de la CE de 1978 qué duda cabe que aporta nuevos argumentos en favor de la desestimación de la teoría de los derechos adquiridos como explicación última de la conservación de las condiciones más beneficiosas. No en vano el TC ha considerado que la teoría de los derechos adquiridos no casa con los planteamientos constitucionales que se derivan del art. 1 CE donde se define a España como un Estado Social y Democrático de Derecho, y con las exigencias del art. 9.2 CE[422]. Lo que no quiere decir que el TC haya rechazado la posible existencia de un principio como el de condición más beneficiosa, pues en algún caso ha desarrollado plantea-

418. Sobre el particular, véase CASTAN TOBEÑAS, J., *Derecho Civil Español, Común y Foral*, Tomo 1, vol. II Reus, Madrid, 1984, p. 47 y ss.
419. LÓPEZ MENUDO, F., *El principio de irretroactividad...*, op. cit., pp. 94-95.
420. CAPILLA RONCERO, F., «Derechos adquiridos», *Enciclopedia Jurídica Básica*, Tomo II, Civitas, Madrid, 1995, p. 2382.
421. GONZÁLEZ VELASCO, J., «Irretroactividad de las normas...», op. cit., p. 64.
422. Entre otras, STC 27/1981, de 20 de Julio (RTC 1981, 27); STC 6/1983, de 4 de Febrero (RTC 1983, 6); STC 42/1986, de 10 de Abril (RTC 1986, 42). Véase GAYA SICILIA, R., *El principio de irretroactividad de las leyes en la jurisprudencia constitucional*, Montecorvo, Madrid, 1987, en especial pp. 321 y ss.
Lo cual no quiere decir que haya desaparecido del tráfico jurídico, pues por ejemplo, en el ámbito de los funcionarios públicos, el TS continúa aplicándola, bien es verdad que circunscrita su aplicación al salario de los funcionarios públicos, así como a los derechos relacionados con la naturaleza de la función desarrollada por los mismos (véase PALOMAR OLMEDA, A., *Derecho de la Función Pública. Régimen jurídico de los funcionarios públicos*, Dykinson, Madrid, 1990, p. 34 y ss.).

mientos que dan un margen importante para sostener su vigencia[423]. Igualmente, ha sostenido que el principio de irretroactividad del art. 9.3 CE únicamente afecta a las normas sancionadoras no favorables y a las restrictivas de derechos individuales, entendiendo por estos últimos los derechos fundamentales y libertades públicas, en definitiva, los comprendidos en la Sección 1ª del Capítulo Segundo del Título I CE[424], no rigiendo en los demás casos.

En cuanto a la doctrina del TS en la actual etapa democrática, el análisis de la misma se ha de hacer partiendo de la consideración, ya manifestada en cierta manera, de que sobre todo a partir de la década de los ochenta, con la implantación de un nuevo sistema de relaciones laborales, el principio de condición más beneficiosa transforma su carácter abandonando la dimensión normativa que implicaba «*el respeto o la conservación de condiciones laborales derivadas de normas anteriores ya derogadas*»[425], quedando reducida a una dimensión contractual, que también existía con anterioridad a la promulgación de la CE de 1978, y que en definitiva implica «*el respeto a lo pactado y más favorable para el trabajador que lo estatuido en las normas laborales, de carácter mínimo, a través de las distintas vicisitudes de la relación jurídico-laboral*»[426].

Este hecho, junto a las circunstancias ya referidas de desestimación en gran medida de la teoría de los derechos adquiridos por parte del TC, y la interpretación que este órgano jurisdiccional ha realizado de preceptos como el art. 9.3, 9.2 y 1.1 CE, ha provocado el que la doctrina del TS abandone el planteamiento que explicaba la conservación de las condiciones más

---

423. Por ejemplo, la STC 98/1983, de 15 de Noviembre (RTC 1983, 98), ha sostenido que «no se puede privar al trabajador sin razón suficiente para ello de las conquistas sociales ya conseguidas, por lo que no debe restablecerse la igualdad privando al personal femenino de los beneficios que en el pasado hubieran adquirido»; en sentido parecido, STC 81/1982, de 21 de Diciembre (RTC 1982, 81). Con ello, y como ha señalado DURÁN LÓPEZ, F., *Jurisprudencia constitucional y Derecho del Trabajo*, Ministerio de Trabajo y Seguridad Social, Madrid, 1992, pp. 109-110, se destaca además que las reformas peyorativas de la situación de los trabajadores han de tener una justificación objetiva y razonable.

424. Por todas, STC 42/1986, de 10 de Abril, asumiendo con ello la tesis de LÓPEZ MENUDO, F.: *El principio de irretroactividad...*, op. cit., p. 213 y ss., que sin embargo no fue incorporada de primera mano por el TC, alcanzándose este planteamiento tras sucesivas STC. A estos efectos resulta de interés la consulta de GAYA SICILIA, R., *El principio de irretroactividad...*, op. cit., p. 183 y ss.; LÓPEZ MENUDO, F., «El principio de irretroactividad de las normas en la jurisprudencia constitucional», en MARTÍN-RETORTILLO, S. (Coord.), *Estudios sobre la Constitución española. Homenaje al profesor Eduardo García de Enterría*, Tomo I, Civitas, Madrid, 1991, p. 486 y ss.

425. CAMPS RUIZ, L.M., *Los principios de norma más favorable...*, op. cit., p. 395.

426. De nuevo, CAMPS RUIZ, L.M., *Los principios de norma más favorable...*, op. cit., p. 395.

beneficiosas a partir de la consideración de los mismos como derechos adquiridos. No en vano, el TS[427] insiste una y otra vez en que es la incorporación al nexo contractual[428], como consecuencia de la regularidad y disfrute de una condición con el carácter de más beneficiosa, el factor que explica el que dicha condición más beneficiosa, con independencia de la fuente de la que provenga, se encuentre a salvo de regulaciones o decisiones empresariales posteriores[429], y el que el trabajador pueda seguir disfrutando de misma en el futuro, constituyendo dicha incorporación la composición del «principio de intangibilidad unilateral de las condiciones más beneficiosas adquiridas y disfrutadas»[430]. Con ello, nuestro Alto Tribunal hace recaer la vinculación de la condición más beneficiosa en el contrato de trabajo[431], «con lo que un problema de derecho transitorio termina por situarse en un marco que le es más propio, el de las relaciones entre autonomía colectiva y autonomía individual»[432], si bien parece claro que en el caso de las condiciones de estas características el tratamiento de que es objeto la autonomía individual en relación con la autonomía colectiva es bastante peculiar.

Ahora bien, en ocasiones las resoluciones judiciales se encuentran salpicadas de referencias aisladas a la teoría de los derechos adquiridos[433], en lo que bien puede considerarse como una cierta reminiscencia de plantea-

---

427. Entre otras, STS (Sala 6ª) de 29 de Septiembre de 1986 (RJ 1986, 5198); STS (Sala 6ª) de 24 de Marzo de 1987 (RJ 1987, 1668); STS (Sala 4ª) de 9 de Noviembre de 1989 (RJ 1989, 8029); STS (Sala 4ª) de 14 de Mayo de 1993 (RJ 1993, 4901); STS (Sala 4ª) 20 de Diciembre de 1993 (RJ 1993, 9974); STS (Sala 4ª) de 28 de Marzo de 1994 (RJ 1994, 2646); STS (Sala 4ª) de 8 de Julio de 1997 (RJ 1997, 6253); STS (Sala 4ª) de 11 de Marzo de 1998 (RJ 1998, 2562); STS (Sala 4ª) de 29 de Marzo de 2000 (RJ 2000, 3134).
428. En algún caso se refiere textualmente que «se incorpora al conjunto de derechos del trabajador» (STS (Sala 4ª) de 20 de Mayo de 1991 [RJ 1991, 3919]).
429. En este sentido, entre otras, STS (Sala 4ª) de 23 de Diciembre de 2008 (RJ 2008, 8262), destaca que la atribución a una condición del carácter de más beneficiosa implica que «no puede ser suprimida ni reducida unilateralmente por el empresario, a no ser que las partes haya alcanzado un nuevo acuerdo o se haya producido su neutralización en virtud de un norma posterior, legal o paccionada que altere la situación interior con algún beneficio o utilidad de análogo significado».
430. STS (Sala 4ª) de 28 de Abril de 1997 (RJ 1997, 3551); STS (Sala 4ª) de 21 de Febrero de 1994 (RJ 1994, 1216).
431. Como refiere la STS (Sala 4ª) de 15 de Junio de 1992 (RJ 1992, 4582), la incorporación al correspondiente nexo contractual «conduce a fundamentar la eficacia obligatoria de aquella condición en la fuente del contrato individual de trabajo».
432. FERNÁNDEZ LÓPEZ, M.F., «Condición más beneficiosa...», op. cit., p. 16.
433. Doctrina que, por otro lado, en la década de los noventa volvió a ser retomada para explicar el fenómeno de la condición más beneficiosa partiendo de las Disposiciones del Cc en materia de Derecho Transitorio (véase NAVARRO FAJARDO, J. J., «Sucesión de convenios colectivos, condición más beneficiosa, retroactividad y derechos adquiridos», *Actualidad Laboral*, núm. 28, 1995, p. 495 y ss.).

mientos del pasado. Así, en algún caso se ha referido que lo fundamental es que la ventaja se incorpore al nexo contractual «debiendo, cualquiera que sea el título originario de la concesión constituir un derecho adquirido»[434], cuando no se le confiere el *status* de «deuda adquirida»[435]. En otra ocasión, y en relación con la limitación de las cuantías de la pensión de jubilación fijada por la Ley de Presupuestos Generales de Estado, la Sala refirió que se trataba de una «prohibición legal que no infringe el principio de irretroactividad de las normas restrictivas de derechos, ni priva a su titular de un derecho adquirido», pues la reducción o no revalorización de una de las pensiones de que disfrutaba el trabajador «no significa una privación de derechos, dado que los afiliados a la Seguridad Social no ostentan un derecho subjetivo a una cuantía determinada de las pensiones futuras»[436]. Finalmente, también en algún caso se ha hecho equivaler la condición más beneficiosa al derecho adquirido, al tiempo que se sostenía que el mismo se mantenía «con apoyo en el principio de seguridad jurídica que proclama el artículo 9 de nuestra Constitución (...) siendo en este sentido de inequívoca aplicación la disposición transitoria 1ª de Código Civil, por cuanto se trata de un derecho nacido de la legislación anterior»[437].

Sin embargo, pese a que la teoría de la incorporación al nexo contractual goza mayoritariamente del favor jurisprudencial, conviene ser conscientes de que la misma ha recibido fuertes críticas por parte de la doctrina científica[438], originadas en nuestro país sobre todo a raíz de la jurisprudencia en torno a la eficacia de los convenios colectivos extraestatutarios, que, en

434. STS (Sala 4ª) de 12 de Marzo de 1997 (RJ 1997, 2316).
435. STS (Sala 4ª) de 15 de Junio de 1992 (RJ 1992, 4582).
436. STS (Sala 4ª) de 11 de Noviembre de 1987 (RJ 1987, 7854).
437. STS (Sala 4ª) de 7 de Marzo de 1985 (RJ 1985, 1296).
438. SALA FRANCO, T., *Los convenios colectivos extraestatutarios*, Instituto de Estudios Sociales, Madrid, 1981, p. 15 y ss.; GOERLICH PESET, J.M., «Los pactos informales de empresa», en AA.VV., *Manifestaciones de la autonomía colectiva en el ordenamiento español*, Acarl, Madrid, 1989, p. 87 y ss.; ESCRIBANO GUTIÉRREZ, J., *Autonomía individual y colectiva...*, op. cit., p. 141 y ss. Más recientemente, MERCER UGINA, J.R., *Los principios de aplicación...*, op. cit., p. 146 y ss. ha realizado un planteamiento que aboga por la consideración de la condición más beneficiosa como una suerte de «acuerdo contractual tácito», y una reinterpretación de la idea de «contractualización» que subyace en todo este asunto.
En el ámbito de la doctrina comparada véase ALIPRANTIS, N., *La place de la convention collective dans la hierarchie des normes*, LGDJ, Paris, 1980, p. 262 y ss.; VARDARO, G., *Contratti collettivi e rapporto individuale di lavoro*, Franco Angeli, Milano, p. 214 y ss.; TURSI, A., *Autonomia contrattuale e contratto collettivo di lavoro*, Giappichelli Editore, Torino, 1996, p. 244 y ss.

principio[439], contractualizan las manifestaciones de la autonomía colectiva emanadas al margen del Título III ET[440]. El argumento fundamental en ese sentido lo constituye el que con la contractualización se desvirtúa la propia naturaleza de la autonomía colectiva, pues en definitiva se estaría asumiendo un trasvase de lo pactado a otra fuente como es el contrato de trabajo[441], sancionándose con ello una «*ultraactividad de grado máximo*», pues las condiciones emanadas de la autonomía colectiva no se vería afectadas por las vicisitudes del convenio o pacto colectivo, al que sobrevivirían en el tiempo, configurándose de esta manera como intangibles no sólo frente al poder empresarial, sino también, y esto si cabe resulta más llamativo, frente a quienes dieron lugar a tales condiciones, en definitiva frente a la autonomía colectiva[442]. En este sentido, se refirió gráficamente en su momento que «se daría entonces la paradoja de que los representantes de los trabajadores y empresarios tendrían derecho a la negociación colectiva, mejorando los mínimos de derecho necesario, pero no podrían volver sobre las condiciones pactadas (derogándolas, por ejemplo), al haberse incorporado las mismas al vínculo contractual»[443].

5.3. HACIA UN PLANTEAMIENTO QUE TENGA EN CUENTA LA DIVERSIDAD DE FUENTES ORIGEN DE LA CONDICIÓN MÁS BENEFICIOSA

Visto el rechazo que la teoría de incorporación al nexo contractual suscita en un sector importante de la doctrina científica, sobre todo cuando la fuente de la condición es colectiva, surge con carácter inmediato el interrogante de qué argumentación podría justificar la perpetuación en el tiempo de la condición más beneficiosa. Al respecto, los estudios más recientes realizados en nuestro país, ya comenzado el siglo XXI, abogan por analizar el fenómeno distinguiendo las fuentes que originan la condición más beneficiosa[444]. Así, en el caso de las condiciones que tienen su origen estrictamente en una decisión unilateral del empresario se continúa dando por

439. Decimos en principio, porque la jurisprudencia sostenida la tesis de la incorporación al nexo contractual, sin embargo, no es fiel a la misma e introduce correcciones relevantes en la consideración contractual de dichas manifestaciones negociales. Véase VALDÉS DAL-RÉ, F., *Configuración y eficacia de los convenios colectivos extraestatutarios*, Acarl, Madrid, 1988, p. 95 y ss.

440. Véase GARCÍA MURCIA, J., «Criterios jurisprudenciales sobre la naturaleza...», op. cit., p. 403 y ss.

441. MARTÍNEZ JIMÉNEZ, J.M., «La condición más beneficiosa...», op. cit., p. 33.

442. VALDÉS DAL-RÉ, F., *Configuración y eficacia...*, op. cit., p. 93.

443. De nuevo, MARTÍNEZ JIMÉNEZ, J.M., «La condición más beneficiosa...», op. cit., p. 33.

444. BEJARANO HERNÁNDEZ, A., *Principio de condición más beneficiosa...*, op. cit., p. 31 y ss.

válida la tesis de la incorporación al nexo contractual como explicación más fiable[445]. En cuanto a los usos de empresa se ha defendido su consideración como *tertium genus*, descartando por tanto la tesis de la incorporación al nexo contractual, de manera que los mismos tendría cuerpo de fuente de las obligaciones y alma de fuente del Derecho, si bien en algún caso también se ha defendido claramente la normatividad de los mismos[446]. Tesis igualmente descartada por lo que respecta a los acuerdos y pactos colectivos informales de empresa, de los que se afirma su eficacia jurídica normativa en base al art. 37.1 CE, eficacia que también se defiende en el caso de los pactos colectivos de eficacia personal limitada[447].

Ciertamente, la fundamentación de la efectividad de las condiciones más beneficiosas exige la consideración separada de las distintas fuentes que pueden originar condiciones más beneficiosas[448], pues, a mi juicio, no resulta inocuo el origen de la condición. Así, y comenzando por las decisiones unilaterales del empresario, entiendo que su efectividad a lo largo del tiempo, así como su intangibilidad, pasa por la consideración de que la condición integra el contrato de trabajo[449], desechándose por tanto la tesis de la incorporación al nexo contractual. La desestimación de la incorporación de la condición al contrato considero que se justifica en atención a que la condición más beneficiosa se origina en este caso en el seno mismo de la relación laboral, siendo una consecuencia, como hemos tenido ocasión de comprobar, del acuerdo entre empresario y trabajador. De tal manera que lejos de configurarse el contrato de trabajo como fuente mediata, que acudiría en apoyo de la efectividad de la condición, el mismo constituye el contexto en el que se origina la condición, pues en definitiva la condición más beneficiosa no es otra cosa que la expresión del acuerdo entre empresario y trabajador, integrando por tanto el contenido del contrato de trabajo.

---

445. Sin embargo, en el caso de la «condición contractual singular más favorable», pactada expresamente por trabajador y empresario, y que BEJARANO HERNÁNDEZ, A., *Principio de condición más beneficiosa...*, op. cit., p. 32, considera como condición más beneficiosa en sentido lato, se defiende su consideración directa como parte del contrato de trabajo.
446. SALA FRANCO, T., y BLASCO PELLICER, A., «Las condiciones más beneficiosas...», op. cit., p. 417.
447. No obstante, en relación con aquellos trabajadores que se adhieren al acuerdo, sí se predica la doctrina de la incorporación al nexo contractual (BEJARANO HERNÁNDEZ, A., *Principio de condición más beneficiosa...*, op. cit., p. 90).
448. Peligro denunciado en su momento por FERNÁNDEZ LÓPEZ, M.F., «Condición más beneficiosa...», op. cit., p. 20, y que a su juicio tenía su origen en la propia teoría jurisprudencial del principio de condición más beneficiosa.
449. La distinción de los conceptos «incorporación» e «integración», se viene manejando desde hace un tiempo por parte de la doctrina y jurisprudencia francesa en relación con las condiciones más beneficiosas de carácter colectivo e individual respectivamente. (Véase BUGADA, A, *L'avantage acquis...*, op. cit., p. 371 y ss.).

Por tanto, en mi opinión resulta más correcto en este caso referir —excepción hecha de las condiciones más beneficiosas de disfrute de colectivo, respecto de las que me remito a lo que referiré en relación con los usos de empresa— la existencia de una integración, que no de una incorporación, en el nexo contractual, pues la condición tiene su origen en la autonomía individual, que también constituye el sustrato del contrato de trabajo.

No obstante, conviene aclarar que la integración de la condición más beneficiosa originada en la decisión unilateral del empresario en ningún caso supone la generación de derechos adquiridos. La doctrina hoy día del TS al respecto, en conexión con la del TC, es clara al restringir la aplicación de la teoría de los derechos adquiridos al ámbito de la Función Pública, y en circunstancias muy específicas. Sin embargo, sí se ha de reseñar que, con la integración de la condición más beneficiosa en el contrato de trabajo, la misma se torna intangible, pues al resultar la expresión del acuerdo entre empresario y trabajador sólo la voluntad de éstos[450], y no la del empresario por sí mismo, o la de los sindicatos de conformidad con la empresa, pueden en principio alterar su contenido, y en definitiva decidir sobre su vigencia, —excepción hecha de mecanismos jurídicos como el de la absorción y compensación y que serán objeto de tratamiento posterior—.

Ahora bien, tras la reforma laboral de 1994 se planteó por un sector de la doctrina que la nueva redacción de preceptos como el art. 41 ET podía suponer «una auténtica quiebra en el tradicional entendimiento del principio de condición más beneficiosa», al no garantizarse la intangibilidad de la condición más beneficiosa, pues a partir de entonces el empresario estaría legitimado no sólo para modificar unilateralmente la condición, concurriendo causas económicas, técnicas, organizativas o de producción, sino también para forzar la extinción indemnizada del contrato si el trabajador se resiste a la voluntad empresarial[451]. La aparición en el panorama normativo español de la denuncia modificativa empresarial es una cuestión dis-

450. Téngase en cuenta que conforme al art. 1091 Cc «las obligaciones que nacen de los contratos tienen fuerza de ley entre las partes contratantes y deben cumplirse al tenor de los mismos». Principio que en el ámbito del Derecho del Trabajo se ve matizado sólo, por un lado, por la atribución al empresario de un poder de dirección (art. 20 ET), y por otro lado por la facultad atribuida al mismo de modificar sustancialmente las condiciones de trabajo (arts. 40 y 41 ET) (PÉREZ DE LOS COBOS, F., «La denuncia modificativa empresarial y el principio de condición más beneficiosa», *Actualidad Laboral*, núm. 21, 1996, p. 415).

451. PÉREZ DE LOS COBOS, F., «La denuncia modificativa...», op. cit., p. 430, quien en p. 416 explica cómo incluso en el supuesto de que la modificación sustancial fuera calificada por el juez de injustificada, el empresario podría llevar a efecto definitivamente su decisión, viéndose el trabajador forzado a extinguir el contrato al amparo del art. 50.1 c) ET.

cutida[452], aunque parece que el legislador la ha instaurado en el caso de las modificaciones sustanciales injustificadas, no así en el caso de las nulas[453].

A mi juicio, más que una quiebra del principio, el tenor del art. 41 ET supone un paso más en la evolución del mismo, pues entre otras cosas la denuncia modificativa más que quebrar el principio de condición más beneficiosa amenaza la propia existencia de la relación laboral, pudiendo producirse la resolución del contrato no sólo con ocasión de la modificación de una condición más beneficiosa, sino también cuando se modifican condiciones de trabajo que no tienen dicho carácter. Paso que además abunda en su contractualización, y que aleja si cabe aún más a la condición más beneficiosa de aquella concepción manejada en otros tiempos en relación con los derechos adquiridos. En este sentido, y con independencia de lo que comentaré más adelante, considero que la enseñanza que principalmente nos aporta el art. 41 ET es que la intangibilidad de la condición más beneficiosa, si bien existente, se ve constreñida de manera importante por el robustecimiento que el poder empresarial, en aras a la facilitación de la gestión flexible de los recursos humanos, siendo ciertamente apreciable la existencia de un debilitamiento de la efectividad del principio[454]. No en vano, y como en algún caso se ha señalado, el análisis actual de los niveles de protección de los derechos del trabajador nos permite observar cómo las condiciones más beneficiosas otorgadas unilateralmente por el empresario registran una acusada fragilidad en relación con el poder modificativo empresarial[455], situándose su nivel de protección por debajo del que registran tanto los derechos constitucionales, legales, y los reconocidos en disposiciones reglamentarias, como los contenidos en convenios colectivos, acuerdos, y pactos de empresa[456].

En cuanto a los usos y «prácticas empresariales», conviene comenzar recordando que en estas mismas páginas he defendido que mientras los primeros se caracterizan por su disfrute colectivo, las segundas tienen un

452. Véase GONZÁLEZ VELASCO, J., «Movilidad geográfica, modificaciones sustanciales de las condiciones de trabajo y la reforma procesal (I y II)», *Actualidad Laboral*, núms. 33 y 34, 1995, p. 559 y ss.; GALDÓS LOYOLA, E., «La ejecución de las sentencias en materia de movilidad geográfica y modificación sustancial de las condiciones de trabajo», *Actualidad Laboral*, núm. 43, 1997, p. 1061 y ss.

453. BAYLOS GRAU, A., CRUZ VILLALÓN, J., FERNÁNDEZ LÓPEZ, M.F., *Instituciones de Derecho Procesal Laboral*, Trotta, Madrid, 1995, pp. 370-371.

454. Tesis en la que han insistido entre otros DÍAZ AZNARTE, M.T., *El principio de condición...*, op. cit., p. 307.

455. A estos efectos resultan de interés las consideraciones de PÉREZ DE LOS COBOS, F., «La denuncia modificativa...», op. cit., p. 413 y ss.

456. RIVERO LAMAS, J., «Poderes libertades y derechos en el contrato de trabajo», *Revista Española de Derecho del Trabajo*, núm. 80, 1996, pp. 989-990.

ámbito subjetivo que permite referir la existencia de un disfrute plural y en algún caso incluso individual. Y ello porque, a mi juicio, esta circunstancia ejerce un influjo decisivo sobre la consideración de cada una de las dos instituciones al tiempo que indudablemente marca cualquier planteamiento en torno a la efectividad en el tiempo e intangibilidad de las condiciones más beneficiosas que tengan su origen en alguna de ellas.

En este sentido, y retomando de nuevo la cuestión de los usos de empresa, considero que ha de descartarse la incorporación al nexo contractual como explicación última de la efectividad e intangibilidad de la condición más beneficiosa[457], sobre todo por el desconocimiento de la dimensión colectiva de los mismos que ello supondría[458]. Tampoco creo que pueda plantearse una posible integración en el contrato de la condición originada en un uso, pues en este caso el contrato de trabajo no se configura como fuente inmediata de la condición dada la naturaleza colectiva de la misma. No en vano, creo que en el caso de los usos de empresa bien podría sostenerse que nos encontramos ante una suerte de regulación contractual unitaria[459] *sui generis*, donde existente una evidente dimensión colectiva de su contenido, en este caso la condición más beneficiosa, su eficacia es obligacional, por tanto vincula al empresario que no podrá alterarla unilateralmente en principio, explicándose su perduración en el tiempo precisamente por el hecho de que para la jurisprudencia los usos no crean Derecho pero sí son origen de condiciones más beneficiosas, imponiéndose en principio incluso a la autonomía colectiva, de la que se diferencian precisamente por su carácter inorgánico, en tanto mejoren lo dispuesto por convenio colectivo o pacto colectivo extraestatutario.

Por lo que respecta a las «prácticas empresariales» —en cuanto acuerdos o pactos tácitos de carácter plural o incluso individual—, su naturaleza individual, a pesar de que puedan tener un alcance plural, considero que permite referir de las mismas que su efectividad e intangibilidad se explican precisamente por su integración en el contrato de trabajo, que no por su incorporación al nexo contractual, al configurarse en este caso también el

457. Defendida entre otros por MARTÍNEZ JIMÉNEZ, L.M., «La condición más beneficiosa...», op. cit., p. 35; de manera más reciente, AGUILERA IZQUIERDO, R., «La costumbre laboral...», op. cit., p. 602.

458. Y que se puso de manifiesto por la doctrina en su momento en relación con los pactos colectivos informales de empresa (véase GOERLICH PESET, J.M., «Los pactos informales...», op. cit., p. 86 y ss.).

459. Recuérdese que conforme a la concepción tradicional (CREMADES, B., «La regulación contractual...», op. cit., p. 18) la regulación contractual unitaria tiene una naturaleza colectiva aunque su «fuerza jurídica le viene dada precisamente de la inserción eventual en el contrato de trabajo».

contrato de trabajo como fuente de primer mano, al tener su origen en el ámbito de la autonomía individual.

Por otro lado, y en relación con los convenios colectivos extraestatutarios, pactos colectivos informales de empresa, y acuerdos de empresa, si partimos de la consideración negativa que estas instituciones han recibido por mi parte para generar condiciones más beneficiosas poco más habría que decir. Sin embargo, siendo consciente de que la jurisprudencia sí los ha considerado como fuentes susceptibles de generar condiciones más beneficiosas en algunos casos, sí quisiera referir en primer término que entiendo poco satisfactoria la utilización en este caso de la tesis de la incorporación al nexo contractual, precisamente por el ya referido desconocimiento que ello supone de la dimensión colectiva de dichas manifestaciones de la autonomía colectiva. Igualmente, creo que tampoco la afirmación de la eficacia normativa de estos convenios, pactos y acuerdos[460] constituye una explicación convincente, dado que, como he intentado demostrar a lo largo de mi exposición, a día de hoy las fuentes normativas no pueden considerarse generadoras de condiciones más beneficiosas.

460. Sostenida entre otros por BEJARANO HERNÁNDEZ, A., *Principio de condición...*, op. cit., p. 87 y ss.

6

Límites a la aplicación del principio de condición más beneficiosa

Hemos visto hasta el momento cómo las condiciones más beneficiosas tienen su origen en la esfera de la autonomía de empresarios y trabajadores, cuya voluntad de constitución de una condición con las características ya analizadas resulta fundamental en la materia. Sin embargo, esa libertad de los intervinientes no puede pasar por alto la existencia de una serie de límites a la expresada autonomía que sin duda matizan la misma de alguna manera.

Este es el caso, en primer término, del principio de indisponibilidad de derechos, pues no podemos obviar la existencia en el ámbito normativo laboral de una serie de derechos que, en muchos casos, no admiten su disposición, incluida su mejora. Igualmente ocurre con el principio de igualdad de trato y la prohibición de discriminación, de tal manera que no puede considerarse *a priori* válida toda condición más beneficiosa con independencia de las circunstancias en que se originó. Finalmente, tampoco podemos obviar la existencia de derechos constitucionales como la negociación colectiva o la libertad sindical, y que sin duda han de convivir, pero al mismo tiempo pueden limitar, el disfrute de condiciones más beneficiosas.

6.1. EL ART. 3.5. ET

El art. 3.5 ET consagra el principio de indisponibilidad de derechos tanto legales como convencionales por parte de la autonomía individual. No en vano, dicho precepto constituye una evidente limitación de la autonomía privada consistente en la imposibilidad de disponer[461] por parte del traba-

461. Término que se ha considerado expresivo de la prohibición de renuncia en sentido propio, no así de la transacción, conciliación o novación de derechos (MONTOYA MELGAR, A., *Derecho del Trabajo*, Tecnos, Madrid, 2001, p. 226).

jador tanto «de los derechos que tengan reconocidos por disposiciones legales de derecho necesario», como de aquéllos «reconocidos como indisponibles por convenio colectivo», no así de los que tengan su origen en usos y costumbres[462], o incluso de los nacidos por encima de los mínimos establecidos, por vía contractual[463], lo que podría incluir a las condiciones más beneficiosas.

Qué duda cabe que a esta limitación tampoco escapa el principio de condición más beneficiosa de tal manera que, con carácter general, se puede afirmar que donde rige el principio de indisponibilidad no resulta posible la aplicación del de condición más beneficiosa[464], como consecuencia de la propia naturaleza indisponible de ciertos derechos[465]. No en vano el propio TS[466] ha referido expresamente que, por ejemplo, «si en una disposición de carácter estatal se regula materia de derecho necesario, no es válida la norma de rango inferior que la modifique o varíe, aunque lo sea en beneficio del trabajador».

Ahora bien, para aprehender la función limitativa del principio de indisponibilidad en relación con el de condición más beneficiosa, conviene tener en cuenta la existencia de una evolución en la razón de ser del primero. En efecto, si bien en los orígenes de este principio la intención del legislador —Ley de Accidentes de Trabajo de 1900— fue la de proteger al trabajador frente a posibles maniobras del empresario en relación al disfrute de ciertos derechos, al considerarse a aquél como la parte más débil, hoy día este fundamento no parece suficiente. De tal suerte que la vigencia del principio de indisponibilidad parece justificarse más bien por el ánimo del legislador de garantizar, en la medida de lo posible, el cumplimiento de ciertos mínimos fijados tanto por la ley como por la propia autonomía colectiva[467], lo que provoca que una de las consecuencias de la referida indisponibilidad sea precisamente la imposibilidad de generar condiciones más beneficiosas en

---

462. ALARCÓN CARACUEL, M.R., «La aplicación...», op. cit., p. 246.
463. DE LA VILLA GIL, L.E., «El principio de la irrenunciabilidad de los derechos laborales», *Revista de Política Social*, núm. 85, 1970, p. 38.
464. STS (Sala 4ª) de 1 de Junio de 1992 (RJ 1992, 4504); STS (Sala 4ª) de 24 de Junio de 1992 (RJ 1992, 4667).
465. Un ejemplo de todo lo contrario lo tenemos en la STS (Sala 6ª) de 28 de Noviembre de 1985 (RJ 1985, 5880), donde recuerda expresamente como la ley a tener en cuenta en el caso concreto — la ley del contrato del seguro —declara expresamente la validez de las cláusulas contractuales más beneficiosas respecto a los efectos suspensivos en caso de falta de pago de la prima.
466. STS (Sala 6ª) de 4 de Febrero de 1984) (RJ 1984, 834), con cita de la STS (Sala 6ª) de 8 de Mayo de 1973 (RJ 1973, 2254).
467. SAGARDOY BENGOECHEA, J.A., «La libertad sindical y los espacios de la autonomía colectiva», *Documentación Laboral*, núm. 24, 1988, p. 21.

relación con determinadas materias, algo que a primera vista podría pensarse que va contra los intereses del trabajador, pero que sin duda constituye una de las expresiones posibles de la presente concepción del principio de indisponibilidad.

De la lectura del art. 3.5 ET se deduce que el de indisponibilidad es un principio cuya vigencia abarca toda la relación laboral, pues no en vano lo que la norma estatutaria establece en definitiva es que el mismo afecta tanto al período de ejecución del contrato de trabajo como a su constitución[468], habiendo de recordarse que dicho principio impide incluso la renuncia de derechos no adquiridos aún[469]. Por otra parte, la doctrina científica y el propio TS parecen decantarse mayoritariamente hacia el establecimiento de una presunción general de que tanto las disposiciones legales como las convencionales son indisponibles[470], salvo determinación expresa en contrario o implícita, término este último que hace referencia a que del contenido de la disposición legal o convenio colectivo se deduzca que no estamos ante una norma de derecho necesario[471]. La imperatividad de sendas fuentes explica esta posición doctrinal.

Sin embargo, y como es de sobra conocido, ello no significa el fin del principio de condición más beneficiosa. En el caso del convenio colectivo, no estará de más recordar la doctrina sentada por el TC[472] en relación precisamente con las relaciones autonomía individual-autonomía colectiva, de manera que si bien el convenio colectivo prevalece sobre el contrato de trabajo —pues lo contrario supondría atentar contra la naturaleza normativa del convenio y el art. 37. 1 CE[473]—, al tiempo que condiciona la voluntad unilateral del empresario, ello no ha de significar que se excluya un espacio propio para la autonomía individual y el ejercicio de los poderes empresariales. En cuanto a las disposiciones legales, su primacía no está reñida con

468. De nuevo ALARCÓN CARACUEL, M.R., «La aplicación...», op. cit., p. 247.

469. SAGARGOY BENGOECHEA, J.A., *Los principios de aplicación...*, op. cit., p. 32.

470. Término que para la doctrina mayoritaria supone la prohibición de la renuncia de derechos, sin compensación alguna, si bien algunos autores (PRADOS DE REYES, F., «Renuncia y transacción de Derechos en el Estatuto de los Trabajadores», *Revista de Política Social*, núm. 127, 1980, p. 59 y ss.) consideran que el término disponer abarca otros actos o negocios jurídicos distintos de los abdicativos. Véase BLASCO PELLICER, A., *La individualización...*, op. cit., p. 286 y ss. Con carácter general sobre las implicaciones de la renuncia de derechos del trabajador, OJEDA AVILÉS, A., *La renuncia de derechos del trabajador*, Instituto de Estudios Sociales, Madrid, 1971, p. 41 y ss.

471. ALONSO OLEA, M. y CASAS BAAMONDE, M.E., *Derecho del Trabajo*, op. cit., p. 933; BLASCO PELLICER, A., *La individualización...*, op. cit., p. 307. Véase asimismo STS (Sala 6ª) de 22 de Septiembre de 1987 (RJ 1987, 6265).

472. STC 208/1993, de 28 de Junio (RTC 1993, 208).

473. STC 105/1992, de 1 de Julio (RTC 1992, 105).

el reconocimiento de un espacio propio a la autonomía individual que ha tenido un fiel reflejo en el art. 3.1 c) ET.

Precisamente, el reconocimiento a la autonomía individual de un espacio propio, pese a la afirmación de la prevalencia de las disposiciones legales y convencionales, otorga especial importancia a la diferenciación de la naturaleza de los derechos que integran el contenido de tales fuentes. Y ello porque, pese a la existencia del referido principio de indisponibilidad de los derechos, *«el Derecho del Trabajo (...) está empapado por el principio de mínimos indisponibles y mejorables»*[474]. No en vano, la doctrina distingue tradicionalmente entre las normas de Derecho necesario absoluto, cuyo contenido debe observarse rigurosamente, y las normas de Derecho necesario relativo, cuya aplicación puede excluirse en determinadas circunstancias y condiciones[475], y que en definitiva fijan en unos casos unos máximos de Derecho necesario, en otros unos mínimos[476], permitiendo con ello la actuación en cierta medida de la autonomía individual —en relación con las disposiciones legales también de la negociación colectiva—. Contrapuestas a las normas de Derecho necesario estarían las normas dispositivas, que permitirían la actuación sin limitaciones de la autonomía individual y/o colectiva.

Pues bien, pese a la predicada incompatibilidad del principio de indisponibilidad de derechos respecto del de condición más beneficiosa, conviene significar que, en el caso de las normas de Derecho necesario relativo, la referida incompatibilidad se ve excepcionada como consecuencia precisamente del tenor de ciertas disposiciones legales o convencionales que no obligan a la observancia rigurosa de la norma. Ello va a determinar que, hasta traspasar el límite que supone el respeto del techo máximo o mínimo, existe un margen que permitirá la operatividad en su caso del principio de condición más beneficiosa[477].

No obstante, todo lo manifestado hasta el momento, tras la reforma laboral de 1994 se planteó la existencia de una cierta desvalorización del principio de indisponibilidad de derechos, fundamentado en la nueva

474. SAGARDOY BENGOECHEA, J.A., *Los principios de aplicación...*, op. cit., p. 30.
475. MARTÍN VALVERDE, A., RODRÍGUEZ-SAÑUDO, F., GARCÍA MURCIA, J., *Derecho del Trabajo*, op. cit., p. 131.
476. En este sentido, BLASCO PELLICER, A., *La individualización...*, op. cit., p. 199, citando a SALA FRANCO.
477. Un supuesto de condición más beneficiosa que no perjudica mínimos de Derecho necesario constituye precisamente el objeto de la STS (Sala 4ª) de 28 de Febrero de 1994 (RJ 1994, 2539).

regulación jurídica de la negociación colectiva que, por ejemplo, permitió a las partes negociadoras de un convenio colectivo decidir la no ultraactividad del mismo, creando el correspondiente vacío negocial, lo cual va a favor del fortalecimiento del poder empresarial[478]. Fenómeno que coincidió en el tiempo con la habilitación a la negociación colectiva para disponer de ciertas regulaciones imperativas absolutas[479]. La conjunción de ambos aspectos nos lleva a plantearnos si en los últimos tiempos se han dado cambios relevantes en la configuración del principio de indisponibilidad, por otro lado, límite al principio de condición más beneficiosa.

A mi juicio, desde la perspectiva que aquí interesa, los cambios producidos no son relevantes. En primer lugar, porque la posibilidad de decretar un vacío negocial, que provoque la desaparición de normas de derecho necesario de carácter negocial, es una situación que la práctica nos enseña que no suele producirse. En segundo lugar, y por lo que respecta a la reducción del papel normativo de la ley, por lo que hace a las normas de Derecho necesario, me permito recordar que esta situación tiene un carácter limitado, no afectando a la totalidad de mínimos legales existentes en el ET, por lo que no puede considerarse afectada hoy día, *grosso modo, «la función que a la ley corresponde como garantizadora de determinados niveles de protección de los derechos del trabajador»*[480], habiendo de tenerse en cuenta además que esa disponibilidad no supone la apertura de un espacio libre a la actuación de la autonomía individual, pues se suele encomendar al convenio colectivo de forma preferente la función reguladora.

6.2. EL PRINCIPIO DE IGUALDAD DE TRATO Y LA PROHIBICIÓN DE DISCRIMINACIÓN

La autonomía de la voluntad ha venido tradicionalmente registrando un límite significativo en el art. 14 CE, y por lo que respecta al ámbito laboral en preceptos como 4.1 c) y 17.1 ET, en cuanto desarrollo legislativo en el orden laboral del referido precepto constitucional. A día de hoy, parece bastante asumido que el art. 14 CE afirma la vigencia en nuestro ordenamiento jurídico de un principio general de igualdad, a diferenciar de la

478. ESCRIBANO GUTIÉRREZ, J., *Autonomía individual y colectiva...*, op. cit., p. 206.
479. ALARCÓN CARACUEL, M.R., «La aplicación...», op. cit., pp. 247-248.
480. RODRÍGUEZ-SAÑUDO, F., «Disponibilidad de mínimos legales por convenio colectivo», en CRUZ VILLALÓN, J. (coord.), *Los protagonistas de las relaciones laborales tras la reforma del mercado de trabajo*, CES, Madrid, 1995, p. 95.

prohibición de discriminación, aunque derivada del primero, poseyendo unas señas de identidad propias[481].

Indudablemente, no voy a realizar en este punto todo un extenso planteamiento sobre el alcance y naturaleza del principio de igualdad y de la prohibición de discriminación, por no ser el objeto del presente análisis. Pero sí me interesa determinar hasta qué punto principios como el de igualdad, o la propia tutela antidiscriminatoria que despliega el art. 14 CE, y del que son una manifestación evidente los referidos preceptos estatutarios, limitan la generación y efectividad de condiciones más beneficiosas, aunque sólo sea porque, dada la naturaleza de toda condición más beneficiosa, en el momento en que la misma opera se aprecia la existencia «*de dos colectivos de trabajadores, los titulares o beneficiarios de la misma y el resto*»[482].

Desde esta perspectiva, lo primero que hay que delimitar es el ámbito de operatividad del doble mandato contenido en el art. 14 CE, y su significado último[483]. De tal manera que conviene reseñar en primer término que el principio de igualdad de trato constituye un límite a la actuación de los poderes públicos, que tiene como sujetos pasivos tanto a los individuos como a las personas jurídicas, y que, si bien permite la discrecionalidad en la actuación, se opone o impide la arbitrariedad, lo que reconduce la cuestión a un análisis comparativo formal de dos términos, los que son objeto de comparación, ignorando por tanto otros aspectos concurrentes[484]. Por el contrario, la prohibición de discriminación tiene por objeto los actos no sólo de los poderes públicos, sino también el ámbito de las relaciones privadas, afectando por tanto también a los actos empresariales —con lo que se persigue no sólo la discriminación de tipo «legal», sino también cualquier otra forma de discriminación «social»—, siendo los sujetos pasivos en este caso los seres humanos, bien individualmente, bien en grupos, en ocasiones incluso organizados. En este último caso, el carácter formal del análisis comparativo se ve superado por la asunción de discriminaciones indirectas[485].

481. En este sentido RODRÍGUEZ-PIÑERO, M. y FERNÁNDEZ LÓPEZ, M.F., *Igualdad y discriminación*, Tecnos, Madrid, 1986, pp. 65-66. Un análisis de la jurisprudencia del TC al respecto puede consultarse en FERNÁNDEZ LÓPEZ, M.F., «La igualdad y la discriminación en la jurisprudencia constitucional», en ALARCÓN CARACUEL, M.R. (coord.), *Constitución y Derecho del Trabajo: 1981-1991*, Marcial Pons, Madrid, 1992, p. 161 y ss.

482. MARTÍNEZ CALCERRADA, L., «Vías de extinción-modificación...», op. cit., p. 11.

483. Véase RODRÍGUEZ-PIÑERO, M. y FERNÁNDEZ LÓPEZ, M.F., *Igualdad y....*, op. cit., p. 156 y ss.

484. MARTÍNEZ ROCAMORA, L.G., *Decisiones empresariales y principio de igualdad*, Cedecs, Barcelona, 1998, p. 98.

485. De nuevo MARTÍNEZ ROCAMORA, L.M., *Decisiones empresariales y...*, op. cit., p. 98.

De lo referido hasta el momento, podría deducirse en un principio que precisamente el principio de igualdad no tiene incidencia en el comportamiento entre particulares, y que sólo limita la actuación de la Administración Pública[486], siendo la prohibición de no discriminación el auténtico límite a la autonomía de la voluntad en el ámbito de la relación laboral. Sin embargo, el TC[487] ha expresado en alguna ocasión que la aplicación del principio de igualdad no es descartable *a priori* en el ámbito de las relaciones entre particulares, si bien resultará necesario «demostrar que existe un principio jurídico del que deriva la necesidad de igualdad de trato entre los desigualmente tratados y que esta regla o criterio igualatorio puede ser sancionado directamente por la Constitución (...) arrancar de la Ley o de una norma escrita de inferior rango, de la costumbre o de los principios generales del Derecho». El problema es que en el ámbito de las relaciones de trabajo «la legislación laboral, desarrollando y aplicando el art. 14 de la Constitución, ha establecido en el art. 4.2 c) del Estatuto de los Trabajadores y en el 17 de igual norma la prohibición de discriminación entre los trabajadores por una serie de factores que cita, pero, según general opinión, no ha ordenado la existencia de una igualdad de trato en el sentido absoluto», con lo que se descarta, como consecuencia de esa falta de concreción, la aplicación de la cláusula general de igualdad al ámbito de las relaciones laborales, no limitando por tanto la actuación empresarial[488]. Con ello el TC parece decantarse por la doctrina del *mittellbare drittwirkung*, o eficacia refleja de la cláusula general de igualdad en las relaciones privadas, como es el caso de la relación laboral[489], cláusula que, sin embargo, para un sector doctrinal sí ha tenido acogida expresa en la norma laboral en preceptos dispersos del ET[490].

No obstante, conviene significar que la referida doctrina no es asumida por un sector de la doctrina científica que, partiendo del planteamiento realizado por el TC, en el sentido de que en relación a los derechos fundamentales «ni las organizaciones son "mundos separados y estancos del resto de la sociedad", ni la libertad de empresa legitima que los trabajadores

486. La sujeción de la Administración Pública al principio de igualdad —que para el TC implica una doble garantía: igualdad en la ley y ante la ley (véase al respecto STC 144/1988, de 12 de Julio [RTC 1988, 144])— ha sido subrayada por la STC 161 /1991, de 18 de Julio (RTC 1991, 161), de especial interés dado que reconoce la vigencia del referido principio en un caso donde la Administración es considerada como empresario de un cierto personal estatutario.

487. STC 34/1984, de 9 de Marzo (RTC 1984, 34), citando a la STC 59/1982, de 28 de Julio (RTC 1982, 59). Véase asimismo la STC 177/1988, de 10 de Octubre (RTC 1988, 177).

488. En este sentido, FERNÁNDEZ LÓPEZ, M.F., «La igualdad y...», op. cit., p. 217.

489. MARTÍNEZ ROCAMORA, L.G., *Decisiones empresariales y...*, op. cit., p. 119.

490. Véase MARTÍNEZ ROCAMORA, L.G., *Decisiones empresariales y...*, op. cit., p. 126.

hayan de soportar despojos transitorios o limitaciones injustificadas de sus derechos fundamentales y libertades públicas, que tienen un valor central y nuclear en el sistema jurídico constitucional»[491], considera que las relaciones laborales no constituyen un ámbito sustraible a la *drittwirkung*, o eficacia directa de los derechos fundamentales[492]. Incluso, en algún caso se ha planteado que, aun asumiendo la imposibilidad de invocar la cláusula general de la igualdad en las relaciones privadas, el principio de igualdad ha de tener aplicación en el contrato de trabajo, limitando por tanto «el ejercicio abusivo y arbitrario del poder empresarial», de tal manera que «un uso arbitrario e irracional de esos poderes hace ilegítimo su ejercicio, si se quiere como abusivo o contrario a la exigible buena fe contractual»[493], lo que supone una utilización de la cláusula de la igualdad no como derecho fundamental, sino como mecanismo creador de límites a la autonomía de la voluntad, contractualización que ha sido objeto de crítica por otro sector de la doctrina[494]. De todas formas, no estará demás recordar que, para el TC[495], la aplicación de los derechos fundamentales, entre ellos el principio de igualdad, al ámbito de las relaciones privadas, se ha de producir «matizadamente, pues han de hacerse compatibles con otros valores o parámetros que tienen su último origen en el principio de la autonomía de la voluntad, y que se manifiestan a través de los derechos y deberes que nacen de la relación contractual creada por las partes o de la correspondiente situación jurídica».

Pues bien, pese a la polémica doctrinal, y centrando la cuestión en el disfrute de condiciones más beneficiosas, lo que interesa en estos momentos

491. STC 88/1985, de 6 de Febrero (RTC 1985, 88); STC 126/1990, de 5 de Julio (RTC 1990, 126).
492. VALDÉS DAL-RÉ, F., «Poderes del empresario y derechos de la persona del trabajador», en APARICIO, J. y BAYLOS, A. (coords.), *Autoridad y democracia en la empresa*, Trotta, Madrid, 1992, p. 46 y ss.; MOLINA NAVARRETE, C., «Bases jurídicas y presupuestos políticos para la eficacia social inmediata de los derechos fundamentales», *Revista de Trabajo y Seguridad Social*, núm. 3, 1991, p. 86 y ss.; BEJARANO HERNÁNDEZ, A., «Desigualdad de trato retributivo de los trabajadores de nuevo ingreso y autonomía colectiva e individual», *Relaciones Laborales*, Tomo I, 1997, p. 445 y ss. Véase asimismo DEL REY GUANTER, S., «Derechos fundamentales de la persona y contrato de trabajo: notas para una teoría general», *Relaciones Laborales*, núm. 3, 1995, p. 10 y ss.
493. RODRÍGUEZ-PIÑERO, M., «Principio de igualdad, autonomía contractual y poderes empresariales», *Relaciones Laborales*, núm. 17, 1991, p. 6.
494. En este sentido, CONDE MARTÍN DE HIJAS, V., «Libertad empresarial y principio de igualdad en el ejercicio de las facultades disciplinarias en la empresa», *Actualidad Laboral*, núm. 4, 1996, p. 111 y ss.; MARTÍNEZ ROCAMORA, L.G., *Decisiones empresariales y...*, op. cit., pp. 130-133.
495. STC 177/1988, de 10 de Octubre (RTC 1988, 177).

significar es que, para el TC, si atendemos a la doctrina sentada en la STC 34/1984 (RTC 1984, 34), respetados los mínimos legales y convencionales resulta posible, apreciada la inexistencia de un principio jurídico del que derive la necesidad de un trato igual entre quienes son tratados desigualmente, el establecimiento de diferencias —en aquél caso de tipo salarial—, de manera que en la medida en que dicha diferencia «no posea un significado discriminatorio por incidir en alguna de las causas prohibidas por la Constitución o el Estatuto de los Trabajadores no puede considerarse como vulneradora del principio de igualdad», de forma que la presunción del carácter discriminatorio «opera sólo cuando nos movemos en el ámbito de actuación del principio de igualdad. Al trabajador corresponde probar que está en juego el factor que determina la igualdad y que el principio que la consagra ha sido vulnerado», siendo en ese momento cuando el empresario debe proceder a destruir la presunción demostrando que existe una «causa justificadora suficiente»[496]. En este sentido, el TC asume que no todo trato desigual es siempre discriminatorio y vulnerador del principio de igualdad, por lo que en principio toda mejora de las condiciones de trabajo ha de gozar de la presunción de constitucionalidad y legalidad, y sólo cuando el trabajador demuestre la concurrencia de alguna de las causas discriminatorias prohibidas por la CE y las leyes, entonces el empresario habrá de demostrar la existencia de una justificación objetiva y razonable[497].

Dicho planteamiento es asumido por el TS que frecuentemente se refiere a la doctrina del propio TC. En este sentido, resulta relativamente frecuente la referencia a la doctrina de la STC 34/1984 (RTC 1984, 34), recordándose que en el marco de las relaciones privadas no rige el principio de igualdad de trato absoluto, y que dentro de los límites legales, la autonomía de la voluntad deja un margen al acuerdo privado o a la decisión empresarial

496. No obstante, téngase en cuenta que la doctrina científica, visto el tenor de la STC 161/1991, de 18 de Julio (RTC 1991, 161), donde se establece la sujeción de la Administración en cuanto empresario al principio de igualdad, ha reclamado la aplicación de la referida doctrina al empresario privado que no es Administración Pública (en este sentido, FERNÁNDEZ LÓPEZ, M.F., «La igualdad y...», op. cit., pp. 218-219). En relación con el principio de condición más beneficiosa la citada aplicación se ha demandado por parte de BEJARANO HERNÁNDEZ, A., *Principio de condición...*, op. cit., pp. 99-100.

497. En este sentido, BORRAJO DACRUZ, E., «Modulación contractual...», op. cit., pp. 114-115. Véase además, GALANTINO, L., «Sui trattamenti retributivi individuali più favorevoli», *Rivista Italiana di Diritto del Lavoro*, Tomo I, 1980, p. 151 y ss., en relación con el límite que en sí mismo constituye el principio de igualdad respecto de los tratamientos retributivos más favorables.

para que disponer sobre las condiciones de trabajo[498], señalándose a su vez en algún caso que dicha autonomía no podrá vulnerar lo acordado con el trabajador, los mínimos normativos vigentes, o la condición más beneficiosa que se disfrute[499]. Igualmente, se ha afirmado que la concesión de un beneficio con carácter de *ad personam* no genera discriminación mientras el mismo no se fundamente en alguno de los supuestos invocados en los arts. 4.2 c) y 17.1 ET[500], como ocurre cuando el disfrute de la condición más beneficiosa pasa por no superar una determinada edad[501], habiendo de descartarse, sin embargo, la existencia de un trato diferente prohibido por el ET cuando además existe constancia de que se ha tenido en cuenta a la hora de

498. STS (Sala 4ª) de 15 de Junio de 1992 (RJ 1992, 4584); STS (Sala 4ª) de 18 de Septiembre de 2000 (RJ 2000, 7645). Véase asimismo la STS (Sala 4ª) de 19 de Junio de 2000 (RJ 2000, 5117), en relación a la diferencia de trato que registraban los trabajadores como consecuencia de una compensación a la aceptación voluntaria de un cambio de jornada y que no se considera discriminatoria.

499. STS (Sala 4ª) de 9 de Julio de 1990 (RJ 1990, 6078).

500. STS (Sala 4ª) de 28 de Febrero de 1994 (RJ 1994, 2539).
En todo caso, de interés puede resultar el planteamiento realizado en la STS (Sala 4ª) de 25 de Noviembre de 2020 (RJ 2020, 5399) que en relación con una condición más beneficiosa, consistente em el abono de las pagas extraordinarias a trabajadores que durante su devengo o percepción hubieran tenido suspendido el contrato de trabajo por maternidad, paternidad, riesgo durante el embarazo o riesgo durante la lactancia de un menor de nueve meses, rechaza que el reconocimiento de dicha condición más beneficiosa pueda suponer una discriminación por trato desigual respecto de los trabajadores cuyos contratos de trabajo estuvieran suspendidos por otras causas distintas a las situaciones a las que afecta el litigio, esgrimiendo razones que tienen que ver con la superación de las situaciones de discriminación de las mujeres en el mercado de trabajo, y la voluntad de alcanzar la igualdad plena.
Más concretamente, el TS niega la referida discriminación, por trato desigual, razonando que: «...habría en todo caso una justificación objetiva y razonable de esa diferenciación, en la medida en que el colectivo de trabajadores a los que se les aplica la CMB se encuentra en una situación jurídica distinta de los que pudieren haber visto suspendido sus contratos de trabajo por motivos ajenos a la atención a las obligaciones derivadas de la maternidad y paternidad, cuya especial naturaleza y singular incidencia en la vida personal, familiar y laboral de los trabajadores, justifica perfectamente el distinto tratamiento jurídico aplicable a tal situación. La CMB de la que tratamos afecta en su mayoría a mujeres trabajadoras, lo que la convierte además en mecanismo adecuado para favorecer el desarrollo de su vida laboral, convirtiéndose de esta manera en eficaz herramienta para mitigar por esta vía su histórica discriminación. En definitiva, se trata de dos colectivos de trabajadores que no se encuentran en la misma situación jurídica, cuyo tratamiento diferenciado pudiere suponer una infracción del derecho a la igualdad de trato».

501. STS (Sala 4ª) de 30 de Diciembre de 1998 (RJ 1998, 454), en relación con la concesión de ayuda para estudios de los hijos a trabajadores menores de 60 años «puesto que no es que se refiera a jubilados que pudieran tener una justificación por no estar en activo sino simplemente por esa razón de edad lo que viola de manera incuestionable lo dispuesto en el art. 14 de la Constitución Española y el artículo 17 ET».

otorgar la condición más beneficiosa criterios objetivos[502]. Además, en alguna ocasión el Tribunal ha recordado que la apreciación de la «*discriminación legalmente injustificada*» exige la existencia de unos términos hábiles de comparación que no se dan cuando los grupos de trabajadores registran situaciones distintas y un tratamiento diferenciado[503].

No obstante lo referido hasta el momento, y como consecuencia en cierta manera de la admisión por nuestros Tribunales de la posibilidad de implantar un trato diferenciado entre los trabajadores inspirado en la propia CE y en el ET, que justificaría la existencia de condiciones más beneficiosas para un grupo de trabajadores, lo cierto es que el mayor índice de litigiosidad desde esta perspectiva lo ha aportado la conflictividad que genera el distinto tratamiento de los trabajadores en función de la fecha de incorporación de los trabajadores a la empresa —sobre esta cuestión, por cierto, volveré un poco más adelante con ocasión del análisis del régimen del art. 44 ET, y su impacto en las condiciones más beneficiosas—. Hecho que no ha de extrañar si tenemos en cuenta, como se refirió en su momento, que existe una «propensión igualadora que anima siempre, a los distintos colectivos que se integran, sin más en el conjunto total del personal. El trato igual es una profunda aspiración de los miembros de cualquier colectividad o grupo, tan fuerte como la aspiración a la mejora individualizada que siente cada individuo»[504].

En relación a esta problemática, se ha de reseñar que la doctrina del TS va en la línea de considerar que, en principio, la condición más beneficiosa otorgada por el empresario no puede transmitirse a otros beneficiarios distintos de los originarios, incluidos los trabajadores futuros. La razón de este planteamiento reside precisamente en la importancia, como no podía ser de otra manera, que nuestra jurisprudencia otorga al acto de concesión[505], y al hecho del disfrute pacífico con el carácter de más beneficioso de una con-

502. STS (Sala 4ª) de 25 de Octubre de 1999 (RJ 1999, 8402), en relación con el beneficio consistente en el pago por la empresa de un viaje a la Península a los trabajadores que reunían una doble condición (criterio objetivo): 1) residencia en Canarias; 2) intención de desplazarse a la Península.

503. STS (Sala 4ª) de 9 de Febrero de 2000 (RJ 2000, 1747), en relación con un caso donde los trabajadores adscritos voluntariamente al turno de noche ven compensadas con descansos las horas extraordinarias estructurales, lo que no ocurre con aquéllos que desempeñan una menor jornada nocturna en virtud de una condición más beneficiosa.

504. BORRAJO DACRUZ, E., «Modulación contractual...», op. cit., p. 115.

505. A estos efectos, señala la STS (Sala 4ª) de 13 de Julio de 1994 (RJ 1994, 7048) que, en materia de condición más beneficiosa, su «significación, alcance y límites, han de quedar anudados a los términos de su concesión, sin que quepa atribuir a la misma naturaleza distinta de la que fue decidida al ser instaurada, de la cual derivarían necesariamente consecuencias que evidentemente rebasarían las que fueron pretendidas por la unilateral voluntad instauradora».

dición laboral o una mejora social, de tal manera que «sólo el colectivo protegido por la condición más beneficiosa y que la haya disfrutado efectivamente es el que la ha adquirido»[506]. Disfrute cuya relevancia llega al extremo de justificar el que trabajadores contratados por segunda o tercera vez por una empresa, y que con ocasión de su primer contrato ya habían disfrutado de la condición más beneficiosa puedan seguir haciéndolo en sus posteriores retornos a la empresa[507]. Cuestión esta última que me resulta al menos discutible, dado que no parece razonable admitir la continuidad de una condición más beneficiosa, una vez que se ha extinguido la relación laboral, con ocasión de un nuevo período de actividad en la empresa, dada la indudable vinculación que, a mi juicio, existe entre la condición de trabajo más beneficiosa y la relación laboral.

Sin embargo, se ha de llamar la atención sobre la circunstancia de que la referida doctrina jurisprudencial se ha aplicado no sólo en el caso de condiciones más beneficiosas de disfrute individual o plural, sino también en el caso de condiciones de disfrute colectivo ya vinieran éstas otorgadas por acuerdo colectivo[508], ya por decisión unilateral de la empresa[509]. El planteamiento en este último caso creo que es erróneo al menos en parte, dado que no resulta a mi juicio tan claro que, con carácter general, los trabajadores contratados con posterioridad a la concesión de forma general y

506. STS (Sala 4ª) de 10 de Febrero de 1995 (RJ 1995, 1148) en relación con la fusión de dos Cajas de Ahorro, donde los trabajadores de una de ellas reclaman disfrutar la condición más beneficiosa de la que eran titulares trabajadores de la otra Caja, en atención al pacto de fusión que supuso la integración en una única entidad de las dos sociedades; STS (Sala 4ª) de 28 de Febrero de 1994 (RJ 1994, 2539) respecto a un plus salarial otorgado *ad personam*.

507. Véase STS (Sala 4ª) de 23 de Marzo de 1994 (RJ 1994, 2624) donde, si bien no constituye el objeto del recurso, el Tribunal parece dar por bueno el planteamiento referido.

508. STS (Sala 4ª) de 5 de Marzo de 1993 (RJ 1993, 1707) en relación con un acuerdo de empresa *ex art.* 41 ET que prevé la equiparación salarial en contrapartida a la unificación de horarios de los trabajadores y que incorporada al nexo contractual se mantiene como condición más beneficiosa, y cuya extensión se niega a empleados que ingresaron posteriormente, no estando comprendidos en el campo de aplicación del acuerdo colectivo.

509. STS (Sala 4ª) de 18 de Septiembre de 2000 (RJ 2000, 7645) donde el supuesto de hecho refería cómo desde fecha que no consta los trabajadores de una empresa tenían concedido por la misma el derecho a adquirir, como condición más beneficiosa, productos de los que comercializaba con descuento, y cuyo disfrute se niega a partir de un momento determinado a los trabajadores de nueva contratación incluyéndose en los mismos —696 contratos— una cláusula expresa al respecto, que sin embargo no contienen tres de los contratos realizados recientemente. Para la Sala la negación de dicho beneficio a los nuevos contratados no es discriminatorio, llegando a afirmar que, aunque se ha constatado que la no inclusión de la referida cláusula en tres contratos fue un error, «aunque así no fuera la concesión de un beneficio a tres trabajadores no puede ser determinante de su extensión a otros 696».

abstracta de una condición más beneficiosa a un colectivo concreto no puedan beneficiarse de la misma[510].

No en vano, la solución de esta cuestión entiendo que exige diferenciar las condiciones más beneficiosas de disfrute colectivo que tienen su origen en una manifestación de la autonomía colectiva, de aquéllas generadas por decisión unilateral del empresario o por un uso de empresa. En el caso de las primeras, y pese a mi escepticismo sobre la idoneidad de los convenios y pactos colectivos extraestatutarios como origen de condiciones más beneficiosas, parece claro que la eficacia personal limitada de los mismos justificaría la exclusión de los trabajadores futuros, solución a descartar si de tales manifestaciones, como ocurre por ejemplo con los acuerdos de empresa, por ejemplo, *ex art.* 41 ET, se predica su eficacia general[511]. Por lo que hace a las segundas, se ha de recordar que el disfrute colectivo es una noción que parte de la base de que el beneficio de la condición lo obtienen todos los trabajadores integrantes de un colectivo que reúne unas características determinadas, que son objetivas, por lo que parece razonable considerar que todo aquél trabajador de nuevo ingreso que reúna las referidas características que le identifican como miembro del colectivo podría ser acreedor al disfrute de la mentada condición más beneficiosa, En este sentido, considero que difícilmente podría justificarse un trato diferente para ese trabajador, que no lo olvidemos es uno más dentro del colectivo[512], y dado que en estos casos parece aventurado plantearse una alcance limitado de la decisión empresarial, o el uso de empresa, precisamente por su carácter colectivo, a diferencia de lo que ocurre con las manifestaciones negociales referidas anteriormente.

510. De esta misma opinión es BEJARANO HERNÁNDEZ, A., *Principio de condición...*, op. cit., p. 101, en atención a la naturaleza de este tipo de condiciones más beneficiosas, si bien deja la puerta abierta a la existencia de posibles motivos justificados. En el mismo sentido, en relación a los usos de empresa, se expresa MARTÍNEZ JIMÉNEZ, J.M., «La condición más beneficiosa...», op. cit., p. 35.

511. A favor de la cual me pronuncié en su momento (ELORZA GUERRERO, F., *Los acuerdos de empresa en el Estatuto de los Trabajadores*, CES, Madrid, 2000, p. 283 y ss.).

512. En este sentido, y en relación a las mejoras económicas —que no condiciones más beneficiosas, que constituyen una especie de aquéllas— IGLESIAS CABERO, M., «Autonomía individual y principio de igualdad en la fijación de salarios en la empresa», *Actualidad Laboral*, núm. 4, 1996, p. 91, refirió en su momento que la mejora de las condiciones de los trabajadores ha de responder a razones objetivas para que sea lícito «y lo será en tanto en cuanto se ofrezca la posibilidad a los "no mejorados" de acceder cumplidas las mismas condiciones exigidas a los perceptores de la mejora, posibles y lícitas, a las ventajas que disfrutan los demás trabajadores; en caso contrario entraría en juego el principio de igualdad para legitimar una pretensión encaminada a la nivelación», planteamiento que entendemos extensible a las condiciones más beneficiosas de disfrute colectivo otorgadas en sede de la autonomía individual, no así de la autonomía colectiva.

6.3. EL DERECHO DE NEGOCIACIÓN COLECTIVA Y LA LIBERTAD SINDICAL

Se ha referido, y no sin razón, que «el primer y más importante medio del que puede valerse el empleador para vulnerar los derechos sindicales está constituido por el uso desviado de los poderes que ostenta», constituyendo un ejemplo de ello el fenómeno de los acuerdos «en masa» a los que llega el empresario con su personal[513], y que al margen de suscitar un amplio rechazo en el seno de la doctrina científica, que en muchos casos los ha calificado como antisindicales[514], implican en sí mismos habitualmente un ataque directo a la negociación colectiva, derecho que también integra el contenido esencial de la libertad sindical, tal y como ha referido nuestro TC. No en vano, tradicionalmente se ha señalado que «*autonomía colectiva y poder de dirección del empresario se limitan recíprocamente*»[515], por lo que no es de extrañar la existencia de interactuaciones entre ambas esferas que, si bien en algunos casos son lícitas, en otros han de considerarse una afectación inaceptable de la esfera de la autonomía, ya colectiva, ya individual.

En nuestro caso, la cuestión a plantear en estos momentos es hasta qué punto la existencia de condiciones más beneficiosas no implica en sí misma una vulneración de la libertad sindical, y del derecho de negociación colectiva. O visto desde otra perspectiva, hasta qué punto la libertad sindical y del derecho reconocido en el art. 37.1 CE limitan la propia existencia del principio de condición más beneficiosa.

A estos efectos, resultará de utilidad precisamente la consideración de la doctrina del TC relacionada sobre todo con los fenómenos de contratación «en masa», aleccionadora a pesar de las sombras que plantea sobre la forma en que nuestros Tribunales conciben las relaciones entre autonomía individual y colectiva[516], que es en definitiva la cuestión que late en el fondo del asunto que nos ocupa. De tal manera que la primera cuestión a reseñar consiste en la consideración por parte del TC —y esto es una visión que

513. SANGUINETI RAYMOND, W., *Lesión de la libertad sindical y comportamientos antisindicales*, MTSS, Madrid, 1993, p. 89.

514. CASAS BAAMONDE, M.E. y BAYLOS GRAU, A., «Organización del trabajo y autonomía individual: la "desregulación" del convenio colectivo», *Relaciones Laborales*, núm. 16, 1988, pp. 23-24; GARCÍA-PERROTE ESCARTÍN, «Autonomía individual "en masa" y antisindicalidad», *Relaciones Laborales*, núm. 23, 1989, pp. 17-19.

515. MARTÍN VALVERDE, A., «Espacio y límites del convenio colectivo de trabajo», en VV.AA., *Los límites del convenio colectivo y la legitimación empresarial y órganos para la resolución de conflictos*, Ministerio de Trabajo y Seguridad Social, Madrid, 1993, p. 67.

516. A estos efectos, véase STC 34/1984, de 9 de Marzo (RTC 1984, 34); STC 58/1985, de 30 de Abril (RTC 1985, 85); STC 74/1996 (RTC 1996, 74); STC 105/1992 (RTC 1992, 105); STC 208/1993 (RTC 1993, 208); 107/2000 (RTC 2000, 107).

también ha asumido expresamente el propio TS[517]— de que la mejora en sí de condiciones de trabajo no tiene por qué atentar contra la negociación colectiva, ni vulnerar el art. 28.1 CE[518]. Consideración que entiendo puede extenderse al caso de las condiciones más beneficiosas, que en sí mismas implican una mejora respecto de las condiciones vigentes. Es más, *a priori*, resultará posible establecer en sede de la autonomía individual condiciones que no modifiquen o desconozcan la regulación convencional vigente, pero sí distintas a las previstas en el convenio colectivo, que no contrarias, estas últimas prohibidas por el art. 3.1 c) ET[519].

El concepto «condición distinta» ha sido objeto de un intenso debate en el seno de nuestra doctrina, como no podía ser de otra forma, si tenemos en cuenta que en este concepto está la clave para determinar hasta dónde puede llegar la autonomía individual sin vulnerar derechos colectivos como el de negociación colectiva, o en su caso el de libertad sindical, si bien en principio parece razonable considerar, tal y como ya se ha referido en algún caso, que «en la medida en que las partes acuerden libremente (...) realizar una regulación distinta a la legal o convencional que no perjudique los derechos del trabajador, tal actividad no está encuadrada en el ámbito de

517. Véase STS (Sala 4ª) de 30 de Abril de 1994 (RJ 1994, 3475); STS (Sala 4ª) de 18 de Abril de 1994 (RJ 1994, 3254); STS (Sala 4ª) de 21 de Junio de 1994 (RJ 1994, 6315), donde se hace referencia al poder de dirección del empresario como título habilitante para ello, y se insiste en que «siempre que no se menoscaben los mínimos establecidos en convenio y que la adaptación se justifique en necesidades que sean razonables y no arbitrarias o discriminatorias».

518. No obstante, en algún caso (ALARCÓN CARACUEL, M.R., «La vigencia del principio pro operario», en VV.AA., *Cuestiones actuales de Derecho del Trabajo. Estudios ofrecidos por los catedráticos españoles de Derecho del Trabajo al profesor Manuel Alonso Olea*, Ministerio de Trabajo y de Seguridad Social, Madrid, 1990, p. 857.) se ha planteado que el establecimiento de una condición más beneficiosa en un contrato de trabajo implica en sí mismo la realización de una operación «anormal», al hacer desempeñar al convenio colectivo un papel de norma mínima que no es el suyo, en concreto la «norma efectivamente aplicable», con lo que se introduce «una cuña en el diseño parificador del convenio colectivo».

519. La STS (Sala 4ª) de 26 de Julio de 1996 (RJ 1996, 6420) enjuicia el supuesto de una condición más beneficiosa relativa al modo de entregar la empresa, a su cargo, el calzado de trabajo a sus trabajadores, considerando finalmente el Tribunal que la misma no infringe el convenio colectivo dado que éste no hacía referencia al modo en que se debía hacer efectivo este beneficio.
De especial interés resulta la STS (Sala 4ª) de 28 de Abril de 1994 (RJ 1994, 3465) donde se hace una consideración sobre la incidencia de los conceptos derecho necesario absoluto y derecho necesario relativo en las relaciones autonomía colectiva-autonomía individual, y cómo la aparición de normas de derecho necesario absoluto con posterioridad a la existencia de una condición más beneficiosa puede terminar con la misma. Sobre el particular véase FERNÁNDEZ MÁRQUEZ, O., «Autonomía individual y autonomía colectiva en la relación de trabajo: un apunte de jurisprudencia», *Revista Española de Derecho del Trabajo*, núm. 77, 1996, pp. 536-538.

prohibición del art. 3.5 ET, y encontrará su amparo en el principio de autonomía privada»[520].

De todas formas, el planteamiento anterior considero que no debe llevar —como se ha hecho en algún caso como consecuencia del carácter patrimonial de los derechos subjetivos que pueden ser objeto de renuncia[521] y la dificultad para valorar la favorabilidad de condiciones que no tienen dicha naturaleza—, a afirmar por principio que «la mejora es tal mejora (...) si los trabajadores interesados afirman que lo es y en cuanto lo afirmen»[522], o que «las soluciones alternativas libremente aceptadas por los trabajadores configuran condiciones más beneficiosas»[523], cuando no que toda regulación distinta aceptada por el trabajador «debe presumirse, salvo prueba en contrario, que es beneficiosa para el mismo»[524]. Ciertamente, en muchos casos existirán evidentes dificultades para determinar si la condición emanada de la autonomía individual supone una mejora, o con carácter general una regulación distinta, y no un atentado a la negociación colectiva, y en su caso a la libertad sindical, pero precisamente esa será la tarea del Juez que deberá establecer un juicio a partir de las circunstancias concurrentes[525], sin que pueda partirse de la existencia de una presunción, incluso aunque los propios trabajadores afirmen la favorabilidad de la condición, necesitada de prueba en contrario.

En todo caso, el juicio sobre la posible vulneración de preceptos como el art. 37.1, o el 28.1 CE, además de determinar si la condición objeto de análisis es contraria, y no distinta, a lo previsto en el convenio colectivo, ha de prestar atención a la importancia cualitativa de la misma, de tal manera que la fijación de condiciones distintas, y por ende de condiciones más beneficiosas, se ha de excluir, por lo que se deduce de la jurisprudencia constitucional, en el caso de materias que tradicionalmente han integrado

520. SAGARDOY BENGOECHEA, J.A., «La libertad sindical y...», op. cit., p. 18. En sentido parecido, entre otros, DURÁN LÓPEZ, F., y SÁEZ LARA, C., «Autonomía colectiva y autonomía individual en la fijación y modificación de las condiciones de trabajo», *Relaciones Laborales*, núm. 20-21, 1991, pp. 114-115; ESCRIBANO GUTIÉRREZ, J., *Autonomía individual y colectiva...*, op. cit., p. 87. En contra, CASAS BAAMONDE, M.E., «La individualización...», op. cit., pp. 133-134.

521. OJEDA AVILÉS, A., *La renuncia...*, op. cit., p. 155.

522. ALONSO OLEA, M., «La negociación colectiva y la mejora de las condiciones de trabajo», *Revista Española de Derecho del Trabajo*, núm. 63, 1994, pp. 142-143.

523. PÉREZ DE LOS COBOS, F., «La denuncia modificativa...», op. cit., p. 429.

524. SAGARDOY BENGOECHEA, J.A., «La libertad sindical y...», op. cit., pp. 24-25.

525. En este sentido, PÉREZ DE LOS COBOS, F., «La denuncia modificativa...», op. cit., p. 429.

la negociación colectiva[526], y cuya sustracción al ámbito de la autonomía colectiva impediría la intervención de los representantes sindicales en la regulación colectiva de condiciones de trabajo[527]. Lo que no ha de obstar, sin embargo, la posible fijación de condiciones distintas, y por tanto también de condiciones más beneficiosas, en el caso de materias que no han sido objeto de regulación efectiva por el convenio colectivo, bien entendido que en este caso no se podrá tratar de una materia trascendente y de carácter primordial desde la perspectiva negocial[528].

No obstante, y a la vista de la doctrina constitucional, y las enseñanzas extraídas, la cuestión que habría que plantearse finalmente, para cerrar esta reflexión sobre la incidencia de los derechos reconocidos en los arts. 37.1 y 28.1 CE en relación al principio de condición más beneficiosa, es si la referida doctrina del TC también resulta aplicable a las demás manifestaciones de la autonomía colectiva —convenios colectivos extraestatutarios, pactos colectivos informales de empresa y acuerdos de empresa—. En favor de esta traslación de la doctrina del TC se ha argumentado que el art. 37.1 CE reconoce fuerza vinculante a toda manifestación del derecho de negociación colectiva, además de que la lesión de la libertad sindical también puede tener lugar, tanto en el caso de convenios colectivos extraestatutarios, como en el de los acuerdos de empresa[529]. Desde luego, sí parece claro que la no

526. Para BORRAJO DACRUZ, E., «Articulación entre la autonomía individual y colectiva y las normas estatales en la regulación del trabajo: balance y nuevas perspectivas», *Actualidad Laboral*, núm. 3, 1993, p. 54, resulta pertinente distinguir la «materia propia del convenio colectivo» (jornada de trabajo, por ejemplo), de la «materia típica de la organización interna de la empresa» (horario de trabajo), de manera que, en este último caso el empresario puede actuar unilateralmente en el momento de su fijación inicial con ocasión de la apertura del centro de trabajo, o de conformidad con la representación de su personal (pacto colectivo de empresa).

527. Por tanto, y como refiere BALLESTER LAGUNA, F., *La condición más beneficiosa...*, op. cit., p. 128, la colectividad de la mejora no es un factor que por sí sólo pueda plantear problemas en relación con el derecho de negociación colectiva y de libertad sindical.

528. En este sentido BALLESTER LAGUNA, F., *La condición más beneficiosa...*, op. cit., pp. 126 y 130, ha apuntado a la inmunidad de las mejoras de origen contractual como el factor determinante de la apreciación de la sustracción de la regulación convencional, lo que le ha llevado a abogar por una modulación del régimen jurídico de las condiciones más beneficiosas permitiendo una mayor incidencia del convenio sobre las mismas en el caso de materias de especial trascendencia e importancia.

529. BALLESTER LAGUNA, F., *La condición más beneficiosa...*, op. cit., p. 127.
No obstante, y por lo que hace a los acuerdos de empresa, y en concreto en el caso del art. 41 ET, el TS (STS (Sala 4ª) de 30 de Abril de 1994 [RJ 1994, 3475]) ha referido que «el pacto al que se refiere el artículo 41 no tiene carácter de negociación colectiva en el sentido que se regula en el Título III del Estatuto de los Trabajadores», y que no puede plantearse la vulneración de la libertad sindical pues los encargados de negociar la modificación de condiciones es la representación legal «es decir los comités de empresa o delegados de personal y no los sindicatos».

sujeción del principio de condición más beneficiosa a las limitaciones referidas en el caso de otras manifestaciones negociales, distintas del convenio colectivo del Título III ET, afectaría gravemente al ejercicio del derecho de negociación colectiva, pudiendo suponer asimismo una vulneración de la libertad sindical, desde el momento en que podría comprometer el cumplimiento de lo acordado en sede de la autonomía colectiva, o la propia capacidad de los representantes de los trabajadores para regular las condiciones de trabajo más relevantes. Circunstancia que indudablemente no se produce cuando la condición más beneficiosa se origina, al entender del TS, en una manifestación de la autonomía colectiva distinta del convenio colectivo del Título III ET, de tal manera que, en esos casos, que he contemplado con escepticismo, lo que habría si acaso es un problema de concurrencia, y no de posible afectación del derecho de negociación colectiva o de la propia libertad sindical.

7

Las vicisitudes de la condición más beneficiosa

7.1. LA COMPENSACIÓN Y ABSORCIÓN DE CONDICIONES SALARIALES MÁS BENEFICIOSAS

Desde hace tiempo se ha venido considerando que la técnica de la absorción y compensación constituye una técnica neutralizadora de las mejoras obtenidas por los trabajadores, incluyéndose entre las mismas a las condiciones más beneficiosas, tanto de carácter salarial como no salarial[530]. Sin embargo, y como he referido al principio de mi exposición, históricamente nuestro ordenamiento jurídico sólo ha contemplado esta técnica en relación con los salarios percibidos por el trabajador, circunstancia que tiene su origen en el ánimo del legislador de limitar el posible efecto multiplicador que puede producir el que a la condición salarial más beneficiosa disfrutada por el trabajador se sumen los incrementos salariales que sucesivamente puedan producirse a lo largo del tiempo[531]. No en vano, la doctrina ha referido como fundamento último de la compensación y absorción de salarios su carácter de instrumento de neutralización de las rentas

530. Así lo considera el TS (STS (Sala 4ª) de 20 de Mayo de 2002 [RJ 2002, 6794]), y al menos un sector de la doctrina (entre otros, GONZÁLEZ-POSADA, E., *La compensación...*, op. cit., pp. 169-171; ÁLVAREZ GIMENO, R., «Las condiciones más beneficiosas...», op. cit., p. 90, en relación en este caso con las mejoras voluntarias en materia de Seguridad Social).
Sin embargo, hay que hacer constar que ésta es una cuestión polémica, de tal manera que un importante número de juristas sólo contemplan el uso de esta técnica en relación con las condiciones más beneficiosas de carácter salarial (MERCADER UGUINA, J.R., *Los principios de aplicación...*, op. cit., pp. 166 y ss.; GALA DURÁN, C., «El principio de condición más beneficiosa...», op. cit., pp. 179 y ss., quien, por ejemplo, refiere que esta figura se encuentra limitada a «los derechos de carácter económico»).

531. Un supuesto curioso lo constituye la STS (Sala 6ª) de 1 de Julio de 1988 (RJ 1988, 5735) donde se juzga el caso de un «complemento de ayuda a impuestos», que prohibido por el tenor del art. 26.3 ET, se reconoce a quienes fueron contratados con anterioridad a dicha norma legal «sin perjuicio de su congelación y ulterior absorción y compensación».

salariales[532], que además contribuye a la estabilización económica de la empresa[533].

En este sentido, el art. 26.5 ET establece que: «Operará la compensación y absorción cuando los salarios realmente abonados, en su conjunto y cómputo anual, sean más favorables para los trabajadores que los fijados en el orden normativo o convencional de referencia». Asimismo, en línea con lo establecido por este precepto, y en relación con el salario mínimo interprofesional (SMI), que actúa como mínimo respecto de lo establecido en materia de salarios en convenio colectivo y contrato de trabajo, el art. 27.1 párrafo 3º ET[534] establece que la revisión del SMI no afectará a la estructura ni cuantía de los salarios profesionales cuando los mismos, en su conjunto y cómputo anual, fueran superiores a aquél. La técnica legal referida supone en si misma que cuando la cantidad inferior, ya sea el SMI, o el salario establecido en convenio colectivo, se incrementa, quedando aún en ese caso por debajo de la realmente percibida por el trabajador ésta no se incrementa, dado que la cifra superior absorbe la diferencia[535]. Igualmente, cuando la cifra inferior se incrementa hasta superar retribuciones superiores, establecidas por el convenio colectivo o el contrato de trabajo, se aplicará aquélla que al menos en parte compensa la diferencia[536].

Sin embargo, conviene hacer algunas precisiones en torno al régimen legal previsto y la comprensión del mismo por el TS[537]:

a) En primer lugar, cuando la compensación y absorción no se establece en relación con el SMI la jurisprudencia viene exigiendo que la comparación, que en todo caso se ha de realizar en cómputo anual, se practique entre condiciones homogéneas. De tal manera que, una vez realizada la comparación la cuantía salarial resultante deberá ser en su conjunto más favorable para que opere la absorción y compensación. En el caso de que la comparación venga provocada por la revisión del SMI, sin embargo, la comparación sí se ha

532. Sobre el fundamento de la compensación y absorción de salarios véase la STS (Sala 4ª) de 28 de Febrero de 2000 (RJ 2000, 2249).

533. GONZÁLEZ-POSADA, E., *La compensación y...*, op. cit., p. 158 y ss.

534. Véase a estos efectos el R.D. 145/2024, de 6 de Febrero, por el que se fija el salario mínimo interprofesional para 2024, y en particular su art. 3.

535. Véase STS (Sala 4ª) de 15 de Enero de 1990 (RJ 1990, 124).

536. En este sentido, MARTÍN VALVERDE, A., RODRÍGUEZ-SAÑUDO, F., GARCÍA MURCIA, J., *Derecho del Trabajo*, op. cit., pág. 601.

537. STS (Sala 4ª) de 12 de Mayo de 2008 (RJ 2008, 4122), entre otras.

de hacer de forma globalizada[538], pues no en vano el Decreto de SMI suele establecer que el SMI que se tomará como término de comparación será el resultante de adicionar al SMI fijado por el Decreto los complementos salariales a que se refiere el art. 26.3 ET, así como el importe correspondiente al incremento garantizado sobre el salario a tiempo en la remuneración a prima o con incentivo a la producción.

b) En segundo lugar, la comparación se ha de producir entre condiciones homogéneas[539], aquéllas que cualitativamente resultan comparables[540] por tener la misma causa[541], si bien ha de resaltarse que dicha consideración ha recibido un tratamiento casuístico por parte de nuestra jurisprudencia que exige el establecimiento de un juicio al respecto en cada caso[542], aunque lo que sí es seguro es que el carácter en especie del salario no ha de ser un obstáculo insalvable para proceder a la comparación. De hecho, y con razón, desde ámbitos doctrinales se ha advertido que la tendencia jurisprudencial de los últimos años ha sido la de flexibilizar la comprensión de los requisitos que posibilitan la compensación y absorción de salarios[543], hasta el punto de considerar compensables los conceptos que estén incluidos en el mismo grupo de complementos salariales

538. MORENO VIDA, M.N., «La compensación y absorción de salarios», en BORRAJO DACRUZ, E. (Dir.), *Comentarios a las leyes laborales. La reforma del Estatuto de los Trabajadores*, Tomo I, vol. 1º, Edersa, Madrid, 1994, pp. 186-189.

539. STS (Sala 4ª) de 9 de Diciembre de 1999 (RJ 2000, 9722); STS (Sala 4ª) de 29 de Marzo de 2000 (RJ 2000, 3134).

540. CABEZA PEREIRO, J., «Sobre una triple clasificación...», op. cit., pp. 318-319. Exigencia que, por otro lado, tiene su origen en los preceptos del Cc (art. 1156 y 1196.2) que se refieren a la compensación como medio extintivo de las obligaciones (MARTÍNEZ CALCERRADA, L., «Dinámica correctora de la condición...», op. cit., p. 176).

541. STS (Sala 4ª) de 18 de Enero de 1995 (RJ 1995, 358) refiere que «no puede tampoco compensarse y absorberse percepciones que en nada se asemejan, que devienen de situaciones diferentes y que son por ello heterogéneas»; STS (Sala 4ª) de 10 de Junio de 1994 (RJ 1994, 5419) donde se establece que no es posible la absorción entre cantidades correspondientes al salario base y a complementos salariales, o entre complementos que tienen un origen y naturaleza distinta.

542. Véase al respecto BALLESTER LAGUNA, F., *La condición...*, op. cit., p. 250 y ss.

543. GALA DURÁN, C., «El principio de condición más beneficiosa...», op. cit., p. 180.

recogidos por el art. 26.3 ET[544], o el plus de antigüedad con el salario base[545]. No en vano, y como en algún caso se ha señalado, parece la noción de homogeneidad ha terminado siendo reconducida a la idea de la similitud[546].

No obstante lo señalado, se ha de recordar en estos momentos la existencia de alguna que otra propuesta *de lege ferenda* que propugnó en su momento la instauración de lo que se ha dado en llamar «teoría del conglobamento en una concepción maximalista de la misma», y que supone en si misma asumir la compensación y absorción de condiciones heterogéneas[547]. La asunción de este planteamiento implicaría sin duda un salto cualitativo en la individualización de los salarios afectándose con ello de forma directa la estructura del salario que podría particularizarse[548]. Al mismo tiempo, se vería amenazada en mayor medida la intangibilidad de las condiciones salariales más beneficiosas al ampliarse los supuestos en que las mismas podrían extinguirse. En todo caso, no cabe duda de que la flexibilización de los requisitos para aplicar esta técnica neutralizadora de mejoras por parte del TS sin duda va en la línea que acabo de referir.

c) En tercer lugar, la comparación de condiciones salariales sólo puede producirse cuando se está ante fuentes reguladoras distintas,

---

544. Sobre esta siempre compleja cuestión me permito remitir a la doctrina establecida en la STS (Sala 4ª) de 24 de Enero de 2023 (RJ 2023, 1476), donde, además de recordar, con carácter general, la jurisprudencia en vigor en la materia, se establece que, cuando una mejora retributiva voluntaria no es susceptible, por su naturaleza, de ser integrada en un grupo de complementos concreto, deberá ser tratada como salario.
En todo caso, el TS ha admitido la compensación de un complemento personal con conceptos salariales relativos a la promoción profesional o derivados de la antigüedad (STS (Sala 4ª) de 12 de Mayo de 2017 (RJ 2017, 3141), o un complemento de antigüedad con un de carácter personal (STS (Sala 4ª) de 25 de Enero de 2017 (RJ 2017, 507).
545. La STS (Sala 4ª) de 25 de Enero de 2017 (RJ 2017, 507), ha llegado a admitir la existencia de homogeneidad entre los conceptos de antigüedad y salario base, y ha asumido la posibilidad de su absorción y compensación, al considerar que: «si bien el complemento de antigüedad reviste carácter personal (...) sin embargo, se singulariza en su configuración jurídico-retributiva, por cuanto aparece ligado más rigurosamente, a ciertos efectos, al salario base y no se halla condicionado a las características del trabajo realizado o al volumen y calidad de este último».
546. GORDO GONZÁLEZ, L., «La regulación de la compensación y absorción por la negociación colectiva a la vista de la última jurisprudencia», *Revista de Información Laboral*, núm. 8, 2017, p. 212.
547. CONDE MARTÍN DE HIJAS, V., «La absorción y compensación como instrumento legal de potenciación de la autonomía individual», *Actualidad Laboral*, núm. 22, 1993, p. 417-418.
548. MERCADER UGUINA, J.R., *Modernas tendencias en la ordenación...*, op. cit., p. 73.

descartándose cuando los conceptos salariales integran la misma fuente[549].

d) En cuarto lugar, el carácter difuso del tenor del art. 26.5 ET ha llevado a un sector de la doctrina a plantear dudas sobre la viabilidad de una interpretación del referido texto estatutario en el sentido de considerar que el legislador a la hora de aplicar la técnica de la compensación y absorción aboga por la tesis del conglobamento. Entre otros argumentos, se recuerda que el art. 26.3 ET obliga al respeto de la estructura salarial que se establece preferentemente en los convenios colectivos[550]. No creo sin embargo que esta exigencia estatutaria suponga un límite insalvable para apostar por la tesis del conglobamento en el caso de la absorción y compensación de salarios. Y ello porque se ha de recordar que la técnica de la compensación y absorción tiene por objeto fundamental el preservar el disfrute por el trabajador del nivel más alto de rentas del que venía disfrutando, al margen de evitar la acumulación de mejoras salariales, por lo que preexistente la percepción de una determinada cuantía salarial entiendo que no puede pretenderse su desaparición alegando que no se ajusta en su totalidad a la estructura salarial que fija un nuevo convenio colectivo con el que se establece la comparación —la jurisprudencia, sin embargo, no parece favorable a esta tesis[551]—. En este sentido, si bien es verdad que, referido sólo a la absorción y compensación de salarios, se ha de recordar que el art. 27.1 párrafo 3º ET ampara precisamente la afectación de la estructura de los salarios profesionales cuando el SMI, aplicada la técnica de la absorción y compensación, supera la cuantía de los mismos[552].

Pero, ¿cómo afecta la técnica de la compensación y absorción de salarios a la intangibilidad de la condición más beneficiosa? En el caso de que el incremento salarial registrado no supere los niveles salariales que supone

549. STS (Sala 4ª) de 10 de Noviembre de 1998 (RJ 1998, 9548).

550. BALLESTER LAGUNA, F., *La condición...*, op. cit., p. 247.

551. La STS (Sala 4ª) de 30 de Mayo de 1995 (RJ 1995, 4934), ha señalado que la cláusula prevista en convenio colectivo de respeto a título personal de las condiciones establecidas individualmente con anterioridad a la fecha de entrada en vigor del convenio colectivo ha de entenderse referida «a la cuantía de las retribuciones y a otras posibles condiciones de trabajo, pero no a la estructura o composición del salario, que no puede ser otra, a partir de su vigencia, que la prevista en los propios preceptos del convenio colectivo».

552. BALLESTER LAGUNA, F., *La condición...*, op. cit., pp. 246-247, sin embargo, se ha mostrado contrario a la posible extensión del planteamiento que se expresa en el art. 27.1 párrafo 3º ET más allá del ámbito de dicho artículo.

la condición más beneficiosa, entiendo que la intangibilidad de la misma no tiene por qué verse afectada, dado que, a mi juicio, la nueva fuente que aporta una mejora del salario, ya sea legal, ya sea convencional, finalmente no se impone al seguir siendo superior la retribución percibida por el trabajador, por lo que no existe sustitución de conceptos salariales, ni de cuantías, de manera que el efecto que provoca consiste simplemente en evitar la suma a las cantidades efectivamente percibidas por el trabajador del incremento retributivo que ofrece la nueva fuente, y que ya he referido que es insuficiente —consecuencia que, sin embargo, no resulta imputable en ningún caso a la intangibilidad de la condición más beneficiosa sino al propio carácter de la técnica neutralizadora[553]—. Por el contrario, cuando el incremento salarial supera el nivel económico de la condición más beneficiosa, entiendo que sí cabe apreciar la afectación de la intangibilidad de la condición más beneficiosa, dado que al aplicarse la retribución fijada en la nueva fuente la condición más beneficiosa desaparece, extinguiéndose.

El planteamiento expuesto tiene su origen en la consideración del art. 26.5 ET como una aplicación específica en el ámbito contractual de la mecánica descrita por art. 3.3 ET[554] —determinación de la norma más favorable —, pues no en vano ambos preceptos comparten la misma técnica, la comparación en conjunto y cómputo anual, y la misma finalidad: la determinación de la fuente más favorable para el trabajador, bien es verdad que cada una desde una perspectiva distinta, en el caso del art. 26.5 ET desde la perspectiva contractual, en el caso del art. 3.3 ET desde el punto de vista de la norma jurídica.

De todas formas, y con independencia de lo referido, conviene recordar que la doctrina suele coincidir en la apreciación de que el régimen neutralizador previsto en el art. 26.5 ET tiene un carácter dispositivo[555], por lo que no necesariamente ha de operar la compensación y absorción cuando se da la concurrencia de condiciones salariales comparables, consideración que también es extensible al supuesto en que uno de los términos de comparación sea el SMI. Esta circunstancia otorga a esta técnica un valor relativo en

553. Por tanto, estamos en desacuerdo con la postura de BALLESTER LAGUNA, F., *La condición...*, op. cit., pp. 242-243, quien refiere el hecho de que el trabajador no acumule en estos casos el incremento salarial «convierte la inmunidad de las condiciones más beneficiosas en más nominal que efectivamente garantista de los intereses de los trabajadores».

554. En este sentido, ROMERO BUSTILLO, S., «La absorción y compensación», *Documentación Laboral*, núm. 49, 1996, p. 61, citando a ALONSO OLEA y BARREIRO GONZÁLEZ; MORENO VIDA, M.N., «La compensación y...», op. cit., p. 176.

555. Por todos, GONZÁLEZ-POSADA, E., *La compensación y...*, op. cit., p. 153, quien refiere precisamente cómo el término legal «operará», del hoy art. 26.5 ET, tiene un carácter hipotético, no implicando en sí mismo un «automatismo funcional».

cuanto a su consideración con carácter general como técnica afectadora de la intangibilidad de las condiciones más beneficiosas, si bien es verdad que, salvo pacto expreso, rige la presunción de su aplicabilidad cuando se den las circunstancias para ello. Y hablamos de presunción porque, aunque no se haya descartado expresamente por las partes la aplicación de esta técnica, en última instancia es potestad del empresario el aplicar finalmente la compensación y absorción, potestad que se actualiza cada vez que se aprecia la existencia de un incremento de salario. Este hecho ha llevado a plantear, no sin cierta razón, que la configuración jurídica de la compensación y absorción profundiza en la individualización del salario, al sustraer parcialmente a otros ámbitos, como puede ser la autonomía colectiva, la gestión del régimen del salario, permitiéndole decidir finalmente sobre la correlación que ha de existir entre prestación de trabajo y salario[556].

En el caso de la condición más beneficiosa esta circunstancia cobra especial importancia dado que se confiere al empresario un destacado poder de disposición de manera que, en función de las circunstancias concurrentes, el mismo podrá decidir sobre el alcance[557] o incluso, si las nuevas condiciones salariales superan a las que efectivamente disfrutaba el trabajador, sobre la propia existencia de la condición. Este poder qué duda cabe que puede plantear la aparición de conductas discriminatorias, por ejemplo, porque el empresario decida aplicar la técnica de la absorción y compensación en el caso de condiciones más beneficiosas de disfrute plural o colectivo sólo a determinados trabajadores, por lo que se deberá prestar atención a una posible utilización arbitraria de la referida técnica[558].

Ahora bien, la doctrina ha polemizado en nuestro país sobre el carácter de la renuncia empresarial a practicar la compensación y absorción, por otro lado, posible, sobre todo cuando la misma no es expresa y se prolonga en el tiempo. De tal manera que, frente a quienes sostenían que en estos casos podía afirmarse la existencia de una renuncia tácita, en cuanto renuncia indefinida a ejercer el poder que reconoce el ordenamiento al empresa-

556. ROMÁN DE LA TORRE, M.D., *Poder de dirección y contrato de trabajo*, Grapheus, Valladolid, 1992, p. 294; MERCADER UGUINA, J.R., *Modernas tendencias en la ordenación salarial*, Aranzadi, Pamplona, 1996, p. 69.

557. En este sentido, ROMÁN DE LA TORRE, M.D., *Poder de dirección y...*, op. cit., p. 294.

558. Véase GONZÁLEZ POSADA, E., *La compensación y...*, op. cit., p. 167 y ss. Téngase en cuenta asimismo que sólo al colectivo protegido por la condición más beneficiosa y que la haya disfrutado efectivamente le será aplicable la regla de la compensación y absorción (STS (Sala 4ª) de 10 de Febrero de 1995 [RJ 1995, 1148]; STS (Sala 4º) de 23 de Marzo de 1994 [RJ 1994, 2624]).

rio[559], se alzaron quienes consideraron que la renuncia definitiva a un derecho nunca puede calificarse como tácita, dado que el no ejercicio de los derechos no debe primarse, habiendo de obligarse a la actualización de la voluntad en tal sentido[560]. Cuestión que a su vez enlaza con la defensa que se ha hecho de las cláusulas contractuales de no compensación y absorción como «condición contractual más beneficiosa de necesario respeto para una norma posterior y para el propio empresario», no apreciable sin embargo en el caso de una mera falta ocasional de ejercicio del derecho[561].

A mi juicio, el acto constitutivo de toda condición más beneficiosa resulta decisivo en la conformación del contenido de la misma, por lo que si al otorgarla el empresario decide que sea en términos tales que excluye hacia el futuro la compensación y absorción, a dicha voluntad habrá que estar[562]. No obstante, parece complicado que se pueda admitir como idónea la expresión tácita de la voluntad en cuanto vía efectiva para renunciar

559. Sobre el particular véase GONZÁLEZ-POSADA, E, «El ejercicio de la compensación y absorción de salarios. Su carácter dispositivo», *Actualidad Laboral*, núm. 45, 1986, p. 2318, citando a ALONSO OLEA.

560. DE LA VILLA, L.E., «El principio de irrenunciabilidad de los derechos laborales», *Revista de Política Social*, núm. 85, 1970, p. 67 y ss.

561. CAMPS RUIZ, L.M., «La condición...», op. cit., pp. 273-274; GONZÁLEZ-POSADA, E., «El ejercicio de la compensación...», op. cit., pp. 2321-2322.

562. En este sentido, la STS (Sala 6ª) de 19 de Diciembre de 1988 (RJ 1988, 10076) ha referido que «el fenómeno neutralizador puede encontrar obstáculos o límites en otras posibles causas, cuando así se estableciera al instaurarse la condición que se pretenda absorber», considerando legítimo el que la resolución de la empresa que instaura la condición más beneficiosa establezca que el complemento salarial que tiene por objeto sólo se absorberá con los complementos que le pudieran corresponder caso de que el trabajador ocupara un nuevo cargo directivo. Ejemplo contrario se observa en la STS (Sala 4ª) de 9 de Diciembre de 1999 (RJ 1999, 9722) donde precisamente en la carta donde la empresa comunica a cada trabajador la concesión de un complemento, que el Tribunal considera condición más beneficiosa, se hace constar expresamente su potencial compensación y absorción con otros incrementos salariales derivados de norma legal o pactada.
En todo caso, y en el ámbito doctrinal, se ha recordado que, cuando la fuente origen de una mejora es la voluntad de las partes (empresario y trabajador), resultará posible que las mismas puedan acordar los términos de desaparición de la ventaja, en incluso establecer la compensación sobre condiciones heterogéneas (MECADER UGUINA, J.R., *Los principios de aplicación...*, op. cit., pp. 140-141, con base, entre otras, en la STS (Sala 4ª) de 3 de Julio de 2013 [RJ 2013, 8083], o la STS (Sala 4ª) de 13 de marzo de 2014 [RJ 2014, 1721]), siendo habitual a estos efectos la invocación de la doctrina establecida en la STS (Sala 4ª) de 29 de Septiembre de 2008 (RJ 2008, 5537), que respecto de un denominado «complemento de ventas» pactado en contrato individual, estableció que: «la fuente de la mejora o complemento que la empresa trata de compensar y absorber ya no es la libre y unilateral concesión empresarial sino la voluntad concurrente de ambas partes, empresa y trabajador, plasmada en forma expresa y clara en el contrato de trabajo y sometida, precisamente, a la posibilidad de compensarlo y absorberlo».

indefinidamente a esta potestad empresarial. Entre otras cosas porque la doctrina jurisprudencial de la renuncia tácita implica en si misma el cumplimiento de unos requisitos cuya constatación puede resultar difícil de no mediar voluntad expresa[563].

En cuanto a la renuncia colectiva, la misma resulta posible, siendo relativamente frecuente encontrar cláusulas en este sentido, confiriéndoles en ocasiones el propio convenio un carácter *ad personam*[564]. Dicho carácter entiendo, sin embargo, que dista de serlo efectivamente, dado que el convenio colectivo es un instrumento que gestiona y canaliza intereses colectivos. Por tanto, afirmaciones como que la renuncia a la compensación y absorción se realiza con carácter *ad personam* no deja de ser un recurso meramente discursivo que no se ajusta a la realidad[565]. Y ello porque, en primer lugar, hay que recordar que una renuncia de estas características no es indefinida en el tiempo, estando vigente mientras el convenio colectivo sea efectivo, y, en segundo lugar, porque téngase en cuenta que salvo previsión expresa en contrario cuyo carácter discriminatorio habría que plantearse, de esta renuncia se beneficiaría en principio todos los trabajadores afectados por el convenio colectivo, tanto presentes como futuros.

Por otra parte, considero que la unidad negocial adecuada para fijar este tipo de renuncias es la empresa, habiendo de descartarse el ámbito supraempresarial[566]. Circunstancia que se explicaría por el carácter del objeto de la renuncia, que en este caso es un derecho que en definitiva se otorga al empresario, y cuya renuncia no parece admisible que se pueda fijar en unidades negociales superiores por sujetos que no sea el propio empresario dada su condición de derecho subjetivo[567]. Igualmente, tampoco creo que el convenio colectivo supraempresarial sea el ámbito adecuado para establecer limitaciones a la compensación y absorción de salarios[568].

563. A saber: 1) Voluntad de renunciar definitivamente al derecho; 2) Insuficiencia de la mera voluntad de renunciar a acciones aisladas, así como del no ejercicio transitorio o provisional del derecho (STS (Sala 6ª) de 23 de Diciembre de 1978 [RJ 1978, 4591]).

564. En todo caso, el que un convenio colectivo pueda limitar el juego de la compensación o absorción no es una cuestión pacífica en nuestra doctrina, dado el carácter imperativo que se suele atribuir al art. 26.5 ET (GALA DURÁN, C., «El principio de condición más beneficiosa...», op. cit., p. 181, entre otros).

565. Opinión contraria tiene BALLESTER LAGUNA, F., *La condición...*, op. cit., p. 260.

566. En sentido parecido se ha expresado BEJARANO HERNÁNDEZ, A., *Principio de condición...*, op. cit., p. 131.

567. Tal es el carácter que la doctrina suele atribuirle a este derecho (véase ROMÁN DE LA TORRE, M.D., *Poder de dirección y...*, op. cit., p. 294).

568. No opina así BEJARANO HERNÁNDEZ, A., *Principio de condición...*, op. cit., pp. 131-132.

Hemos visto hasta el momento cómo el legislador prevé la técnica de la compensación y absorción sólo en relación con las condiciones salariales, y cómo esta opción resulta renunciable por el empresario, con la repercusión que ello puede tener sobre las condiciones salariales más beneficiosas. Sin embargo, conviene ser conscientes de que, en relación a esta técnica neutralizadora, el poder del empresario y la propia autonomía de la voluntad juegan un papel muy importante que va más allá de la mera renuncia a la neutralización de condiciones salariales, por ejemplo, más beneficiosas.

De hecho, los convenios colectivos suelen incluir con cierta frecuencia cláusulas donde se prevé genéricamente la compensación y absorción de cualquier mejora, en muchos casos sin discriminar las fuentes de las que procede[569]. Dichas cláusulas convencionales, sin embargo, han suscitado el rechazo de un sector de la doctrina empleando para ello diversos argumentos. Así, se ha señalado el carácter de norma mínima del art. 26.5 ET, y el que con la extensión de esta técnica a otras mejoras se estaría ampliando el ámbito de aplicación de la norma, por lo que la cláusula convencional habría de considerarse una regulación *in peius*. Igualmente, se ha advertido sobre la incidencia que esta técnica neutralizadora tiene sobre la articulación del sistema de fuentes, afectando tanto a la regla general de mínimos en términos absolutos que se ven excepcionados más allá de lo permitido por la ley, como a las posibilidades efectivas de modificación-extinción de las condiciones más beneficiosas fundadas en cambios normativos, que de esta manera se liberalizarían afectando con ello al principio *pro operario*[570]. A estos argumentos habría que añadir la consideración en si misma de la compensación y absorción de salarios como una técnica desvirtuadora de la negociación colectiva y el poder sindical.

No podemos compartir esta opinión. En primer lugar, porque más que una regulación *in peius* la compensación y absorción constituye una técnica

569. Un ejemplo de ello lo tenemos en la STS (Sala 4ª) de 4 de Abril de 1994 (RJ 1994, 3232), donde precisamente amparada la empresa por una cláusula genérica de compensación y absorción, la misma compensa descansos retribuidos con otros igual índole e incluso con reducción de jornada.
Por otro lado, en la STS (Sala 4ª) de 29 de Marzo de 2000 (RJ 2000, 3134) se enfrenta un supuesto donde está en juego la disposición por la empresa, o en su caso la compensación y absorción de unas vacaciones de las que disfrutaban los trabajadores en atención a su antigüedad en la empresa, y que se desestima por el Tribunal alegando que ni se trata de un derecho reconocido en convenio anterior ya derogado, ni en el nuevo convenio existe previsión convencional de compensar y absorber dicha condición más beneficiosa.

570. En este sentido, BALLESTER LAGUNA, F., *La condición...*, op. cit., p. 262.

de gestión de las mejoras, y por tanto también de las condiciones más beneficiosas[571]. No en vano, difícilmente se puede prohibir al empresario que se proteja contra el efecto que sobre sus intereses podría tener la acumulación sucesiva de mejoras laborales. En segundo lugar, porque admitiendo que la compensación y absorción incide sobre las relaciones entre fuentes, ver en este caso una liberalización de la modificación-extinción de la condición más beneficiosa que afectaría al principio *pro operario* parece una conclusión excesiva. A fin de cuentas, lo que se estaría planteado es un modelo alternativo, y posible, de gestión del disfrute de la condición más beneficiosa, que indudablemente podría ver afectada a largo plazo su indemnidad. En tercer lugar, antes que plantearse con carácter general el carácter desvirtuador de la negociación colectiva y del poder sindical de la compensación y absorción, lo que habría que determinar es hasta qué punto aquellas instituciones no se desvirtúan ante la existencia de condiciones más beneficiosas. Precisamente, técnicas como la compensación y absorción, a pesar de las dificultades que en la práctica pueda plantear su aplicación, a lo que vienen es a limitar la prolongación de manera indefinida del disfrute de las condiciones más beneficiosas, en cuanto elemento perturbador de la natural tendencia de la negociación colectiva a la homogeneización de las condiciones de trabajo[572].

571. En contra de esta visión se mostró en su momento ALARCÓN CARACUEL, M.R., «La vigencia del principio...», op. cit., p. 855, quien de modo taxativo refirió en su momento, en relación con el principio d condición más beneficiosa, que «donde el principio muestra su verdadera peculiaridad y alcance es en los supuestos en que merced a él, una determinada condición se hace inmune a la compensación y absorción»; opinión compartida más recientemente por MERCADER UGUINA, J.R., *Los principios de aplicación...*, pp. 169-170.

572. Una tendencia que, como en algún caso se ha señalado (FERNÁNDEZ LÓPEZ, M.F., «Negociación colectiva y contrato de trabajo», *Temas Laborales*, núm. 76, 2004, p. 188) conviene que tengamos en cuenta que también tiene sus limitaciones, pues el respeto de lo establecido en el art. 3.1 c) ET, en definitiva a la autonomía individual, tiene como consecuencia el que no se pueda considerar como viable, desde un punto de vista jurídico, el establecimiento de cláusulas convencionales que prohíban negociar en dicho ámbito cualesquiera condiciones distintas de lo pactado en convenio colectivo. En sentido, bueno será retener, como afirma esta jurista, que: «El esfuerzo que el convenio deba realizar para alcanzar la homogeneidad, pues, tiene sus límites, y en su caso el objetivo citado habrá de alcanzarse por la vía novatoria de los contratos individuales que abre el art. 41 ET».

Por tanto, y a mi juicio, la previsión de este tipo de cláusulas en los convenios colectivos resulta perfectamente viable[573], si bien entiendo que las mismas carecen de virtualidad en el caso de las condiciones más beneficiosas de disfrute individual y plural[574]. Y ello porque en el caso de estas condiciones lo decisivo es la voluntad del empresario en el momento de constitución de la condición, o si se quiere expresar de otra manera el talante con el que se otorgó la misma, por lo que si en un principio no se contemplaba la compensación y absorción de la condición más beneficiosa hay que descartar aquélla con posterioridad. No obstante, habrá que tener en cuenta que las condiciones susceptibles de neutralización en esta ocasión sí deberán ser homogéneas, y en principio traducibles numéricamente[575], dada la dificultad de comparar condiciones cualitativas.

He referido anteriormente que la compensación y absorción constituye una técnica que incide sobre la articulación de las fuentes de la relación laboral, alterando en muchos casos el esquema habitual de funcionamiento, como por ejemplo que el convenio colectivo se impone a previsiones concurrentes provenientes de la autonomía individual, a favor precisamente de la condición que en la práctica y finalmente resulta más favorable para el trabajador. Pero al margen de este hecho, el análisis de esta técnica y concretamente de las capacidades que en esta materia se reconocen al empresario nos aporta un dato sin duda interesante a partir de la consideración de lo que es concretamente el derecho que asiste al empresario de decidir por sí mismo si opera, o no, la compensación y absorción dándose las circunstancias para ello.

En concreto, la cuestión sobre la que quiero llamar la atención en este momento está relacionada precisamente con la circunstancia de que ese derecho que asiste al empresario puede tener por objeto tanto las condiciones más beneficiosas de disfrute individual o plural, como las de disfrute

573. La STS (Sala 4ª) de 13 de Febrero de 1997 (RJ 1997, 1265) contempla el supuesto de una condición más beneficiosa de disfrute colectivo —régimen de vacaciones de los profesores transferidos a la Comunidad de Madrid— respecto de la que se declara expresamente por Tribunal que «por vía de convenio colectivo posterior al cambio de titularidad de la empresa se puede proceder a tal regulación homogénea de condiciones de trabajo, mediante, en su caso, las compensaciones oportunas de las condiciones más beneficiosas precedentes de carácter colectivo, no adquiridas a título exclusivamente personal», habiéndose previsto expresamente en el convenio colectivo de la Comunidad de Madrid la desaparición a partir de una fecha determinada de las condiciones más beneficiosas disfrutadas por dichos trabajadores, tales como jornada, manutención y alojamiento, entendiéndose completa y definitivamente compensadas por las establecidas en el referido convenio colectivo.

574. A favor de respetar la integridad de las condiciones más beneficiosas *ad personam* se ha expresado BEJARANO HERNÁNDEZ, A., *Principio de condición...*, op. cit., p. 139.

575. CAMPS RUIZ, L.M., «La condición...», op. cit., p. 269.

colectivo. Es éste último caso el que me llama la atención, pues a poco que se considere el fenómeno se puede constatar cómo en el caso de las condiciones más beneficiosas de disfrute colectivo la actuación de la voluntad empresarial en torno a la operatividad de la referida técnica neutralizadora implica en sí mismo una disposición por el empresario de un interés colectivo, como es en este caso el disfrute por todos los trabajadores de un ámbito determinado y con carácter general y abstracto de una condición más beneficiosa, o si se quiere decir de otra manera el reconocimiento al mismo de una cierta capacidad para gestionar aquél, o al menos para decidir sobre su incidencia sobre la relación laboral, o incluso sobre su propia existencia.

La cuestión no es baladí sobre todo si se aprecia desde la perspectiva de la autonomía colectiva. En primer lugar, porque la compensación y absorción pone de manifiesto cómo el empresario sí puede tomar decisiones relevantes respecto a cuestiones donde lo que está en juego es un interés colectivo, terreno en el que hasta la reforma laboral de 1994 esta posibilidad no solía contemplarse por nuestro ordenamiento jurídico exigiéndose en todo caso que mediara acuerdo con los representantes de los trabajadores[576]. Hecho significativo por sí mismo, sobre todo cuando nuestros Tribunales suelen ser bastante reticentes a admitir el fenómeno contrario: que la autonomía colectiva pueda disponer de intereses individuales, por ejemplo, de condiciones más beneficiosas de disfrute individual o plural, afectando su intangibilidad, cuestión sobre la que volveremos más adelante. En segundo lugar, porque si se admite que los convenios colectivos extraestatutarios, pactos colectivos informales de empresa y acuerdos de empresa pueden dar lugar a condiciones más beneficiosas, parece claro que técnicas como la de la compensación y absorción constituyen en sí mismas una vía expedita, distinta de la prevista por el art. 41 ET, para la afectación de la vigencia del contenido de tales manifestaciones de la autonomía colectiva, como mínimo por lo que respecta a las cuantías salariales.

De todas formas, conviene advertir que no sólo sobre el plano de la autonomía colectiva puede pensarse que repercute la técnica de la absorción y compensación. También sobre la esfera de la autonomía individual tiene una incidencia significativa siendo el resultado más evidente la capacidad empresarial de decidir con la aplicación de la compensación y absorción una posible afectación de la intangibilidad de la condición más beneficiosa.

576. Recuérdese que es en 1994 cuando el nuevo tenor del art. 41 ET va a permitir al empresario disponer de condiciones laborales contenidas por ejemplo en convenios colectivos extraestatutarios.

Ahora bien, en algunos casos se ha otorgado a esta técnica neutralizadora una virtualidad que entiendo que excede en mucho de lo que es su efectivo alcance. De la misma se ha dicho, si bien sólo en relación con la compensación y absorción de salarios, que «estimula indirectamente a los empresarios a establecer mejoras, ya que pierden el recelo a mejorar los salarios, sabiendo que serán suprimidos o reducidos al incrementarse los mínimos legales»[577], cuando no se ha propuesto *de lege ferenda*, como ya referí en páginas anteriores, la implantación de forma general de la teoría del conglobamento, en atención a los supuestos efectos beneficiosos que tendría para el desarrollo de la autonomía individual[578].

No creo que la promoción de la autonomía individual pase por la generalización de esta técnica, ni siquiera que, por ejemplo, en materia salarial la misma pueda inducir al empresario, no ya a otorgar mejoras salariales, sino a otorgarlas con el carácter de más beneficiosas[579]. Y ello porque la compensación y absorción, más que a la promoción de la autonomía individual, mira por un lado a la protección del interés del empresario, que podría verse perjudicado por la acumulación sucesiva de mejoras, y por otro a la protección también del interés del trabajador garantizando el disfrute de la condición más ventajosa para el mismo, de tal manera que en ocasiones la conciliación de estos dos intereses encontrados se traduce en que, por ejemplo, el régimen salarial del convenio colectivo se impone, por ser más favorable, al régimen que venía disfrutando el trabajador, y que incluía alguna condición salarial más beneficiosa de disfrute individual.

7.2. LA VOLUNTAD UNILATERAL DEL EMPRESARIO COMO ELEMENTO DE AFECTACIÓN DE LAS CONDICIONES MÁS BENEFICIOSAS

He referido en páginas anteriores cómo la intangibilidad de la condición más beneficiosa —que para la jurisprudencia tiene su origen en la incorporación de la condición al contrato de trabajo— impide que el empresario

577. ALMANSA PASTOR, A., «La absorción y compensación en la política de salarios», en VV.AA., *Tercer Congreso Iberoamericano de Derecho del Trabajo*, Sevilla, 1970, p. 12.
578. CONDE MARTÍN DE HIJAS, V., «La absorción y compensación como instrumento legal...», op. cit., pp. 417-418.
579. Por tanto, compartimos la crítica expresada por MONTALVO CORREA, J., «Absorción y compensación...», op. cit., p. 337, en el sentido de que las mejoras en materia de salario las marcan más bien las circunstancias del mercado, la potencialidad de la empresa y el rendimiento de los propios trabajadores, entre otros factores.

pueda modificar unilateralmente condiciones de esta clase[580]. Igualmente, dicha intangibilidad pone también de manifiesto la inviabilidad de planteamientos como la reserva a favor del empresario en relación con la opción de alterar la condición más beneficiosa en el momento que lo considere oportuno, o la sujeción del disfrute de la condición a la situación que registre en cada momento la empresa[581]. Sin embargo, y como hemos tenido ocasión de constatar al hilo del análisis de técnicas como la de la compensación y absorción, la intangibilidad no supone una garantía absoluta de efectividad de la condición más beneficiosa con carácter indefinido[582], pues parece razonable considerar que las condiciones de este tipo sean sensibles al cambio de las circunstancias en que las mismas se otorgaron, de manera que al menos en determinadas situaciones se posibilite al empresario la afectación de la intangibilidad de la condición más beneficiosas.

En concreto, en estos momentos pretendo centrar la atención en dos supuestos de gran interés desde la perspectiva de la voluntad empresarial. El primero de ellos está relacionado con el tenor del art. 41 ET, precepto que regula de qué manera puede el empresario modificar, concurriendo causas económicas técnicas, organizativas o de producción, tanto las condiciones de trabajo que disfrutan los trabajadores a título individual, como las «disfrutadas por éstos en virtud de una decisión unilateral del empresario de efectos colectivos». El segundo, con el fenómeno regulado en el art. 44 ET, la sucesión de empresa[583], donde el aspecto central a estudiar será hasta qué punto el cesionario ha de hacer frente a las obligaciones derivadas de con-

580. En este sentido, y por todos, SEMPERE AVELLÁN, J., «Sobre la intangibilidad de las condiciones más beneficiosas», en VV.AA.: *III Congreso Nacional de Derecho del Trabajo y de la Seguridad Social*, Tirant lo Blanch, Valencia, 1993, pp. 297-298. Un ejemplo de las consecuencias de este planteamiento lo tenemos en la STS (Sala 4ª) de 30 de Junio de 1993 (RJ 1993, 5965), donde al no considerarse el aumento anual de salario como una condición más beneficiosa el Tribunal falla que la implantación por la empresa de un «complemento voluntario personal» que congela los salarios no infringe el art. 41 ET, pues en los contratos de trabajo no se incluía como elemento de los mismos ese supuesto derecho al incremento anual de salarios.
En sentido contrario, y ejemplificativo de la jurisprudencia reiterada que afirma que una condición más beneficiosa no puede ser unilateralmente eliminada sin seguir el procedimiento del art. 41 ET: STS (Sala 4ª) de 13 de Julio de 2023 (RJ 2023, 4191).
Véase asimismo la STS (Sala 4ª) de 23 de Diciembre de 2008 (RJ 2008, 8262); STS (Sala 4ª) de 7 de Abril de 2009 (RJ 2009, 2218).

581. De esta opinión es BALLESTER LAGUNA, F., *La condición...*, op. cit., pp. 340-342.

582. De hecho, instrumentos como el regulado en el art. 41 ET, ponen de manifiesto que, en nuestro ordenamiento, el principio de intangibilidad unilateral de las condiciones más beneficiosas adquiridas y disfrutadas tiene una eficacia relativa (en este sentido, entre otros, DE VAL TENA, A.L., «La modificación y extinción de la condición más beneficiosa», *Documentación Laboral*, núm. 114, 2018, p. 75).

583. Analizado por DÍAZ AZNARTE, M.T., *El principio de la condición...*, op. cit., p. 239 y ss.

diciones más beneficiosas que tienen su origen en un momento anterior a la transmisión de la titularidad al nuevo empresario, y si el cambio de titularidad no constituye un supuesto que ampare la afectación de la intangibilidad de la condición más beneficiosa por parte del empresario.

7.2.1. EL ART. 41 ET

La consideración del art. 41 ET como vía hábil para afrontar la modificación de las condiciones más beneficiosas[584] forma parte de la historia de este precepto desde sus orígenes. En efecto, a poco de la promulgación del ET allá por 1980, doctrina y jurisprudencia comenzaron a apoyar la tesis de que, aunque no explicitado en el texto del precepto estatutario, la lectura del art. 41 ET ampararía la modificación de las condiciones más beneficiosas de disfrute colectivo, no así de las individuales o *ad personam* que devenían inatacables por el empresario mediante esta técnica legal[585]. No será hasta 1994, y en el contexto de una reforma laboral extensa, cuando el tenor del art. 41 ET sufrirá una serie de cambios que, entre otras cosas, legitimarán tanto la modificación sustancial de condiciones más beneficiosas disfrutadas a título individual o plural, como de las disfrutadas a título colectivo[586] —en este contexto se han de situar las referencias legislativas a las condiciones de trabajo que disfrutan los trabajadores a título individual, y a las «disfrutadas por éstos en virtud de una decisión unilateral del empresario de efectos colectivos»—.

---

584. Interesante resulta el supuesto enjuiciado por la STS (Sala 4ª) de 5 de Mayo de 1992 (RJ 1992, 3509), donde al tiempo que el Tribunal resalta expresamente el carácter de técnica neutralizadora de las condiciones más beneficiosas del art. 41 ET, se desestima la pretensión del comité de empresa de alterar el acuerdo reorganizativo alcanzado por la empresa *ex art.* 41 ET, al no apreciar la existencia de circunstancias sobrevenidas que rompan el equilibrio alcanzado, considerando impropio la invocación por una de las partes en este caso de la prevalencia del interés individual frente al interés colectivo, dado que, para la Sala, «en los pactos colectivos, consecuentemente con su naturaleza, predomina el interés de la colectividad sobre el particular».
585. Véase RIVERA SÁNCHEZ, J.R., «La alteración de las condiciones más beneficiosas a través del artículo 41 ET», en VV.AA.: *III Congreso Nacional de Derecho del Trabajo y de la Seguridad Social*, Tirant lo Blanch, Valencia, 1993, p. 286 y ss.
Téngase en cuenta no obstante que esta apreciación integra una polémica más amplia como es la de si el art. 41 ET en su redacción original permitía sólo modificaciones colectivas o por el contrario también daba pie a las modificaciones individuales (véase CRUZ VILLALÓN, J., *Las modificaciones de la prestación de trabajo*, MTSS, Madrid, 1983, p. 232 y ss.).
586. En este sentido, por todos, BEJARANO HERNÁNDEZ, A., *Principio de condición...*, op. cit., p. 151. Entre otras, véase al respecto la STS (Sala 4ª) de 20 de Enero de 2009 (RJ 2009, 619), que declara la nulidad de la modificación de una condición más beneficiosa de efectos colectivos —complemento personal otorgado unilateralmente por el empresario—, precisamente por no ajustarse al procedimiento del art. 41 ET; STS (Sala 4ª) de 26 de Julio de 2010 (RJ 2010, 7288).

Ahora bien, conviene ser conscientes de que pese al encabezamiento del art. 41 ET —«Modificaciones sustanciales de las condiciones de trabajo»— el régimen estatutario podría ser también de aplicación cuando lo que se pretende es la modificación de aquellas mejoras que, sin ser estrictamente laborales, sí integran la relación de trabajo, o tienen su origen en la misma, como es el caso de las mejoras sociales, que en muchos casos se otorgan con el carácter de condición más beneficiosa[587]. Planteamiento al que, sin embargo, no parece muy receptivo nuestro TS, quien generalmente registra una resistencia a recurrir al régimen del art. 41 ET cuando el objeto de modificación lo constituyen mejoras voluntarias[588], considerando sí acaso la aplicación del principio *rebus sic stantibus*[589].

Al análisis detallado del régimen del art. 41 ET dedico, por tanto, las próximas páginas, con especial consideración de lo que, a mi juicio, son los tres aspectos fundamentales en toda esta cuestión; a) por un lado, los presupuestos a considerar, y que pueden dar pie a que la voluntad unilateral del empresario pueda afectar el disfrute de la condición más beneficiosa; b) por otro lado, el proceso a seguir por el empresario para conseguir este objetivo; c) finalmente, la naturaleza que revista la afectación del disfrute de la condición más beneficiosa.

587. De esta opinión es también BEJARANO HERNÁNDEZ, A., *Principio de condición...*, op. cit., p. 165.

588. Para ÁLVAREZ GIMENO, R., «Las condiciones más beneficiosas...», op. cit., pp. 90-91, el carácter ejemplificativo del listado de materias contenidas en el art. 41 ET, y la propia doctrina judicial, avalarían el recurso al régimen de este precepto a la hora de modificar sustancialmente condiciones más beneficiosas en materia de Seguridad Social. De tal manera que, en su opinión, el problema sería si acaso cómo resolver la cuestión de las modificaciones no sustanciales, planteando a tales efectos dos alternativas: acudir al ius variandi, o al margen de actuación de que disponen los empresarios dentro de su poder de dirección. No obstante lo cual, reconoce que el problema en estos casos es que «las mejoras voluntarias de Seguridad Social no encajan bien con el concepto de poder de dirección empresarial», si bien considera que, pese a esa dificultad, «la conclusión nunca debería ser la de entender que el empresario tiene vedada la posibilidad de introducir cambios no sustanciales en materia de Seguridad Social voluntaria».

589. Véase LUQUE PARRA, M., «La modificación o extinción unilateral...», op. cit., pp. 50-52. En este sentido resulta de interés la consulta de la STS (Sala 4ª) de 4 de Julio de 1997 (RJ 1997, 6335) donde si bien se apuesta por la aplicación de la cláusula *rebus sic stantibus*, existe un voto particular suscrito por varios Magistrados donde se discrepa de esta consideración y se aboga por la aplicación del art. 41 ET, resaltándose que «en el ordenamiento laboral la modificación de las condiciones sustanciales del contrato está además sometida al régimen específico del artículo 41 del Estatuto de los Trabajadores, en el que pueden incluirse las alteraciones de la base del negocio que generen una ruptura grave del equilibrio de las prestaciones».

A) Presupuestos

La lectura del art. 41 ET nos aporta como primer hecho significativo la existencia de dos presupuestos que han de concurrir para modificar por esta vía legal las condiciones de trabajo, y por extensión, y como ya he referido también, las que son más beneficiosas. Dichos presupuestos son, por un lado, que la modificación tenga un carácter sustancial, y, por otro, la concurrencia de causas económicas, técnicas, organizativas o de producción[590].

a) La sustancialidad de la modificación

Las exigencias organizativas de las empresas, consecuencia entre otras cosas de las cambiantes circunstancias en que desarrollan su labor y en cuyo contexto coexisten las relaciones laborales justifican en sí mismas el reconocimiento al empresario de un poder de modificación de las condiciones en que se viene desarrollando la prestación laboral. Sin embargo, cuando se analiza dicho poder la doctrina viene distinguiendo por un lado lo que es el *ius variandi*, en cuanto poder de variación sustancial con carácter temporal[591], y por otro la facultad reconocida en el art. 41 ET, y que en implicaría una modificación sustancial, pero en principio indefinida, de las condicio-

590. En todo caso, también será bueno tener en cuenta que, para que la modificación sustancial surta plenos efectos, la misma debe ser notificada en tiempo y forma, so pena de que el plazo de caducidad para impugnar la misma no llegue a su fin por no haber notificado oportunamente la empresa su decisión. En este sentido la STS (Sala 4ª) de 23 de Mayo de 2023 (RJ 2023, 3397) —donde se declaró la nulidad de la decisión de suprimir en 2019 una condición más beneficiosa, consistente en la entrega anual de una participación de 2,40€ de lotería de Navidad— ha recordado lo siguiente: a) «para fijar el "dies a quo" de la caducidad de la acción de impugnación de la modificación sustancial de condiciones de trabajo tiene que existir una notificación por escrito de la decisión empresarial a los trabajadores o a sus representantes, y es a partir del día en el que se efectúa dicha notificación cuando comienza a correr el plazo de caducidad de la acción» (STS (Sala 4ª) de 27 de Febrero de 2020 [RJ 2020, 2722]); b) «la notificación que debe realizar la empresa a los representantes de los trabajadores debe ser expresa sin que sean válidas las comunicaciones en el tablón de anuncios, las informaciones verbales, las circulares de empresa o la firma de un acuerdo y que el conocimiento que de tal decisión pueda tener la RLT a través de un tablón de anuncios, de informaciones verbales, de circulares empresariales, o de la firma de un acuerdo será relevante a otros efectos, pero no a los de activar el plazo de caducidad» (STS (Sala 4ª) de 12 de Enero de 2017 [RJ 2017, 1097]); en igual sentido, la STS (Sala 4ª) de 27 de febrero de 2020 (RJ 2020, 2722) ha declarado que tampoco la publicación de la decisión de la empresa en la intranet de la misma es relevante a estos efectos.

591. En este sentido, CRUZ VILLALÓN, J., *Las modificaciones de la prestación...*, op. cit., pp. 90-92.

nes de trabajo[592]. Por tanto, el objeto del art. 41 ET no es cualquier modificación sustancial, sino aquéllas que no tienen un carácter temporal o puntual.

Ahora bien, aclarada esta circunstancia conviene también significar que la sustancialidad es una nota que se predica no de la condición que se aspira a modificar sino de la modificación misma, de tal manera que por modificación sustancial bien puede entenderse «aquélla que no es baladí y que implique para los trabajadores una mayor onerosidad de sus prestaciones con un perjuicio comprobable»[593]. El que la mayor o menor relevancia de la condición no sea un factor decisivo a la hora de valorar la ubicación de un supuesto modificativo en el contexto del art. 41 ET, tiene su origen en el hecho de que, en todo caso, la cuestión principal a dilucidar es la intensidad del cambio pretendido[594].

Así, y pese a lo que se ha sostenido por algunos[595], considero que la pretensión de afectación por el empresario de una condición más beneficiosa no necesariamente ha de considerarse como modificación sustancial en todo caso. Y ello porque no siempre puede ser que se pretenda por el empresario una modificación significativa de los niveles que alcanza la ventaja obtenida, si bien es cierto que la intangibilidad de la condición más beneficiosa, si tenemos en cuenta el régimen jurídico actual, impide que el empresario pueda afectar este tipo de condiciones en base a su *ius variandi*[596], pues precisamente la nota referida es la que garantiza que el disfrute de las condiciones más beneficiosas se produzca en los términos en

592. ROMÁN DE LA TORRE, M.D., *Poder de dirección...*, op. cit., p. 97.
593. STCT de 17 de Marzo de 1986 (RTC 1988, 2004).
594. MARTÍN VALVERDE, A., «Modificaciones sustanciales de las condiciones de trabajo», *Revista Colex*, núm. 11, 1994, p. 183.
595. BALLESTER LAGUNA, F., *La condición...*, op. cit., p. 315, para el que la importancia intrínseca de la condición más beneficiosa determina por sí misma la sustancialidad de su modificación; en sentido parecido GALA DURÁN, C., «El principio de condición más beneficiosa...», op. cit., p. 182.
596. Un supuesto donde el TS admite la modificación en base al *ius variandi* empresarial de una condición que, contrariamente a lo alegado por una de las partes no se considera finalmente condición más beneficiosa, puede consultarse en la STS (Sala 4ª) de 12 de Marzo de 1997 (RJ 1997, 2316), en relación con la percepción de unas dietas por parte de los trabajadores y el sistema de su control.
Para MECADER UGUINA, J.R., *Los principios de aplicación...*, op. cit., p. 165, sin embargo, el empresario sí podría en virtud de su *ius variandi* practicar «modificaciones accidentales» de las condiciones más beneficiosas, y que serían aquellas que son de tal naturaleza que no alteran y transforman los aspectos fundamentales de la relación laboral —considerando dentro de esta última categoría las relacionadas *ad exemplum* en la lista del art. 41 ET—.

que fueron concedidos, lo que abunda en la tesis de que el art. 41 ET constituye una excepción a la referida intangibilidad.

b) *La concurrencia de causas económicas, técnicas, organizativas o de producción*

La concurrencia de causas económicas, técnicas, organizativas o de producción qué duda cabe que constituye el otro presupuesto que se ha de dar para que el empresario pueda plantearse una modificación sustancial de las condiciones de trabajo *ex art.* 41 ET. Siempre teniendo en mente la perspectiva que aquí nos interesa, que no es otra que la de las condiciones más beneficiosas, se ha reseñar en primer término la inexistencia de una definición exacta de cada una de las causas que abren paso a la utilización de los procedimientos previstos en dicho precepto legal, como ya es sabido[597], lo cual en su momento deparó un debate no precisamente pequeño sobre la oportunidad de este procedimiento —en definitiva, cuándo la lógica jurídica justificaría el recurso al mismo—.

Una lectura del art. 41 ET, en su versión tras la reforma laboral de 1994, nos llevaría a concluir que la apreciación del momento en que resultaba legítimo jurídicamente recurrir al procedimiento del art. 41 ET dependía del balance que arrojara el juicio de adecuación entre causas, medidas y finalidades a que abocaba su régimen jurídico[598] —juicio que, por cierto, se consideraba innecesario realizar cuando las partes en el período de consultas alcanzaban un acuerdo colectivo modificatorio, pues se presumía en ese caso que concurría justificación suficiente para aplicar las medidas modificativas pactadas—. Hasta el punto de que finalmente se consideraba que la modificación sustancial estaría justificada, y sería legal, si las medidas modificativas propuestas permitían «mejorar la situación de la empresa a través de una más adecuada organización de sus recursos, que favorezca su posición competitiva en el mercado o una mejor respuesta a las exigencias de la demanda». Esta modificación legal abría el camino a las modificaciones sustanciales como técnica para mejorar la competitividad y productividad de la empresa, así como su posición en el mercado, en lo que se

597. Causas que por cierto vieron incrementado su número, al incorporar las económicas, si bien esta circunstancia es relativamente relevante si se tiene en cuenta que éstas ya se incluían en las organizativas, aunque qué duda cabe que con ello se subrayaba a partir de la Ley 11/1994 la importancia de aquéllas (véase CRUZ VILLALÓN, J., «El artículo 41 del Estatuto de los Trabajadores tras la reforma de 1994», *Relaciones Laborales*, núm. 17-18, 1994, pp. 118-122).

598. DEL REY GUANTER, S., «Movilidad funcional, movilidad geográfica y modificaciones sustanciales de las condiciones de trabajo», en ALARCÓN CARACUEL, M.R. (coord.), *La reforma laboral de 1994*, Marcial Pons, Madrid, 1994, pp. 205-206.

consideró, con acierto, como una apuesta legislativa en este caso por una lectura «fisiológica» de la situación de la empresa[599].

En este contexto legal, surgieron dudas sobre hasta qué punto, vía art. 41 ET, resultaría posible la modificación de condiciones más beneficiosas, sobre todo cuando en algún caso se ha señalado que la escasa onerosidad para la empresa de ciertas condiciones más beneficiosas, como es el caso de determinadas mejoras sociales, puede constituir un obstáculo a la hora de acreditar la concurrencia de causas económicas, técnicas, organizativas o de producción en el sentido expuesto[600]. En principio, podría pensarse con carácter general, por lo tanto, no sólo desde la perspectiva de la condición más beneficiosa, que la modificación de una única condición de trabajo difícilmente puede reforzar la posición competitiva de una empresa en el mercado. Sin embargo, lo cierto que es que todo dependerá del carácter de la condición afectada, pues por ejemplo una modificación horaria, o del sistema de rendimiento, qué duda cabe que pueden favorecer la mejora de los resultados de la empresa y reforzar su posición en el mercado. Esta consideración general entiendo que también es extrapolable al supuesto de las condiciones más beneficiosas, de tal manera que, *a priori*, la cuestión dependerá de la naturaleza de la condición que se pretende modificar.

Ciertamente en ocasiones podemos encontrarnos con mejoras sociales que resulten escasamente onerosas para el empresario, y cuya modificación pueda pensarse que difícilmente puede justificarse atendiendo a lo ya razonado. Sin embargo, habrá que tener en cuenta que la modificación de condiciones más beneficiosas también puede formar parte de un plan empresarial más amplio, donde se proponga todo un abanico de medidas reorganizativas, y en cuyo contexto tenga sentido la modificación de tales condiciones. De la misma manera, no hay por qué descartar desde un principio la viabilidad de practicar la modificación de condiciones más beneficiosas de disfrute individual, pues en muchas ocasiones podemos enfrentarnos a que esa condición afecte negativamente el funcionamiento de la empresa, como puede ocurrir en el caso de una pequeña empresa donde uno o dos trabajadores disfrutan de un horario distinto al resto.

Por tanto, la estimación o desestimación de la concurrencia de causa justificativa en el caso de la modificación de condiciones más beneficiosas constituiría una cuestión a apreciar en cada caso, si bien no quisiera terminar esta reflexión sin mencionar el riesgo que la intangibilidad de las condicio-

599. CRUZ VILLALÓN, J., «El artículo 41...», op. cit., p. 120.
600. BEJARANO HERNÁNDEZ, A., *Principio de condición...*, op. cit., pp. 165 y 157.

nes más beneficiosas, sobre todo de disfrute individual, pueden correr en el caso de que la empresa, al hilo de un plan reorganizativo, proponga, entre otras múltiples medidas, la modificación de las condiciones más beneficiosas disfrutadas por determinados trabajadores, y sobre cuya importancia a la hora de reestructurar la empresa pueden existir importantes dudas. En definitiva, bueno será tener en cuenta en todo caso lo expresado en su momento por el TS, en el sentido de que: «una cosa es la concurrencia de causas o factores que incidan desfavorablemente en la rentabilidad de la empresa, que permita sostener que se da en ella una situación económica negativa y otra diferente es el alcance que esa situación tenga por si y sin más trámites, sobre las condiciones laborales que tienen su origen en la concesión unilateral y voluntaria del empleador»[601], como es el caso de la condición más beneficiosa.

Pero como señalaba antes, la cuestión del juicio de adecuación es un asunto que, aunque nos ha acompañado muchos años, hoy día no rige como tal. Y ello porque, de un tiempo a esta parte, el ET ha establecido una fórmula más abierta, que refiere que la adopción de modificaciones sustanciales de condiciones de trabajo será posible cuando «existan probadas razones económicas, técnicas, organizativas o de producción», y que «se considerarán tales las que estén relacionadas con la competitividad, productividad u organización técnica o del trabajo en la empresa». Desparece, por tanto, cualquier referencia a la finalidad que deben cumplir las medidas modificativas que pretende la empresa, y con ello se abre más si cabe el abanico de posibilidades de que la empresa adopte modificaciones sustanciales, incluidas la de condiciones que tienen la consideración de más beneficiosas.

B) El proceso de afectación de las condiciones más beneficiosas regulado por el art. 41 ET

Establece el art. 41 ET que las modificaciones sustanciales de las condiciones de trabajo podrán ser tanto de carácter individual, como de carácter colectivo. Con ello, la norma anticipa lo que es la previsión de dos vías procedimentales distintas para proceder a la modificación sustancial de las condiciones de trabajo. La diferenciación de procedimientos parte de la consideración inicial de lo que es el volumen de trabajadores afectados por la modificación, de tal manera que se considerarán modificaciones colectivas, y procedimentalmente se tratarán como tales, aquellas que afectan a

601. STS (Sala 4ª) de 8 de Julio de 1996 (RJ 1996, 5758).

un número significativo de trabajadores[602], de tal manera que, cuando no se alcanzan los umbrales del art. 41.2 ET, las modificaciones tendrán la consideración y tratamiento de las modificaciones individuales, aunque estas afecten a un grupo de trabajadores apreciable, y en puridad, sean más bien de carácter plural, o incluso pudieran ser consideradas de carácter colectivo.

Como es sabido, este enfoque procedimental es distinto del realizado con ocasión de la reforma laboral de 1994, pues en aquel momento se estableció por el art. 41 ET que, «se considera de carácter individual la modificación de aquellas condiciones de trabajo de que disfrutan los trabajadores a título individual», en tanto por lo que respecta a las modificaciones de carácter colectivo se refería que se consideraba como tales a las «reconocidas a los trabajadores en virtud de acuerdo o pacto colectivo o disfrutadas por éstos en virtud de una decisión unilateral del empresario de efectos colectivos». En última instancia la reforma del régimen del art. 41 ET en estos años básicamente lo que ha supuesto es un replanteamiento de cuándo una modificación es considerada colectiva o no, y cuando, por tanto, la misma debe ser acordada con la empresa, al menos en primera instancia. De tal manera que, por lo que respecta a las condiciones más beneficiosas, el interés del planteamiento legal vigente radica en que para la empresa la modificación unilateral de las condiciones más beneficiosas —concurriendo las referidas causas económicas, técnicas, organizativas o de producción— estará al alcance de la mano en el caso de que la modificación no supere los umbrales del art. 41.2 ET, y ello con independencia de la fuente que la haya originado. Esta circunstancia, indudablemente, va a facilitar al empresario la eliminación de tales condiciones de trabajo, y, por tanto, se puede afirmar que, de alguna manera, la intangibilidad de la condición más beneficiosa resulta más expuesta que antes, al incrementarse notablemente el número de supuestos en que la decisión podrá ser tomada unilateralmente por el empresario en el marco del art. 41 ET[603]. Además, y esto es algo que sí con-

602. En concreto, el art. 41.2 ET párrafo 2º ET lo que establece es que la modificación tendrá carácter colectivo cuando la misma, en un periodo de noventa días, afecte al menos a: «a) Diez trabajadores, en las empresas que ocupen menos de cien trabajadores; b) El diez por ciento del número de trabajadores de la empresa en aquellas que ocupen entre cien y trescientos trabajadores; c) Treinta trabajadores, en las empresas que ocupen trescientos o más trabajadores». De tal manera que, si no se alcanzan estos umbrales en el plazo establecido, la modificación se considerará de carácter individual, y como tal se tramitará.

603. Ya no existe la excepción prevista en el art. 41, relativa a la modificación de horario y funciones que no alcanzara los umbrales antes referidos, y que permitía la asunción unilateralmente de la modificación por la empresa. Y no existe porque la excepción se ha convertido en regla general.

sidero criticable, se termina sustrayendo al conocimiento de los representantes de los trabajadores, y su defensa, la modificación de condiciones más beneficiosas que, por el número de trabajadores al que afecta, bien pudiera considerarse que son expresivas de un interés colectivo.

C) Sobre las consecuencias de la afectación del disfrute de las condiciones más beneficiosas

No obstante lo señalado, uno de los aspectos tal vez más interesantes de la dinámica procedimental planteada por el legislador en el art. 41 ET lo tenemos precisamente en la alternativa que propone al trabajador para el caso de que el mismo no esté dispuesto a asumir la voluntad modificativa empresarial, o cuando, aun siendo calificada la modificación por el juez como injustificada, el empresario continúe empeñado en proceder a la misma —dejo para mejor ocasión las consideraciones sobre el supuesto de que la decisión sea declarada nula en los términos establecidos por el art. 138.7 LRJS[604]—. Situaciones ambas que se reconducen en su resolución a la institución de la denuncia modificativa empresarial, abocando, por tanto, al trabajador a una extinción del contrato, que, sin embargo, es indemnizada sólo en relación con determinadas materias[605] —y que recuerdo también es variable en función de la circunstancia que finalmente determinen la extin-

604. Sobre la problemática de la declaración de nulidad de la modificación remito a las consideraciones realizadas por GARCÍA MURCIA, J., y CASTRO ARGÜELLES, M.A., «Movilidad geográfica y modificaciones sustanciales de condiciones de trabajo. Artículo 138. Tramitación», en MONEREO PÉREZ, J.L. (Dir.), *Ley de Jurisdicción Social. Estudio técnico-jurídico y sistemático de la Ley 36/2011, de 10 de octubre*, Comares, Granada, 2013, p. 726 y ss. Una declaración que, por cierto, los Tribunales suelen establecer sobre todo con ocasión, no tanto de la apreciación de una situación de vulneración de derechos fundamentales del trabajador, como sobre todo por practicar la modificación sin seguir el procedimiento del art. 41 ET (véase, STS (Sala 4ª) de 8 de Febrero de 2023 [RJ 2023, 1100]; STS (Sala 4ª) de 13 de Julio de 2022 [RJ 2022, 4191]; STS (Sala 4ª) de 29 de Marzo de 2022 [RJ 2022, 1959]; STS (Sala 4ª) de 7 de Julio de 2021 [RJ 2021, 3978]; STS (Sala 4ª) de 27 de febrero de 2020 [RJ 2020, 2722]; STS (Sala 4ª) de 7 de Enero de 2020 [RJ 2020, 82]; STS (Sala 4ª) de 25 de Abril de 2019 [RJ 2019, 2063]; STS (Sala 4ª) de 3 de Abril de 2018 [RJ 2019, 2871], entre otras muchas).
En todo caso, recuerdo también, que las decisiones empresariales en estos casos, si se reúnen los requisitos para ello, pueden impugnarse vía proceso de conflicto colectivo.

605. Recuerdo que la norma estatutaria sólo contempla la indemnización de veinte días de salario por año de servicio, prorrateándose por meses los periodos inferiores a un año, y con un máximo de nueve mensualidades, en el caso de que las modificaciones se refieran a cuestiones relacionadas con la jornada de trabajo, horario y distribución del tiempo de trabajo, régimen de trabajo a turnos, sistema de remuneración y cuantía salarial, así como funciones, cuando exceda de los límites de la movilidad funcional en los términos regulados en el art. 39 ET.

ción del contrato[606]—. Una solución legal que, en última instancia, es un fiel reflejo de la especial consideración que el legislador muestra hacia las necesidades empresariales de flexibilización y alteración de las condiciones de trabajo[607], y que ha llevado al mismo a proyectar el poder de organización del empresario, y en concreto los efectos de su ejercicio, más allá de lo que su ámbito ordinario de desenvolvimiento: la relación de trabajo; así lo pone de manifiesto la inserción en este régimen legal de la referida institución la denuncia modificativa[608].

En todo caso, en alguna ocasión se ha criticado el que la indemnización, de solicitarse la extinción del contrato, sólo se prevea cuando las modificaciones sustanciales afectan a ciertas condiciones, al entenderse que el perjuicio es inherente a la propia entidad del cambio, por lo que toda modificación sustancial, con independencia de la materia, debería ser indemnizada en el caso de que se denunciara el contrato de trabajo[609]. La idea no es mala, si no fuera porque, al menos a mi juicio ,esa indemnización no pretende compensar la pérdida patrimonial que registra el trabajador, sino reparar de alguna manera la pérdida del trabajo, como consecuencia de una modificación de condiciones vinculadas al tiempo de trabajo, el ejercicio de funciones, y a los aspectos retributivos, cuya alteración sin duda pueden hacer que el trabajador llegue a la conclusión de que la continuidad de la relación de trabajo es contraria a sus intereses.

606. Pues no se olvide de que el art. 138.8 LRJS establece que: «Cuando el empresario no procediere a reintegrar al trabajador en sus anteriores condiciones de trabajo o lo hiciere de modo irregular, el trabajador podrá solicitar la ejecución del fallo ante el Juzgado de lo Social y la extinción del contrato por causa de lo previsto en la letra c) del apartado 1 del artículo 50 del Estatuto de los Trabajadores, conforme a lo establecido en los artículos 279, 280 y 281», lo cual genera el derecho a la indemnización, en su caso, prevista para el despido improcedente, que como sabemos es de cuantía superior a la de la denuncia modificativa empresarial.

607. Téngase en cuenta que la modificación ex art. 41 ET no necesariamente tiene por qué suponer que la desaparición del beneficio en su totalidad. Cabe que el mismo se vea reducido, o también que, aunque el trabajador no perciba el beneficio, ello no signifique que las arcas de la empresa queden totalmente liberadas. Un caso curioso en este último sentido es el resuelto en su momento por la STS (Sala 4ª) de 4 de Febrero de 2021 (RJ 2021, 674) que declaró ilícita la decisión de la empresa de sustituir unilateralmente el obsequio que se entregaba todos los años a los trabajadores, con motivo de las fiestas navideñas, por la donación de su importe a una ONG, al no haberse negociado ni acordado nada al respecto con la representación legal de los trabajadores.

608. RIVERO LAMAS, J., «Poderes, libertades y derechos...», op. cit., p. 988. En este sentido, PÉREZ DE LOS COBOS, F., «La denuncia modificativa...», op. cit., pág. 429, en su momento destacó que lo que se consigue con este diseño legal es que el principio de condición más beneficiosa que resultaba inatacable para el convenio colectivo finalmente no lo sea para el poder modificatorio del empresario.

609. Por todos, BALLESTER LAGUNA, F., *La condición...*, op. cit., p. 318.

7.2.2. LA SUCESIÓN DE EMPRESA

Establece el art. 44.1 ET que «el cambio de titularidad de una empresa, de un centro de trabajo o de una unidad productiva autónoma no extinguirá por sí mismo la relación laboral, quedando el nuevo empresario subrogado en los derechos y obligaciones laborales y de Seguridad Social», incluidos los compromisos por pensiones y cuantas obligaciones se hubieran asumido por el empresario cedente en materia de protección social complementaria.

El primer aspecto a destacar de este precepto es la afirmación de que la transmisión de la empresa no extingue la relación laboral, de tal manera que, como ha referido la doctrina científica, ello en principio «conlleva lógicamente la permanencia de la regulación establecida en las fuentes que sea de específica aplicación con la concurrencia de los principios (propios del Derecho del Trabajo) de norma mínima, norma más favorable y condición más beneficiosa, así como el principio de irrenunciabilidad de derechos»[610].

En segundo lugar, del apartado 1 del art. 44 ET hay que destacar la afirmación tajante en relación con la obligación del cesionario de asumir todos los derechos y obligaciones de los que era titular el empresario cedente[611]. Subrogación que en última instancia nos lleva a considerar que el cesionario, entre otras cosas, deberá también respetar las condiciones más beneficiosas de las que vinieran disfrutando los trabajadores de la empresa, centro de trabajo o unidad productiva autónoma transmitida.

Ahora bien, cuando se analiza el fenómeno de la transmisión de empresa dos son fundamentalmente los supuestos a considerar desde la perspectiva que aquí interesa en estos momentos. Por un lado, estaría el caso en el que los trabajadores de una empresa, centro de trabajo o unidad productiva autónoma, se integran en otra empresa. Por otro lado, se encontraría el supuesto de la fusión de empresas.

En el primer caso la problemática que esencialmente se plantea, es hasta qué punto la integración de los trabajadores en la nueva empresa es compatible con la continuidad en el disfrute de una condición más benefi-

610. MONEREO PÉREZ, J.L., *Las relaciones de trabajo en la transmisión de la empresa,* Ministerio de Trabajo y Seguridad Social, Madrid, 1987, p. 286.

611. Los dos aspectos reseñados —exclusión de la extinción de los contratos y conservación del régimen contractual— son destacados como las garantías fundamentales del art. 44 ET por la STS (Sala 4ª) de 15 de Febrero de 1992 (RJ 1992, 4584).

ciosa[612]. La cuestión ha sido resuelta por el TS afirmando, en línea con lo establecido por el art. 44 ET, que la empresa debe respetar todo derecho que «ha quedado incorporado al contrato de trabajo y forma parte del patrimonio del trabajador», pues «admitir la tesis contraria implicaría otorgar a la subrogación la facultad de modificar el contrato de trabajo y los derechos a él anejos»[613]. No ocurre así con las expectativas de derecho que, en consonancia con el tratamiento dado por la jurisprudencia a las mismas en materia de condición más beneficiosa, quedan al margen de la garantía del art. 44 ET y por tanto no tienen por qué asumirse por el nuevo empresario[614].

612. No toda garantía constituida de disfrute de un beneficio es válida en este sentido. Así, por ejemplo, la STS (Sala 4ª) de 13 de Marzo de 2006 (RJ 2006, 5418), negó que un determinado complemento salarial tuviera el carácter de condición más beneficiosa, y debiera ser respetado por la empresa que asumió a un determinado colectivo de trabajadores, precisamente porque dicho complemento tenía su origen en un acuerdo colectivo —al que califica de norma paccionada—, de tal manera que la legalidad no se contravino cuando el convenio colectivo posterior de aplicación a la empresa no integró en su sistema retributivo dicho complemento y la empresa se negó a pagarlo.

613. STS (Sala 4ª) de 21 de Septiembre de 1987 (RJ 1987, 6240), en relación con un supuesto de integración de trabajadores de un organismo de los Medios de Comunicación Social del Estado en la Administración del Estado, de tal manera que a dichos trabajadores el convenio aplicable antes de su integración en la Administración les reconocía unos derechos en materia de pensión de viudedad y orfandad que tras la integración el Tribunal considera que se han incorporado al contrato de trabajo y forman parte del patrimonio de los trabajadores. La Sentencia es significativa dado que diferencia la situación que registran laborales y funcionarios, afirmando en un momento dado que, en el caso de los funcionarios «es admisible» plantearse la modificación unilateral de las condiciones de dichos funcionarios por parte de la Administración. También, entre otras, STS (Sala 4ª) de 3 de Marzo de 2009 (RJ 2009, 2193) en relación con una condición más beneficiosa —percibo del salario íntegro durante los tres primeros días de baja—, que, la empresa que sucedió a aquella donde se constituyó la referida condición, pagó los dos primeros años, pero no a partir del tercero, momento en que empezó a suprimirla de forma progresiva y unilateral —práctica que el TS considera contraria a Derecho, en línea con la jurisprudencia del Alto Tribunal—.

614. Este es el caso de la STS (Sala 4ª) de 5 de Diciembre de 1992 (RJ 1992, 10059) donde un Real Decreto ordenaba a la Administración la subrogación en los derechos resultantes de la relación de trabajo establecida entre los trabajadores y el Organismo Autónomo de Medios de Comunicación Social del Estado. De esta Sentencia resulta también significativa la consideración que se hace en un momento determinado con relación a que «lo que sucede por causa de esta subrogación, es que el interesado conserva el conjunto de derechos y obligaciones que antes tenía pero a título individual o personal y en razón a lo dispuesto en este Real Decreto, no en virtud de lo establecido en el Convenio Colectivo», vigente con anterioridad a la integración y que desde que se produjo la misma carece de la «fuerza y eficacia de norma jurídica».
Supuesto similar podemos encontrar resuelto en la STS (Sala 4ª) de 10 de Diciembre de 1992 (RJ 1992, 10066), donde el premio de permanencia que se reconocía a los trabajadores del referido Organismo Autónomo que se integró en la Administración es calificado de «simple expectativa» al no tener cumplidos el trabajador, al momento de la integración, los 30 años que se exigía para percibirlo.

No en vano, el TS ha manifestado que la subrogación no puede alcanzar a las meras expectativas «toda vez que en ellas no existe todavía derecho alguno».

De todas formas, en ocasiones puede ocurrir que el disfrute de ciertas condiciones más beneficiosas, en los casos donde se da la integración de una empresa en otra, despierte en los trabajadores que no gozan del correspondiente beneficio el interés por disfrutarlo también[615]. Situación que se ha resuelto por el TS considerando que negar el disfrute de una condición más beneficiosa a los trabajadores que se integran en otra empresa no implica discriminación alguna cuando «la diversidad de tratamiento se justifica objetivamente en atención a criterios técnicos típicos de la sucesión normativa», de tal manera que como en algún caso ha manifestado el TC (STC 34/1984 [RTC 34, 1984]) «no rige un principio de igualdad de trato en sentido absoluto y la autonomía de la voluntad deja, dentro de los límites legales, un margen al acuerdo privado o a la decisión unilateral del empresario». En definitiva, la postura del TS, que entendemos razonable, subraya la inexistencia de un deber de la empresa absorbente de reconocer a los trabajadores que ingresan en la misma determinados derechos que, al tener el carácter de condiciones más beneficiosas, se concedieron en un momento determinado a un grupo de trabajadores entonces vinculados a la empresa.

No obstante, y pese al tenor del art. 44.1 ET, que obliga a la empresa cesionaria a subrogarse en los derechos y obligaciones laborales, lo que a nuestro juicio incluye como hemos referido las condiciones más beneficiosas, conviene no olvidar que el art. 44.4 ET contempla la posibilidad de que por «acuerdo de empresa entre el cesionario y los representantes de los trabajadores» se pacte el que las relaciones laborales de los trabajadores afectados por la transmisión de empresa no sigan rigiéndose por el convenio colectivo que en el momento de producirse la misma fuera de aplicación a la empresa, centro de trabajo o unidad productiva autónoma. El interrogante que se suscita en este caso es hasta qué punto resulta posible que empresa y representantes de los trabajadores pueden disponer de las con-

615. Este es el caso planteado en la STS (Sala 4ª) de 15 de Junio de 1992 (RJ 1992, 4584), donde los trabajadores de un banco se integran en otro distinto y reclaman la aplicación de la condición más beneficiosa de la que disfrutaban los trabajadores del banco absorbente. Dicha condición consistía en el reconocimiento, a quienes hubieran ingresado antes de 1973 en la empresa absorbente, del derecho a percibir, además de la prestación sanitaria y económica de la Seguridad Social, el sueldo íntegro o el 90% del mismo durante el primer año de enfermedad, el 75% durante el segundo año y el 50% durante el tercero. La condición se encontraba recogida en un Reglamento de Régimen Interior, no vigente, pero que en este punto se reconoce como «condición más beneficiosa o derecho adquirido» —en palabras del Tribunal— en el nuevo Reglamento en vigor en la empresa absorbente.

diciones más beneficiosas, y si en definitiva un acuerdo colectivo de este tipo legitimaría a la empresa cesionaria a no asumir los compromisos que implique el disfrute de la condición más beneficiosa.

El primer aspecto llamativo en este caso es que el acuerdo de empresa normalmente, si nos atenemos lo establecido por el art. 44.4 ET, va a negociarse una vez que se ha producido la absorción de la empresa, centro de trabajo o unidad productiva, por lo que quienes negociarán el acuerdo por cuenta de los trabajadores son los representantes de la empresa a la que ingresan los trabajadores. Desde esa perspectiva nos encontramos con que el legislador legitima a los representantes pertenecientes a una determinada unidad negocial para disponer de las condiciones de trabajo a las que se sujetaban trabajadores que provienen habitualmente de unidades negociales distintas. Esta práctica tiene un carácter excepcional y sólo se contempla por el legislador en relación con los supuestos de sucesión de empresas.

En segundo lugar, y por lo que se refiere en concreto a las condiciones más beneficiosas de que vinieran disfrutando los trabajadores de la empresa, centro de trabajo o unidad productiva autónoma absorbida, con carácter general parece complicado que empresa y representantes de los trabajadores puedan disponer en el ámbito de la autonomía colectiva de las condiciones más beneficiosas. Sobre todo, porque la intangibilidad de las mismas garantiza su disfrute frente a posibles intervenciones externas, entre ellas las provenientes de la autonomía colectiva.

Esta consideración entendemos que es factible realizarla no sólo en relación con las condiciones más beneficiosas de disfrute individual y plural, sino también en relación con aquéllas de disfrute colectivo, incluso aunque tengan su origen en un convenio colectivo extraestatutario, pues si nos atenemos a la doctrina jurisprudencial en este último caso la condición se incorpora al contrato de trabajo y no resultaría disponible en sede de la autonomía colectiva. De tal manera que en un principio hay que pensar que la afectación del disfrute de las condiciones más beneficiosas ha de venir de la mano de la utilización por el empresario de las otras técnicas de neutralización analizadas en este apartado, y en particular de la vía que ofrece el art. 41 ET[616], donde concurriendo causas económicas, técnicas, organizativas o de producción será posible plantear por la empresa la afectación de las condiciones más beneficiosas.

De hecho, el propio legislador resalta la utilidad del art. 41 ET como mecanismo para el ajuste de las condiciones de trabajo en los supuestos de

616. Opinión compartida por DÍAZ AZNARTE, M.T., *El principio de condición...*, op. cit., pp. 251-252.

transmisión de la empresa en el art. 44.9 ET. Precepto éste último que resulta de interés por la indicación que hace en el sentido de que la modificación de las condiciones de trabajo, y por tanto la afectación de las condiciones más beneficiosas, con ocasión de la transmisión, puede tener lugar tanto con anterioridad a que la misma se haga efectiva, como con posterioridad.

En cuanto al segundo supuesto, relacionado en este caso con la fusión de empresas, la problemática resulta aún más compleja, dado que en este caso nos encontramos con que dos o más sociedades «*se agrupan jurídicamente perdiendo su identidad en todo o en parte, a favor de otra de nueva creación o ya existente*»[617]. La agrupación en bastantes ocasiones aconseja la celebración de un pacto de fusión, donde entre otras cosas se aborde la cuestión del régimen laboral al que se van a sujetar los trabajadores de la nueva empresa.

Esta cuestión, delicada ya de por sí, resulta especialmente problemática en el caso de las condiciones más beneficiosas, sobre todo cuando se plantea el interrogante, por ejemplo, de hasta qué punto los participantes en la negociación del acuerdo de fusión pueden disponer de condiciones más beneficiosas en algunos casos de disfrute individual o plural, o si la nueva sociedad debe subrogarse respecto de los derechos que implican las condiciones más beneficiosas otorgadas por empresas que frecuentemente han dejado de existir. En el caso del acuerdo de fusión, y por lo que se refiere a la afectación de las condiciones más beneficiosas, nuevamente he de insistir en la imposibilidad de que estos acuerdos colectivos puedan afectar condiciones de dicha naturaleza, por los mismos motivos expresados anteriormente, lo que no quita para que la empresa resultante pueda plantear su afectación por los cauces legales conocidos, véase el previsto en el art. 41 ET.

No obstante, no será infrecuente que el acuerdo de fusión contemple la extensión a uno de los colectivos de trabajadores fusionados de la normativa que regula las condiciones de trabajo de otros de los colectivos que integran la nueva empresa. De tal manera que en este caso el interrogante que se plantea es si la extensión de esa normativa implicaría también el disfrute de posibles condiciones más beneficiosas preexistentes. Al respecto, la doctrina del TS apunta en la dirección de no considerar la extensión subjetiva

617. FERNÁNDEZ LÓPEZ, M.F., «Fusiones y escisiones: aspectos laborales», en COLLADO, L. y BAYLOS, A. (Eds.), *Grupos de empresa y Derecho del Trabajo*, Trotta, Madrid, 1994, pp. 120-121.

de condiciones más beneficiosas[618], entre otras razones porque se considera que la condición más beneficiosa se incorporó al nexo contractual de los trabajadores a los que se concedió, por lo que la empresa no tiene obligación de reconocer la misma a los trabajadores que se vincularon con la misma posteriormente[619].

En cuanto a la posible obligación de la empresa de asumir las condiciones más beneficiosas generadas en el marco de las empresas fusionadas, hay que considerar que la empresa que surja del proceso de fusión debe subrogarse en los derechos y obligaciones laborales y de Seguridad Social de los anteriores empresarios, lo que incluye por supuesto a las condiciones más beneficiosas. Téngase en cuenta que el TS a lo largo de estos años ha sostenido la viabilidad jurídica de que, en una misma empresa, existan trabajadores que disfruten de condiciones más beneficiosas, al tiempo que otros, por no pertenecer a la misma cuando la condición se generó, no[620]. Situación que remite a la existencia de una razón objetiva que tiene que ver, por ejemplo, con el momento en que unos y otros se incorporaron a la empresa, sin que ello se estime que pueda constituir un trato desigual y una discriminación en los términos expresados por los arts. 14 CE y 17. ET[621].

En definitiva, y como conclusión final, hay que insistir una vez más en el hecho de que la transmisión de empresa no constituye un supuesto que permita por sí mismo al empresario disponer libremente de las condiciones

618. Véase, por ejemplo, la STS (Sala 4ª) de 10 de Febrero de 1995 (RJ 1995, 1148), que niega la transmisión de la condición más beneficiosa a los trabajadores que no pertenecían a la empresa al momento en que aquélla se generó.

619. En este sentido, entre otras, STS (Sala 4ª) de 1 de Febrero de 2017 (RJ 2017, 656); STS (Sala 4ª) de 18 de Enero de 2018 (RJ 2018, 317); STS (Sala 4ª) de 21 de Febrero de 2018 (RJ 2018, 1349).

620. STS (Sala 4ª) de 10 de febrero de 1995 (RJ 1995, 1148); STS (Sala 4ª) de 14 de mayo de 2002 (RJ 2002, 7554); STS (Sala 4ª) de 14 de febrero de 2017 (RJ 2017, 1773). Igualmente, y recordando la doctrina sentada en la STS de 2017, puede ser de interés la consulta de la STS (Sala 4ª) de 23 de Febrero de 2021 (RJ 2021, 1047).

621. En todo caso, siempre deberá tenerse en cuenta la doctrina establecida por el TC, en la STC 36/2011, de 28 de Marzo (RTC 2011, 36), en relación con la mejora salarial otorgada unilateralmente por el empresario, y que establece que «una diferencia salarial basada en la fecha de contratación no puede considerarse incursa en alguna de las causas de discriminación prohibidas por la Constitución o por la ley», pues «ni se trata de una de las causas listadas en el art. 14 CE o en el ET art. 17, ni constituye un factor de discriminación análogo a los expresamente contemplados en dichos preceptos, encuadrable en la cláusula genérica del art. 14 CE referida a cualquier otra condición o circunstancia personal o social». Lo que no quita para que al mismo tiempo se deba ser consciente de que «una decisión empresarial de diferenciación salarial adoptada en el ejercicio de la autonomía de la voluntad podría, aun sin ser estrictamente discriminatoria, resultar constitucionalmente reprochable en la medida en que fuera por completo irracional, arbitraria o directamente maliciosa o vejatoria».

más beneficiosas. Antes, al contrario, esa disposición pasa por el recurso a las técnicas neutralizadoras estudiadas en estas páginas, habiendo de partirse siempre de la base de que, *a priori*, y tal y como establece el art. 44.1 ET el empresario cesionario está obligado a respetar las condiciones más beneficiosas de los trabajadores[622].

7.3. EL MUTUO ACUERDO DE LAS PARTES Y LA RENUNCIA DEL TRABAJADOR

Hemos analizado hasta el momento distintas técnicas neutralizadoras de la efectividad de las condiciones más beneficiosas, respaldadas expresamente por el legislador, y que, en última instancia excepcionan la indemnidad de las referidas condiciones. Sin embargo, también conviene ser conscientes de que la indemnidad de la condición más beneficiosa constituye una tesis jurisprudencial que sólo garantiza la efectividad de la misma en tanto el trabajador no consienta la alteración del beneficio disfrutado[623], tal es la lectura que *a sensu contrario* puede realizarse de la tantas veces referida intangibilidad de la condición más beneficiosa frente a la voluntad unilateral del empresario —y que como hemos visto también en este último caso tiene su excepción en el art. 41 ET[624]—. Circunstancia que, a mi juicio, tiene su origen en el carácter de negocio jurídico bilateral conferido a la condición más beneficiosa, y que a su vez salva el recurso a cualquiera de las técnicas neutralizadoras analizadas anteriormente.

El que las partes sean libres para pactar lo que consideren oportuno, siempre que dichos pactos no sean contrarios a las leyes, la moral o el orden

622. Es más, si nos atenemos al art. 44.3 ET también responderá solidariamente con el empresario cedente durante tres años de las obligaciones laborales, nacidas y no satisfechas, que pudieran derivarse por ejemplo del disfrute de determinadas condiciones más beneficiosas.

623. En este sentido, STS (Sala 4ª) de 26 de Marzo de 1997 (RJ 1997, 2626); STS (Sala 4ª) de 11 de Marzo de 1998 (RJ 1998, 2562). Incluso cuando se considera que la condición más beneficiosa encierra un contrato a favor de tercero —consecuencia del acuerdo suscrito entre cuatro empresas y que concede a sus empleados determinadas rebajas— se insiste en que «aceptada por el tercero la estipulación realizada a su favor —adhesión operante como *conditio iuris*, artículo 1257.2 del Código Civil— no se puede poner fin a la misma sin consentimiento del tercero» (STS (Sala 4ª) de 15 de Julio de 1997 [RJ 1997, 6265]).

624. Hasta el punto de que, como es sabido, la decisión modificativa adoptada por la empresa, sin atender al procedimiento del art. 41 ET, tratándose de una modificación sustancial, invalida la misma —por todas, STS (Sala 4ª) de 8 de Febrero de 2023 (RJ 2023, 1100)—.

público (art. 1254 Cc)[625] supone el reconocimiento a los implicados en la concesión y disfrute de una condición más beneficiosa de un importante poder de disposición sobre la misma. Poder que se traduce en la posibilidad de establecer cláusulas de contenido muy diverso en relación a la indemnidad de la condición más beneficiosa. No obstante, la fijación de un término final y el establecimiento de una condición resolutoria, tal vez sean los pactos que mayor interés puedan deparar[626], al margen de lo que puede ser el que en un momento determinado los intervinientes en este negocio jurídico decidan pactar directamente la extinción de la condición más beneficiosa.

La viabilidad de un término final en el caso de las condiciones más beneficiosas es una cuestión sobre la que la doctrina continúa hoy día polemizando, de forma que frente a quienes entienden que el carácter personal y subjetivo impide considerar seriamente la existencia de condiciones más beneficiosas de carácter temporal[627], idea que por otro lado se aleja de la noción de permanencia y estabilidad que tradicionalmente ha caracterizado a este tipo de condiciones[628], se encuentran quienes consideran la viabilidad de las mismas amparándose en la naturaleza contractual de estas condiciones y en el hecho, subrayado expresamente en algún caso por el TS[629], de que su contenido y alcance depende de lo que determinen las partes, resultando posible, por tanto, fijar un término final, que provocaría el que no fuera posible pretender su mantenimiento más allá del límite temporal establecido[630].

625. Téngase en cuenta, además, que el art. 3.1 c) ET establece que la relación laboral se regirá entre otras cosas por la voluntad de las partes manifestada en el contrato de trabajo, y que el art. 239 párrafo 2º TRLGSS, en relación con las mejoras voluntarias de la Seguridad Social, reconoce que el derecho a la mejora voluntaria no podrá ser anulado o disminuido, si no es de acuerdo con las normas que regulan su reconocimiento.

626. Un análisis de estas cláusulas puede consultarse en BALLESTER LAGUNA, F., *La condición...*, op. cit., pág. 337 y ss.

627. DE LA VILLA GIL, L.E., GARCÍA-BECEDAS, G., GARCÍA-PERROTE ESCARTÍN, I., *Instituciones de Derecho del Trabajo*, Ceura, Madrid, 1991, p. 46.

628. Subrayada entre otros por JIMÉNEZ MARTÍNEZ, J.M., «La condición más beneficiosa...», op. cit., p. 37.

629. STS (Sala 4ª) de 13 de Febrero de 1995 (RJ 1995, 4012); STS (Sala 4ª) de 17 de Marzo de 1992 (RJ 1992, 1656).

630. CAMPS RUIZ, L.M., «La condición...», op. cit., p. 257; PÉREZ DE LOS COBOS, F., «La denuncia modificativa...», op. cit., p. 426; BALLESTER LAGUNA, F., *La condición...*, op. cit., p. 338.

Ciertamente la cuestión no es fácil de resolver. En la configuración de la condición más beneficiosa tiene un peso decisivo el acto de concesión, pues en el mismo se determina el objeto del beneficio y los destinatarios. Evidentemente, si hemos referido que la condición más beneficiosa, con independencia de quien o quienes la disfruten, constituye un negocio jurídico bilateral, parece lógico pensar que en aplicación de preceptos como el art.1254 Cc, y de otros pertenecientes al ordenamiento jurídico-laboral, como el art. 3.1 c) ET y el 239 párrafo 2º TRLGSS, se haya de admitir la libertad del empresario y los trabajadores para configurar la condición en los términos que consideren oportunos. Sin embargo, la estabilidad y permanencia en el disfrute de la condición entiendo que es uno de los aspectos clave de la construcción que soporta al principio de condición más beneficiosa, por lo que difícilmente creo que pueda asumirse la viabilidad de condiciones más beneficiosas sometidas a término final, en definitiva, temporales. En este sentido, no estará demás recordar cómo, por ejemplo, el TS[631] ha desestimado la apreciación de una condición más beneficiosa cuando año a año la empresa pacta con sus trabajadores un determinado beneficio.

Ciertamente, en contra del argumento expuesto podría alegarse que la jurisprudencia del propio TS ha admitido la consideración como fuente de condiciones más beneficiosas de diversas manifestaciones de la autonomía colectiva, asumiendo por tanto la viabilidad de las condiciones de carácter temporal[632]. Siendo incontestable esta circunstancia, se ha de recordar sin embargo que la temporalidad de las condiciones más beneficiosas emanadas de estos convenios y pactos colectivos tiene su origen en la propia naturaleza de las fuentes de las que emana, y no en la voluntad de las partes que por mucho que quieran no podrán pactar el disfrute indefinido de los beneficios reconocidos, dependiendo todo finalmente de la voluntad que se exprese en convenios y pactos colectivos posteriores.

Pero que considere que no es viable la concesión de condiciones más beneficiosas con término final, cuando las mismas tiene su origen en la autonomía individual, es una conclusión que no ha de estar reñida con que sí sea posible el que en un momento determinado se pacte su extinción —renuncia abdicativa—; pacto que, por otro lado, no vulnera el art. 3.5 ET, que lo único que prohíbe es la disposición de derechos reconocidos en disposiciones legales de derecho necesario, así como de los reconocidos como

631. STS (Sala 4ª) de 5 de Noviembre de 1996 (RJ 1996, 8403).
632. Recuérdese en este sentido, ya citadas por otro lado, la STS (Sala 4ª) de 17 de Marzo de 1992 (RJ 1992, 1656); STS (Sala 4ª) de 25 de Enero de 1999 (RJ 1999, 896).

indisponibles por convenio colectivo[633]. Eso sí, el mismo argumento antes esgrimido —la estabilidad y permanencia en el disfrute de la condición más beneficiosa— entiendo que justifica, a su vez, el rechazo a la fijación de condiciones resolutorias que puedan condicionar el disfrute futuro de la condición.

Ahora bien, hemos visto hasta el momento cómo la jurisprudencia del TS sostiene que las condiciones más beneficiosas pueden tener su origen en convenios colectivos extraestatutarios, pactos colectivos informales de empresa y acuerdos de empresa, de la misma manera que el empresario puede otorgar condiciones más beneficiosas de disfrute colectivo, las cuáles también pueden emanar de usos de empresa. Lo cual, a la vista de lo referido nos lleva a plantearnos, por un lado, hasta qué punto puede disponer el trabajador de una condición más beneficiosa emanada derivada de la negociación colectiva —nuevamente debo recordar mi escepticismo respecto a esto último—, y, por otro, si esa disponibilidad es viable cuando el disfrute de la condición es colectivo, y la misma no ha emanado de la autonomía colectiva.

La respuesta a la primera cuestión bien puede partir de la consideración de que, para el TS, la condición más beneficiosa emanada de convenios colectivos extraestatutarios y pactos colectivos informales de empresa se incorpora al nexo contractual, garantizándose con ello su indemnidad. Esta inserción en el contrato de la condición más beneficiosa supone en principio que la condición integra el contrato de trabajo, y por tanto desde ese momento la misma quedaría al alcance de la voluntad de las partes que podrían disponer libremente sobre su disfrute, bien de mutuo acuerdo, bien el trabajador por su propia voluntad. Sin embargo, y como es sabido, la tesis de la integración ha sido criticada en este caso por la doctrina científica al considerar que con ello se desconoce el carácter colectivo de la manifestación negocial que da origen a la condición más beneficiosa[634]. Y ciertamente algo de ello hay si finalmente se admite la disposición en sede de la autonomía individual, bien de mutuo acuerdo, bien el trabajador por su propia

633. En este sentido, MARTÍNEZ CALCERRADA, L., «Vías de extinción-modificación...», op. cit., p. 13.

634. Por todos, y de manera más reciente, SALA FRANCO, T., y BLASCO PELLICER, A., «Las condiciones más beneficiosas...», op. cit., pp. 417 y 419, quienes llegan a proponer la atribución de eficacia jurídica normativa a todos los convenios colectivos extraestatutarios como única vía para solucionar la contradictoria situación que se da en este caso.

voluntad, de la condición más beneficiosa. De hecho, entiendo que una disposición de este carácter, aún a pesar de que quien disponga sea el propio beneficiario, podría vulnerar el derecho de negociación colectiva, y en su caso la libertad sindical, si quienes negociaron el convenio o pacto colectivo fueron los sindicatos. Por tanto, el primer interrogante ha de resolverse afirmando que la disponibilidad de las hipotéticas condiciones más beneficiosas originadas en convenios o pactos colectivos extraestatutarios no pasa por el acuerdo a nivel individual, ni por la voluntad unilateral del trabajador, sino por la negociación colectiva, o en su caso el recurso a otras vías como el procedimiento previsto en el art. 41 ET —donde si bien la posibilidad de que el empresario adopte una decisión unilateral, ante la falta de acuerdo, o si no afecta a un número significativo de trabajadores, está prevista, pero he de recordar que dicha previsión, de carácter excepcional, sólo se contempla si concurren causas económicas, técnicas, organizativas o de producción—.

En cuanto a las condiciones de disfrute colectivo que no tienen su origen en un proceso de negociación colectiva, sino en la voluntad unilateral del empresario, tal es el caso de los usos de empresa —que a fin de cuenta implican en muchos casos un consentimiento tácito del empresario—, el primer aspecto que llama la atención es cómo habiéndose generado la condición más beneficiosa en un ámbito que no es el de la autonomía colectiva, sin embargo la afectación de su indemnidad implica poner en juego en muchas ocasiones un interés colectivo, como por otro lado ha reconocido expresamente el legislador en el art. 41 ET, al menos cuando la pretensión del empresario afecta a un número significativo de trabajadores. En páginas anteriores he defendido la consideración de las condiciones más beneficiosas originadas en estas fuentes como una suerte de regulación contractual unitaria *sui generis* donde la condición estaría dotada de eficacia obligacional, vinculando por tanto al empresario, y descartando con ello la tesis de la incorporación al nexo contractual, pues en estos casos lo que existe más bien es un sometimiento del contrato a un orden colectivo establecido[635]. Dicho sometimiento de la esfera individual resulta a mi juicio indicativo de falta de idoneidad de la esfera de la autonomía individual para disponer de condiciones más beneficiosas con las características reseñadas anteriormente, por lo que habrá que concluir que ni por mutuo acuerdo, ni de forma unilateral el trabajador, se podrá afectar la indemnidad de estas condicio-

635. CREMADES, B.M.: «La regulación contractual...», op. cit., pág. 14.

nes, siendo la autonomía colectiva el ámbito adecuado para ello[636] —aunque de nuevo hay que recordar la vía extraordinaria que ofrece el art. 41 ET, pero teniendo en cuenta las consideraciones que he realizado sobre la misma en el párrafo anterior—.

7.4. EL DESEQUILIBRIO DEL NEGOCIO JURÍDICO Y LA APLICACIÓN DEL PRINCIPIO *REBUS SIC STANTIBUS*

Como reza la teoría general de las obligaciones, aplicable a las condiciones más beneficiosas, las partes de un contrato están obligadas a comportarse conforme las estipulaciones del mismo (*pacta sunt servanda*), y ello aunque se produzca una alteración de las circunstancias en que el contrato se originó ajena a la voluntad de aquéllas, de tal manera que sólo las propias partes pueden de mutuo acuerdo modificar o revocar dicho negocio jurídico, siempre que no se perjudique a tercero —principio de irrevocabilidad del contrato—. No obstante, en ocasiones, la alteración de las circunstancias reviste tal carácter que puede convertir en demasiado onerosa la ejecución del contrato, sobre todo cuando éste es de ejecución sucesiva y tiene una larga duración, resultando en esos casos aconsejable plantearse la viabilidad y oportunidad de la revisión o rescisión del contrato. En este sentido, la doctrina civilista ha venido a lo largo de los años elaborando diferentes teorías que buscaban fundamentar la referida facultad de revisión o resci-

636. De interés en este sentido puede ser la forma en que el TS, en su STS (Sala 4ª) de 9 de Junio de 2009 (RJ 2009, 5012), reflexiona sobre la manera en que puede ser afectada una condición más beneficiosa otorgada unilateralmente por la empresa a su personal, consistente en una mejora de las pensiones de jubilación y viudedad, que tuvo su origen, no en un convenio colectivo, sino en una suerte de directriz de la compañía identificada como «Norma de Política Asistencia para el personal». Pues bien, tras recordar la jurisprudencia sobre el principio de condición más beneficiosa, y aseverar que «...Es la incorporación al nexo contractual de ese beneficio el que impide poder extraerlo del mismo por decisión unilateral del empresario; manteniéndose en definitiva el principio de intangibilidad unilateral de las condiciones más beneficiosas adquiridas y disfrutadas», el TS realiza la siguiente consideración: «Al tratarse de una condición más beneficiosa pervive hasta que las partes acuerden otra cosa o sea compensada o neutralizada por una normativa posterior, legal o pactada colectivamente, que modifique la situación anterior en materia homogénea y esto es lo que ha ocurrido en el presente asunto, el acuerdo sobre cobertura socio-laboral alcanzado el 19-1-03 entre la C.S.I y los sindicatos U.G.T, U.S.O y C.C. ha previsto unos determinados "beneficios sociales" que han sustituido a los que estaban reconocidos en la norma de política asistencial para personal fuera de convenio. No tiene que figurar expresamente que estos acuerdos sustituyen a los anteriores ya que al contemplar beneficios sociales en el acuerdo de 19-1-03 está regulando dichos beneficios, a partir del momento en que produzca efectos dicho acuerdo, sin que permanezcan subsistentes los derechos reconocidos con anterioridad por las normas legales o convencionales o decisiones unilaterales del empresario».

sión de todo negocio jurídico[637], siendo la del principio *rebus sic stantibus* posiblemente la que ha tenido un uso más notorio, sobre todo por parte de nuestros Tribunales.

Básicamente, procede en este caso señalar que el origen de este principio jurídico se encuentra en la regla «*contractus qui habent tractum successivum et dependentiam de futuro rebus sic stantibus intelliguntur*» (los contratos que tienen tracto sucesivo y dependencia de futuro, se entienden mientras que estén así las cosas). De tal manera que la aplicación de esa facultad rescisoria o revisoría del acuerdo alcanzado, como excepción al *pacta sunt servanda,* se contempla sólo en el caso de que se produzcan las siguientes circunstancias[638]: a) en primer lugar, que se produzca una alteración completamente extraordinaria de las circunstancias en el momento de cumplir el contrato en relación con las concurrentes al tiempo de su celebración; b) en segundo lugar, que exista una desproporción exorbitante entre las prestaciones de las partes contratantes, rompiendo con ello el equilibrio de prestaciones; c) y, por último, que ello acontezca por la aparición de circunstancias radicalmente imprevisibles.

La aplicación de la cláusula *rebus sic stantibus* en el ámbito laboral es una cuestión que divide a la doctrina científica. Así, por un lado, se encuentra quienes defienden la aplicación de las denominadas «*teorías del equilibrio sinalagmático*», argumentando que la persistencia en el tiempo, en nuestro caso, de la condición más beneficiosa puede desequilibrar el sinalagma del contrato de trabajo, dado su carácter de contrato de tracto sucesivo[639], si bien en alguna ocasión se ha subrayado su carácter supletorio respecto de los procedimientos específicos del ordenamiento laboral —por ejemplo, el art. 41 ET— [640]. Por otro lado, también hay que consignar la existencia de un nutrido grupo de juristas que consideran que la aplicación del principio *rebus sic stantibus* se supedita a la ausencia de un mecanismo jurídico que permita la reconstrucción del equilibrio contractual, lo que no sería el caso de la condición más beneficiosa, dado que precisamente en el art. 41 ET

637. Me remito en este sentido a las consideraciones realizadas al respecto, entre otros, por CASTAN TOBEÑAS, J., *Derecho Civil Español, Común y Foral*, Tomo III, Reus, Madrid, 1983, p. 612 y ss.; DE COSSÍO, M., *Frustraciones y desequilibrios contractuales*, Comares, Granada, 1994, p. 7 y ss. Desde una perspectiva de Seguridad Social, referida en este caso a la modificación de las mejoras voluntarias de Seguridad Social, puede ser también útil la consulta de MANRIQUE LÓPEZ, F., «La modificación de la base del negocio jurídico convenido colectivamente», *Revista Española de Derecho del Trabajo,* núm. 21, 1985, pp. 59 y ss.

638. STS (Sala 1ª) de 15 de Marzo de 1994 (RJ 1994, 1784); STS (Sala 1ª) de 6 de Noviembre de 1992 (RJ 1992, 9226).

639. MARTÍNEZ CALCERRADA, L.: «Dinámica correctora...», op. cit., pp. 170-171.

640. CAMPS RUIZ, L.M., «La condición...», op. cit., p. 277.

podríamos encontrar el procedimiento adecuado para ello[641]. Finalmente, no faltan quienes abogan por una «laboralización» de la referida cláusula, defendiendo que el régimen modificativo del art. 41 ET alberga perfectamente los supuestos en que se produce una alteración sobrevenida de las circunstancias contractuales, lo cual no haría necesario la invocación específica el referido principio *rebus sic stantibus*[642].

La jurisprudencia por su parte ha apostado por un uso restrictivo del principio *rebus sic stantibus*, siendo ello evidente no sólo en el caso de la Sala de lo Civil del TS, sino también en el de la Sala de lo Social[643]. En todo caso, suele ser clásica la invocación de la doctrina establecida al efecto en la STS (Sala 4ª) de 4 de Julio de 1994 (RJ 1994, 6335)[644]. En esta Sentencia, el TS procede a la aplicación de dicho principio en atención a que la condición más beneficiosa, «en cuanto comporta la atribución de derechos sociales implica una ampliación del contrato de trabajo originario, siendo, cuando aquéllas han sido aceptadas, la situación idéntica a la de un sinalagma convencional, fuentes de obligaciones de acuerdo con el artículo 3.1 c) del ET y el artículo 1255 del Cc». No obstante, lo cual advierte en un momento determinado que la aplicación de la cláusula a una condición de esta naturaleza sólo resultará posible cuando se llegue a la «conclusión de haberse alterado los condicionamientos tenidos en cuenta por el empresario para su

641. SALA FRANCO, T., y GOERLICH PESET, J.M., «Los límites al principio de condición...», op. cit., p. 198; RIVERA SÁNCHEZ, J.R., «La alteración de la condición...», op. cit., p. 289; con argumentación más desarrollada BALLESTER LAGUNA, F., *La condición...*, op. cit., p. 323 y ss., quien sin embargo deja abierta la posibilidad de recurrir a la cláusula *rebus sic stantibus* en los casos en que por razón de la materia o por la propia condición más beneficiosa no sea operativo el art. 41 ET.

642. LUQUE PARRA, M., «La modificación o extinción unilateral...», op. cit., pp. 60-61, en relación a las mejoras voluntarias en el caso de que se haya extinguido ya la relación laboral; BEJARANO HERNÁNDEZ, A., *Principio de condición...*, op. cit., p. 178, con carácter general.

643. STS (Sala 4ª) de 16 de Abril de 1999 (RJ 1999, 4429).

644. Un comentario de la misma puede consultarse en BEJARANO HERNÁNDEZ, A., *Principio de condición...*, op. cit., p. 175 y ss.
El supuesto de hecho de la Sentencia se sitúa en el contexto de la reforma sufrida en su día por el art. 129.1 LGSS y que vino a establecer que la prestación económica por IT comprendida entre los días 4 a 15 correspondería al empresario, planteándose hasta qué punto la empresa debía mantener la mejora a la que se comprometió en su día en convenio colectivo en el sentido de incrementar la prestación económica prevista por la ley. El Tribunal considera que se ha producido una ruptura del equilibrio contractual y que la empresa no tiene por qué continuar sosteniendo la mejora, en lo que constituye el primero de una serie de sucesivos pronunciamientos en el mismo sentido (STS (Sala 4ª) de 4 de Julio de 1994 [RJ 1994, 7043]; STS (Sala 4ª) de 14 de Julio de 1994 [RJ 1994, 6664]; STS (Sala 4ª) de 27 de Febrero de 1995 [RJ 1995, 1257]; STS (Sala 4ª) de 26 de Abril de 1995 [RJ 1995, 3736]; STS (Sala 4ª) de 8 de Abril de 1998 [RJ 1998, 2692]).

concesión»[645], si bien se puntualiza que no se trata de averiguar si el cambio de circunstancias «ha supuesto mayores costes económicos para la empresa, sino de si la base o fundamento sobre la que se concedió dicha mejora ha sido o no alterado»[646].

Por tanto, para el TS la aplicación del principio *rebus sic stantibus* podrá tener lugar en relación con las condiciones más beneficiosas cuando se aprecie una alteración de la base o fundamento que llevó al empresario a conceder el beneficio que constituye la mencionada condición, como consecuencia siempre, eso sí, de «acontecimientos posteriores e imprevisibles»[647], si bien no se considera relevante a estos efectos hechos como que el cambio de circunstancias implique simplemente un incremento de los costes económicos que soporta la empresa. En este sentido, en algún caso el TS ha negado expresamente que pueda atribuirse «carácter general al principio consistente en que la vinculación laboral tiene vigor *rebus sic stantibus*», pues «una cosa es la alteración de circunstancias imprevista e imprevisible y otra diferente aquella en que se trata de la transformación de circunstancias que fueron previsibles y que estaban en la esfera de influencia del empresario»[648]. Con ello el TS parece apostar por circunscribir la apli-

---

645. Un supuesto donde no se aprecia la existencia de un cambio sustancial en la situación de hecho que dio lugar a la concesión de la condición más beneficiosa puede consultarse en la STS (Sala 4ª) de 20 de Mayo de 1991 (RJ 1991, 3919), en relación con la exención en el pago de comisiones por utilización de la tarjeta de crédito de que venían disfrutando los trabajadores y jubilados de un banco.
Por su parte, la STS (Sala 4ª) de 26 de Marzo de 1997 (RJ 1997, 2626) ha manifestado en relación con el derecho a indemnización por extinción del contrato de trabajo temporal, reconocido en la LRL de 1976, y que no contemplaba el ET en su versión original, cómo, en relación con los trabajadores que se contrataron en base a la LRL de 1976 y que vieron extinguido su contrato tras la promulgación del ET, si bien el principio de intangibilidad de la condición más beneficiosa impide la «modificación» de la misma por la voluntad unilateral del empresario, ello no ha de estar reñido con que «el derecho adquirido sea objeto de modificación por medio de normas legales emanadas de los poderes normativos al venir aquéllas a establecer las condiciones mínimas a que han de ajustarse las relaciones entre las empresas y su personal como función privativa del Estado», lo que no impide al Tribunal reconocer a los trabajadores el derecho a la indemnización en los términos establecidos en aquella ley ya derogada cuando se produjo la extinción de los referidos contratos.
646. El fallo se acompaña de un voto particular suscrito por varios Magistrados que no consideran que exista en el caso concreto una alteración significativa en el supuesto de hecho enjuiciado, al tiempo que señalan que, a su juicio, «en el ordenamiento laboral la modificación de las condiciones sustanciales del contrato está además sometida al régimen específico del artículo 41 del Estatuto de los Trabajadores, en el que pueden incluirse las alteraciones de la base del negocio que generen una ruptura grave del equilibrio de las prestaciones».
647. STS (Sala 4ª) de 11 de Marzo de 1998 (RJ 1998, 2562).
648. STS (Sala 4ª) de 8 de Julio de 1996 (RJ 1996, 5758).

cación del referido principio a supuestos muy concretos[649], entre los que no se encuentran aquellas situaciones previsibles y respecto de las que el empresario posee margen de maniobra, situadas por tanto más bien en el ámbito del art. 41 ET, en su caso.

De todas formas, y, por último, no me resisto a señalar que, cuando de la Administración pública se trata, la cuestión de la posible aplicación del principio *rebus sic stantibus* se resuelve en la práctica de otra manera. Y es que, como en algún caso se ha señalado[650], cuando las circunstancias se ha considerado que lo merecían, la Administración no ha tenido reparo en dictar normas que en la práctica han supuesto una reducción o supresión de condiciones más beneficiosas. Ejemplo de ello es el Real Decreto-ley 20/2012, de 13 de julio, de medidas para garantizar la estabilidad presupuestaria y de fomento de la competitividad, siendo en aquel caso la razón esgrimida para ello la crisis económica.

7.5. LA EXTINCIÓN DE LA RELACIÓN DE TRABAJO

La desaparición del vínculo laboral entre empresario y trabajador, bien por despido o resolución del contrato de trabajo, bien por jubilación del trabajador, y en definitiva por cualquiera de las causas contempladas en el art. 49 ET, qué duda cabe que, en principio, tiene una incidencia capital sobre la pervivencia de las condiciones más beneficiosas. No en vano, la concesión de una condición más beneficiosa es un hecho que tiene lugar en el contexto y desarrollo de la relación laboral. Al mismo tiempo, téngase en cuenta que las condiciones más beneficiosas acostumbran a ser condiciones de trabajo que, inexistente la relación laboral, dejan de tener sentido[651].

Ahora bien, la extinción de la relación de trabajo, pese a lo dicho, no necesariamente ha de afectar la pervivencia de la condición más beneficiosa. Y ello porque, tal y como nos enseña la jurisprudencia del TS, la extinción de aquella no supone necesariamente el cese del trabajador en el disfrute de determinados beneficios, tal es el caso de los beneficios de carácter social

649. ÁLVAREZ GIMENO, R., «Las condiciones más beneficiosas...», op. cit., p. 91, considera que «la utilización de la cláusula *rebus sic stantibus* para minorar o suprimir condiciones más beneficiosas, en general, y mejoras voluntarias contractuales, en particular, es una posibilidad absolutamente excepcional y poco ortodoxa».

650. GALA DURÁN, C., «El principio de condición más beneficiosa...», op. cit., p. 183.

651. Así, por ejemplo, los Tribunales han desestimado el reconocimiento a un trabajador despedido con anterioridad a la fecha del hecho causante, de la condición más beneficiosa consistente en la cobertura de la incapacidad permanente total, en la que incurrió el referido trabajador, que la empresa tenía contratada con una aseguradora privada (supuesto recogido en la (STS (Sala 4ª) de 25 de Septiembre de 2000 [RJ 2000, 8215]).

de los que disfrutan por ejemplo los jubilados —en muchos casos en unión con los trabajadores[652]—. Es más, en algunas ocasiones no se comienza a disfrutar el beneficio, por su naturaleza, hasta que no se ha producido la desaparición del vínculo laboral[653]. Por tanto, puede concluirse que la extinción de la relación de trabajo constituye un hecho que sólo va a afectar a la pervivencia de la condición más beneficiosa en aquellos casos en que la naturaleza de la condición esté tan ligada a la relación laboral que no resulte posible plantearse su sobrevivencia más allá de la misma.

Que el disfrute determinadas condiciones más beneficiosas pueda pervivir más allá de la propia relación laboral, plantea a su vez la cuestión de hasta qué punto las técnicas vistas anteriormente, y que permiten al empresario neutralizar las condiciones más beneficiosas, resultan aplicables a los supuestos donde la relación laboral ya no está en vigor, y por tanto no existe aparentemente una vinculación directa entre empresario y trabajador. Al respecto, la doctrina científica suele pronunciarse advirtiendo la necesidad de diferenciar las técnicas neutralizadoras. Así, se suele admitir la viabilidad de prácticas como el acuerdo de las partes, o la renuncia del beneficiario, sin olvidar el recurso al principio *rebus sic stantibus*. Sin embargo, suele descartarse tanto el recurso al art. 41 ET, como a la técnica de la compensación y absorción[654].

A mi juicio, qué duda cabe que la inexistencia de una relación laboral en vigor invalida el recurso a técnicas como la del art. 41 ET, o la propia compensación y absorción, al situarse el beneficiario de la condición más beneficiosa fuera del ámbito del poder de dirección del empresario. Este no es el caso de otras opciones, como puede ser el acuerdo al que lleguen empresario y beneficiario —pensemos tanto en quien fue trabajador, como en un familiar del mismo que disfruta de una mejora social—, o la decisión del beneficiario de renunciar al disfrute de la condición. Igualmente creo posible que, excepcionalmente, y siempre que se den las circunstancias que

652. Por ejemplo, la STS (Sala 4ª) de 20 de Mayo de 1991 (RJ 1991, 3919) analiza el supuesto de una condición más beneficiosa consistente en el derecho de los empleados y jubilados de un banco a la exención del pago por comisiones por utilización de tarjeta de crédito.

653. Como es el caso de la condición más beneficiosa constituida por una mejora voluntaria de la que se benefician los jubilados anticipadamente en virtud de planes de reconversión (STS (Sala 4ª) de 25 de Marzo de 1993 [RJ 1993, 2206]).

654. BALLESTER LAGUNA, F., *La condición...*, op. cit., p. 351. En relación con la cláusula *rebus sic stantibus* GALA DURÁN, C., *El régimen jurídico de las mejoras...*, op. cit., p. 255; MANRIQUE LÓPEZ, F., «La modificación de la base...», op cit., p. 81.

estrictamente exige el TS, considero igualmente que cabe plantearse la aplicación del principio *rebus sic stantibus*, que en ocasiones puede ser de especial utilidad respecto de mejoras sociales que resultan especialmente onerosas.

8
Reflexión final

A lo largo de estas páginas he intentado exponer la evolución que la construcción jurídica de la condición más beneficiosa ha registrado a lo largo de los años. Cómo el mismo, a día de hoy, puede ser considerado como una suerte de principio jurídico aplicativo, que en última instancia es expresión del —discutido— principio *pro operario*. Y cómo ha transitado desde el ámbito de la normatividad hasta el ámbito de la contractualización, y por eso precisamente el TS, por ejemplo, hoy día descarta el que un convenio colectivo del Título III ET pueda ser fuente de condiciones más beneficiosas, y sin embargo lo pueden ser los convenios y pactos colectivos extraestatutarios o los acuerdos colectivos informales de empresa (de forma discutible en todo caso a mi juicio), además de las decisiones unilaterales del empresario que otorgan un beneficio o mejora, y que, con frecuencia, adoptan la forma de usos y prácticas empresariales.

En última instancia este principio, de origen claramente jurisprudencial, entiendo que constituye una fórmula válida para hacer valer la consecución de ciertas ventajas, beneficios o mejoras, frente a lo que se puede establecer desde otros ámbitos regulatorios. De alguna manera, por tanto, constituye un elemento que alimenta la actividad de la autonomía de la voluntad, el cual debe ser considerado un espacio tan válido, como otros, para inducir la mejora de las condiciones de los trabajadores.

No obstante, tampoco podemos ser ajenos a que la jurisprudencia en relación a cómo se gesta una condición más beneficiosa, y todos los aspectos relacionados con su configuración jurídica, es manifiestamente mejorable. Igual que también hay que poner de manifiesto que, en algunos casos, los defectos apreciados en dicha jurisprudencia son consecuencia de otros problemas que arrastra nuestro Derecho del Trabajo en su configuración, tal es el caso, por ejemplo, de la polémica doctrina sobre la contractualización de las condiciones establecidas en convenios colectivos del Título III ET que finalizaron su vigencia, o el debate sobre cómo se explica la eficacia jurídica de los propios convenios colectivos extraestatutarios en las relaciones de trabajo.

En cualquier caso, y si se me permite la expresión, para ser una figura próxima a la inanición resulta que goza de bastante buena salud. De hecho, si nos fijamos, con carácter general la mayoría de los pleitos en la materia suelen versar, bien sobre la existencia o no de una condición más beneficiosa, bien sobre la vulneración de la legalidad por la empresa en este caso, que modificó o extinguió la condición sin observar el régimen del art. 41 ET sobre la modificación de las condiciones más beneficiosas. Por tanto, necesitamos perfeccionar la jurisprudencia sobre los elementos que deben darse para apreciar la existencia de una condición más beneficiosa, evitando los bandazos que a veces se observan en relación con el peso que los distintos elementos que pueden considerarse pueden tener —la cuestión de la mayor o menor relevancia que en la valoración de las distintas situaciones sometidas a consideración de los tribunales tiene la permanencia en el tiempo del beneficio, por ejemplo, es una buena muestra de ello—. De tal manera que, una doctrina más precisa sobre la forma en que se genera, ayudaría a dar una mayor certeza a los operadores jurídicos para valorar si corresponde o no el recurso al procedimiento del art. 41 ET para su modificación o extinción.

Por último, creo que la institución tiene todavía un asunto pendiente por resolver, y que precisamente está en el origen del título esta obra. Como ha comprobado el lector la monografía lleva por título «La condición más beneficiosa en la relación de trabajo». El título no es baladí, pues ya desde el principio en mi ánimo ha estado el centrar el análisis de esta institución, poniendo el foco especialmente en lo que creo que debe ser su punto de referencia: la relación de trabajo. Hasta el punto de que, a mi juicio, una vez que la relación de trabajo desaparece, la invocación de una condición más beneficiosa no debería tener sentido. Con frecuencia las mayores preocupaciones de las empresas en relación con este tipo de condiciones tienen que ver con los beneficios pretendidos por quienes ya no están vinculados a la empresa, caso de los jubilados, o los familiares de estos —me permito recordar en este sentido el caso Endesa al que me referí al principio, y donde se encontraban en juego millones de euros—. Pero además de ser fuente de preocupaciones empresariales, la aparición de estos colectivos, en los conflictos jurídicos sobre condiciones más beneficiosas, complican su desarrollo —véase, por ejemplo, las quejas de los jubilados cuando comprueban que no pueden personarse en los procesos donde se discute sobre ciertos beneficios—. Es por ello, que una acotación del ámbito objetivo (relación de trabajo) y de los destinatarios de tales (los trabajadores y sus familiares), sin duda contribuirían a una existencia más ordenada de la institución, y a reforzar la dimensión contractual de la misma, pues éste es el espacio hacia el que finalmente ha transitado en un proceso evolutivo que, evidentemente, ha tenido sus altibajos.

Guía de uso

¡ENHORABUENA!

ACABAS DE ADQUIRIR UNA OBRA QUE **INCLUYE LA VERSIÓN ELECTRÓNICA.**
APROVÉCHATE DE TODAS LAS FUNCIONALIDADES.

ACCESO INTERACTIVO A LOS MEJORES LIBROS JURÍDICOS

FUNCIONALIDADES

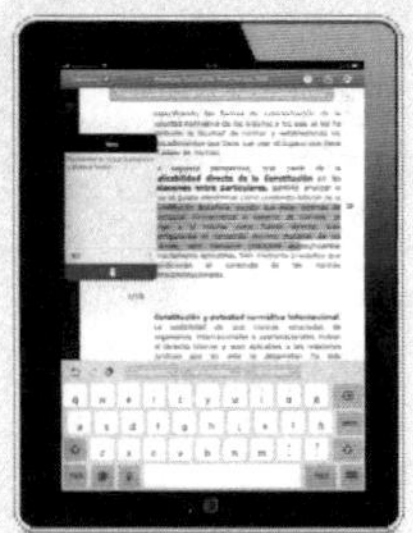

SELECCIONA Y DESTACA TEXTOS

Crea anotaciones y escoge los colores para organizar tus notas y subrayados.

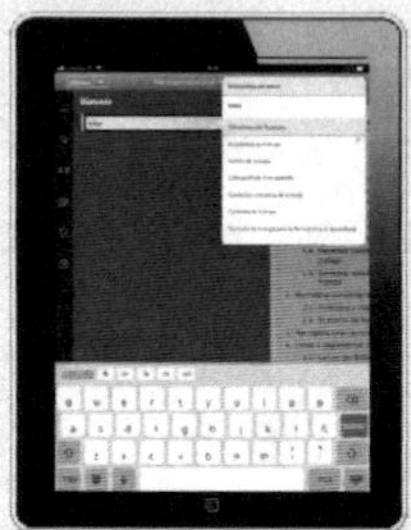

USA EL TESAURO PARA ENCONTRAR INFORMACIÓN

Al comenzar a escribir un término, aparecerán las distintas coincidencias del índice del Tesauro relacionadas con el término buscado.

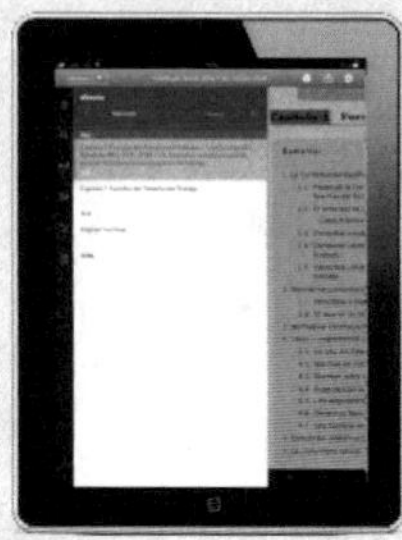

HISTÓRICO DE NAVEGACIÓN

Vuelve a las páginas por las que ya has navegado.

ORDENAR

Ordena tu biblioteca por: Título (orden alfabético), tipo (libros y revistas), editorial, jurisdicción o área del Derecho.

CONFIGURACIÓN Y PREFERENCIAS

Escoge la apariencia de tus libros y revistas cambiando la fuente del texto, el tamaño de los caracteres, el espaciado entre líneas o la relación de colores.

MARCADORES DE PÁGINA

Crea un marcador de página en el libro tocando en el icono de Marcador de página situado en el extremo superior derecho de la página.

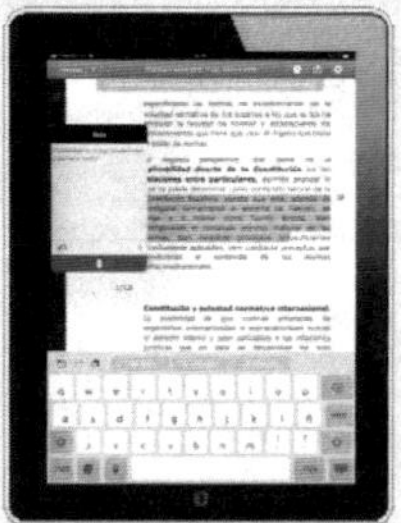

BÚSQUEDA EN LA BIBLIOTECA

Busca en todos tus libros y obtén resultados con los libros y revistas donde los términos fueron encontrados y las veces que aparecen en cada obra.

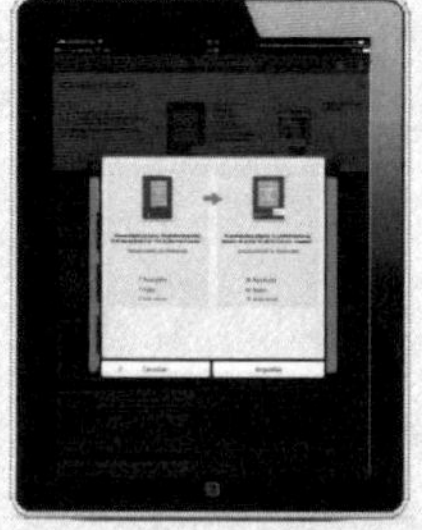

IMPORTACIÓN DE ANOTACIONES A UNA NUEVA EDICIÓN

Transfiere todas sus anotaciones y marcadores de manera automática a través de esta funcionalidad.

SUMARIO NAVEGABLE

Sumario con accesos directos al contenido.

INFORMACIÓN IMPORTANTE: Si has recibido previamente un correo electrónico deberás seguir los pasos que en él se detallan.

Estimado/a cliente/a,

Para acceder a la versión electrónica de este libro, por favor, accede a **http://onepass.aranzadi.es** Tras acceder a la página citada, introduce tu dirección de correo electrónico (*) y el código que encontrarás en el interior de la cubierta del libro.

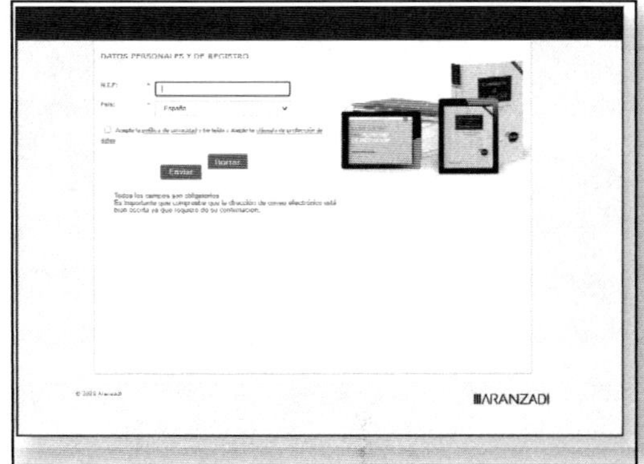

A continuación pulsa enviar.

Si te has registrado anteriormente en OnePass, en la siguiente pantalla se te pedirá que introduzcas el NIF asociado al correo electrónico.

Finalmente, te aparecerá un mensaje de confirmación y recibirás un correo electrónico confirmando la disponibilidad de la obra en tu biblioteca.

Si es la primera vez que te registras en **OnePass,** deberás cumplimentar los datos para crear tu cuenta y poder acceder a tu libro electrónico.

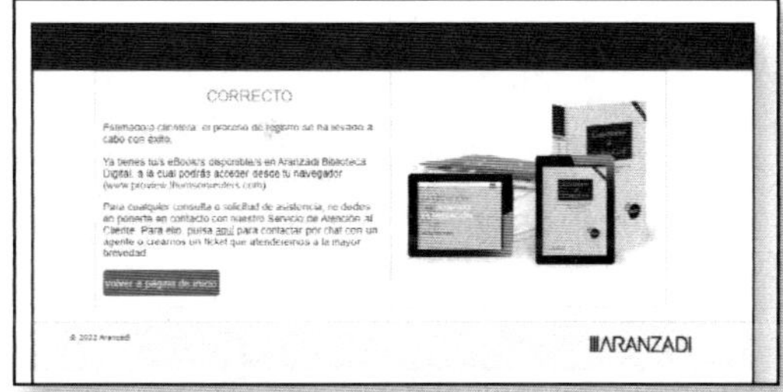

- Los campos **"Nombre de usuario"** y **"Contraseña"** son los datos que utilizarás para acceder a las obras que tienes disponibles a través del navegador en la ruta www.proview.thomsonreuters.com

Servicio de Atención al Cliente

Ante cualquier incidencia en el proceso de registro de la obra no dudes en ponerte en contacto con nuestro Servicio de Atención al Cliente. Para ello accede a nuestro Portal Corporativo y una vez allí en el apartado del Centro de Atención al Cliente selecciona la opción de Acceso a Soporte para no Suscriptores (compra de Publicaciones).